佐賀県の教員採用試験　参考書シリーズ❸

2025年度版

# 佐賀県の
# 小学校教諭

## 参 考 書

協同教育研究会 編

協同出版

## はじめに～「参考書」シリーズ利用に際して～

教育を取り巻く環境は変化しつつあり，日本の公教育そのものも，教員免許更新制の廃止やGIGAスクール構想の実現などの改革が進められています。また，現行の学習指導要領では「主体的・対話的で深い学び」を実現するため，指導方法や指導体制の工夫改善により，「個に応じた指導」の充実を図るとともに，コンピュータや情報通信ネットワーク等の情報手段を活用するために必要な環境を整えることが示されています。

一方で，いじめや体罰，不登校，暴力行為など，教育現場の問題もあいかわらず取り沙汰されており，教員に求められるスキルは，今後さらに高いものになっていくことが予想されます。

本書は，教員採用試験を受験する人が，より効率よく学習できるように構成されています。本書は，各自治体の過去問を徹底分析した上で，巻頭に，各自治体の出題傾向と学習法，出題例，類題等を掲載しております。第1章以降では，各自治体の出題傾向に基づいて，頻出の項目を精選して掲載しております。また各科目の学習指導要領及び学習指導法につきましては，各項目の末のQRコードから，学習指導要領及び学習指導要領解説（文部科学省）の原文がご覧いただけます。

編集上の都合により，掲載しきれず，割愛している内容もありますので，あらかじめご了承ください。なお本書は，2023年度（2022年夏実施）の試験を基に編集しています。最新の情報につきましては，各自治体が公表している募集要項やWebサイト等をよくご確認ください。

最後に，この「参考書」シリーズは，「過去問」シリーズとの併用を前提に編集されております。参考書で要点整理を行い，過去問で実力試しを行う，セットでの活用をおすすめいたします。

みなさまが，この書籍を徹底的に活用し，難関試験である教員採用試験の合格を勝ち取って，教壇に立っていただければ，それはわたくしたちにとって最上の喜びです。

協同教育研究会

教員採用試験「参考書」シリーズ

# 佐賀県の小学校教諭 参考書

## CONTENTS

# 佐賀県の
# 小学校教諭
# 出題傾向と学習法

# 効率よく試験対策を進めるために

## 1　ポイントを確実に理解して例題を解く

教員採用試験の専門教養の筆記試験対策として最重要なのは，受験する自治体の出題形式や傾向に合った学習法を知ることである。本書は過去問を分析し頻出分野を中心に構成されている。各節の冒頭で学習のポイントを示し，例題を解きながら知識を身につけるようになっている。したがって，まず，各節のポイントを確実に理解するようにしよう。

専門教養とはいえ，学習指導要領の内容から大きく離れた「難問」が出題されることはほとんどない。志望する学校種の問題レベルを把握し，十分に対応できるまでの知識を身につけることが求められる。試験対策としては，苦手な分野や触れたことのない内容を残さないようにすることも大切だが，まずは本書の例題や過去問などに積極的に取り組んで，頻出分野の知識を身につけてほしい。

## 2　出題傾向から効率よい学習法を導き出す

過去問を見ると，頻出分野だけでなく，解答形式といった特徴がうかがえる。佐賀県では全問とも記述式で出題される。

例えば佐賀県では，「国語　現代文読解」，「社会　日本史」，「算数　関数，図形」，「理科　実験」，「外国語・外国語活動　対話文」について頻繁に出題されている。いわば，これらの分野・内容が，佐賀県の特徴といえる。こうした分野については本書で学習し，過去問等から類題を解き，確実に得点できるようにしよう。ここでは，実際に出題された問題を，いくつか示す(出題例参照)。

佐賀県では2019年度以降，学習指導要領を除き，国語，社会，算数，理科，外国語・外国語活動の5教科に絞って出題されている。

国語では現代文読解は長文であり，問う文章も長い要旨を記述する問題がある。そのため速読力，読解力を高める学習が必須である。漢字の書き取りも平易なものではないため，書く練習を多くするように心がけよう。時には，大学入試レベルの問題を解いてみることもよいだろう。

社会の日本史では，写真等の資料を多用した問題が特徴であるため，資料集にある写真や絵などを留意して見ておきたい。出題範囲は広範で，難易度として最低限中学校レベルは確実に習得したい。算数の図形や関数は簡単に解ける問題ではないため，計算力が求められる。理科では資料集を活用しながら理解しておこう。各分野からまんべんなく出題されており，やはり広範にわたっての中学校レベルの習得は必須である。学習指導要領は，目標や内容のみならず各教科編の解説からの出題が多い。空欄補充式問題が多いため，キーワードの内容を中心にできるだけ正しく覚えるようにしたい。2023年度は5 教科のほかに，図画工作と特別活動から学習指導要領に関する問題が出題された。問題数も多いので，相当数の学習時間を要するため，長期の学習計画を立てて取り組む必要がある。いずれにしても佐賀県は問題数が多く，難易度も多少高いため，長期・中期・短期の学習計画を立てて(適宜修正しつつ)学習していくとよい。

## 3　過去問題集との併用等で実践力をつける

以上のように，本書の使い方としては，効率的に試験対策を進めるために頻出分野のポイントを押さえ，例題を通して解法を理解していくことになるが，本試験でその学習成果が発揮できるかどうかは，実践的な問題をどれだけ解いているかが重要である。その対策として，一通り基礎の確認ができたら時間を計って各年度の過去問を解くこと，模試を活用するといったことが考えられる。そこで不正解だった問題については，本書の該当箇所を参照して，繰り返し学んでほしい。そうすることで，出題傾向に合わせた実践的な力が必ずつくはずである。

## まずは出題例を見ていこう！

### 本自治体の出題例：始めにチャレンジ！① (2023年度実施問題改)

**次の文章を読んで，以下の設問に答えなさい。**

ネガティブな感情にばかり囚われて，脳の回路が負のスパイラルに陥ってしまう。そこから抜け出すためには，ポジティブな経験を増やして正の回路を強化していくしかありません。とまあ，言葉で言うのは簡単ですが，実際にその一歩を踏み出す勇気が持てないのが人間でもあります。

たとえば何か仕事で失敗をくり返して，ネガティブな思考になってしまった。ならばどんどん新しい仕事にチャレンジして，そこで成功すればネガティブな考え方は払拭される。理屈では分かってはいても，なかなか最初の一歩が踏み出せない。なぜなら，脳の中にある負の回路が強化されているからです。そうなってしまったら，どうせ新しいことにチャレンジしても成功するはずはないだろう。そういう考えが頭をもたげて，何もかもが不安になってしまうのです。

最初の一歩さえ踏み出すことができれば，どんなネガティブ脳もポジティブ脳に変えることができます。しかしその一歩を不安というものが邪魔する。そしてこの不安という感情は，すべての人間の脳に組み込まれているものです。

生きていくということは，常に不確実性の中に身を置いているということです。先に何があるか分からない。先がどうなるか予測できない。まさに人生は不安との戦いです。人は誰しも失敗することが怖い。先に進んで失敗するのなら，今のままでもいい。そういう気持ちがどこかにある。しかしそれではイキイキした人生は歩めません。

子供の頃を思い出してください。好奇心とチャレンジ精神に満ち溢れていたでしょう。何かにつまずいても，次の日にはケロッと忘れている。しかしそれは本当に忘れたわけじゃない。次の日にさらなるチャレンジをしているために，前日のことなど気にならなかっただけなのです。

ではどうして，子供の頃は不安を乗り越えることができたのか。失敗しても，すぐに次のチャレンジに向かうことができたのか。その理由を知ることは，大人にとっても大変参考になるでしょう。

ジョン・ボルビーというイギリスの心理学者がその理由を発見しています。どうして子供は，不確実なものに対しても怖がらずにチャレンジできるのか。それは，子供には「安全基地」があるからだと彼は言います。

「安全基地」というのは，つまりは逃げ込める場所のことです。外に出てさまざまなことにチャレンジする。もしも失敗して傷ついたとしても，安全基地に逃げ込めば，そこには自分を温かく守ってくれるものがある。多くの子供にとって，それは父親であり，母親です。その安心感があるからこそ，子供たちは脳をいつもポジティブに保つことができる。

過保護に子供を縛ったりせずに，子供の自発性にまかせて好きなようにやらせてみる。それを親は後ろから見守り，危険になったり傷ついたりした時に温かく手を差しのべてあげる。家庭という場が安全基地になることで，子供は積極的に世界を広げていくことができるわけです。

では，安全基地を不幸にも持てなかった子供はどうなるか。親が自分のことを充分に守ってくれない。それどころか育児放棄や虐待といった仕打ちを受ける。常に不安を抱きながら育った子供は，大人になってからもネガティブ脳から抜け出すことができないとボルビーは指摘しています。

ティーン・エージャーになった頃に問題行動を起こしたり，あるいは極端な場合には犯罪行為に走ることもある。それほどに，この安全基地というのは人間が成長する上で重要なものなのです。

大人になってネガティブ脳になってしまっている状態。不安ばかりに占領されて現実から逃げ出したいと思っている状態。それはちょうど，安全基地がない子供の脳にとてもよく似ています。そしてこの状態は，生きる上で非常に深刻な事態であることを認識すべきなのです。単に逃げ場がないとか，ホッとする場がないなどという単純な問題ではありません。

そもそも人間の脳というものは，一生学び続けるものです。この働きが止まってしまえば，それは人間の脳とは言えないほど，学ぶことは大切です。新しいものを学び，新しい世界を知るからこそ感動というものが生まれる。そして感動があるからこそ，人間らしく生きることができる。

ネガティブ脳に陥ることは，この大切な感動に触れられないということ。そして感動がないがゆえに喜びも楽しみもなく，引っ込み思案で劣等感にさいなまれてしまう。そうならないためにも，大人になってからの安全基地の構築が必要になってくるのです。

(茂木　健一郎「感動する脳」より)

問　下線部「どうして，子供の頃は不安を乗り越えることができたのか」とあるが，その理由を筆者はどのように考えているか。40字以内で答えよ。

解答：子供には，もし失敗したとしても逃げ込めば自分を温かく守ってくれる場所があるから。(40字)

**本自治体の出題例：始めにチャレンジ！②**（2022年度実施問題改）

**年表を見て，以下の(1)～(3)の各問いに答えなさい。**

| 時　代 | おもなできごと |
|---|---|
| 縄　文 | 狩りや採集によって生活する・・・・・A |
| 弥　生 | 邪馬台国の女王卑弥呼が魏より「親魏倭王」の称号を授かる |
| | (あ) |
| 古　墳 | 倭王武が中国の南朝に使いを送る |
| 奈　良 | 遣唐使を派遣する |
| 平　安 | 藤原氏による摂関政治が行われる |
| 鎌　倉 | 源頼朝が鎌倉幕府をひらく |
| | (い) |
| 室　町 | 足利義満が勘合貿易を始める |
| | (う) |

| 安土・桃山 | 織田信長が室町幕府を滅ぼす |
|---|---|
| | (え) |
| 江　戸 | 徳川家康が江戸に幕府をひらく |
| | (お) |
| 明　治 | 大日本帝国憲法が発布される |

(1) 年表中のAの時代について誤っているものを，次のア～エから1つ選び，記号で答えよ。

ア　大陸から青銅器・鉄器が伝わる。

イ　人々は耳飾りをつけたり，抜歯を行ったり，土偶をつくるようになる。

ウ　人が死ぬと，地面に穴を掘り，手足を折り曲げて埋める屈葬が行われる。

エ　厚手で，低温で焼かれた黒褐色をした土器が使われるようになる。

(2) 年表中(あ)の時代，奈良盆地を中心とする地域に，強大な権力を持つ王と有力な豪族とからなる勢力が誕生した。その勢力を何というか，答えよ。

(3) 【資料】は年表中の(い)～(お)のどの時代に出されたものか，記号で答えよ。

【資料】

> 領地の質入れや売買は，御家人の生活が苦しくなるもとなので，今後は禁止する。
>
> …御家人以外の武士や庶民が御家人から買った土地については，売買後の年数に関わりなく，返さなければならない。
>
> (部分要約)

解答：(1)　ア　　(2)　大和政権　　(3)　(い)

**本自治体の出題例：始めにチャレンジ！③**（2023年度実施問題改）

問　次の図のように，2点A(1，2)，B(3，0)があり，線分AB上にAC：CB＝1：2となるように点Cをとる。点Bを通り，直線OAに平行な直線と，直線OCとの交点をDとするとき，以下の問いに答えなさい。

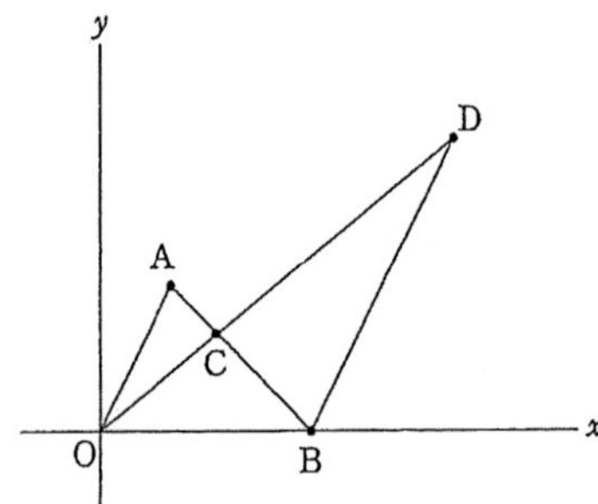


(1)　2点A，Bを通る直線の式を求めよ。

(2)　△OACの面積を$S_1$，△OBDの面積を$S_2$とするとき，$S_1 : S_2$を最も簡単な整数の比で表せ。

解答：(1)　$y = -x + 3$　　(2)　$S_1 : S_2 = 1 : 6$

**本自治体の出題例：始めにチャレンジ！④**（2023年度実施問題改）

**気体の性質を調べるために，次の【実験1】【実験2】を行った。以下の(1)～(3)の各問いに答えなさい。**

【実験1】

次のa～dの操作を行い，4種類の気体を発生させた。

発生させた気体を，次の図のA～Cのいずれか適切な方法を用いて，それぞれ集めた。

図

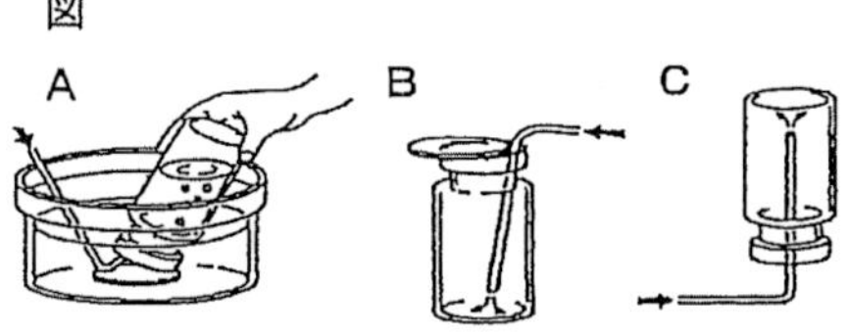


a　石灰石にうすい塩酸を加えた。

b　塩化アンモニウムと水酸化バリウムの混合物に水を加えた。

c　二酸化マンガンにうすい過酸化水素水を加えた。

d　マグネシウム片にうすい塩酸を加えた。

【実験2】

【実験1】で発生させた気体の1つを丸底フラスコに集め，次の図の装置を組み立て，しばらく観察したところ，フェノールフタレイン液を溶かした水が吸い上げられ，ガラス管の先から勢いよく噴き出し，噴き出した水が赤くなるようすが観察された。

図

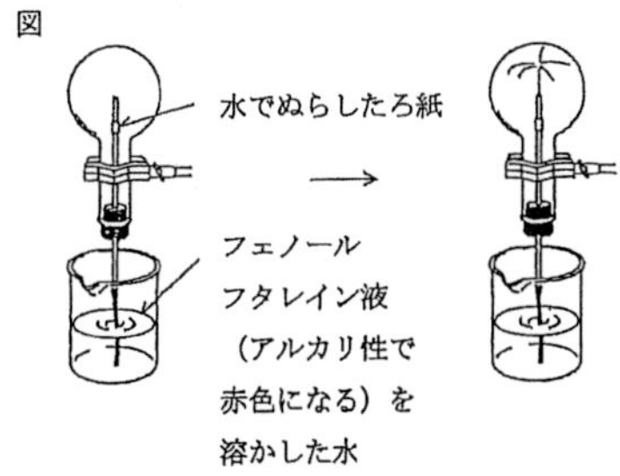

(1) 【実験1】で発生させたそれぞれの気体について述べた文のうち，正しいものはどれか。次のア～エから1つ選び，記号で答えよ。

ア　aの操作で発生させた気体は，酸素と混合して火をつけると爆発して燃える。

イ　bの操作で発生させた気体は，特有の刺激臭がある。

ウ　cの操作で発生させた気体は，植物の光合成に必要である。

エ　dの操作で発生させた気体は，空気より密度が大きい。

(2) 【実験1】で発生した気体を図のA～Cのいずれかの方法で集める。このとき，気体のどのような性質に注目したらよいか。注目すべき2つの性質を簡潔に答えよ。

(3) 【実験2】で，フェノールフタレイン液を溶かした水が吸い上げられ，ガラス管の先から勢いよく噴き出したのは，フラスコ内の圧力が低くなったためである。フラスコ内の圧力が低くなった理由は何か簡潔に答えよ。

解答：(1)　イ　(2)　性質1…水に溶けるか溶けないか　性質2…空気よりも密度が大きいか小さいか　(3)　水にアンモニアが溶けたから。

**本自治体の出題例：始めにチャレンジ！⑤** (2021年度実施問題改)

**問　次の(　　)に入る最も適当なものを，ア～ウの中から1つずつ選び，記号で答えなさい。**

(1) A: We're going to have our school trip to Kumamoto next week.

B: Yeah, I'm really looking forward to (　　) Kumamoto Castle.

ア　visit　　イ　visiting　　ウ　be visiting

(2) A: Excuse me, Ms, Baker. (　　)

B: Sure. What can I do?

A: I've got a letter from my friend in Canada. There were some parts I didn't understand in it.

B: I see.

ア　Shall I help you?　　イ　Could you do me a favor?
ウ　Why don't you join us?

解答：(1)　イ　　(2)　イ

## 過去３カ年の出題傾向分析

ここでは，過去3カ年で出題された科目と分類を表にまとめている。学習する前に，大まかな傾向をつかんでおこう。

| 年度 | 科目 | 分類 |
|---|---|---|
| 2023年度 | 国語 | ことば，文法，現代文読解，学習指導要領 |
| | 社会 | 日本原始・古代史，日本史：飛鳥時代，日本史：奈良時代，日本史：室町時代，日本史：江戸時代，日本史：明治時代，日本の自然，日本の産業・資源：鉱工業，民主政治，学習指導要領 |
| | 算数 | 数の計算，式の計算，方程式と不等式，関数とグラフ，図形，数列，確率，変化と関係・データの活用，学習指導要領 |
| | 理科 | 生物体のエネルギー，遺伝と発生，生物の種類，気象，太陽系と宇宙，地層と化石，力，波動，電磁気，物質の構造，物質の状態：溶液，物質の変化：反応，物質の変化：酸塩基，その他，学習指導要領，指導法 |
| | 生活 | |
| | 音楽 | |
| | 図画工作 | 学習指導要領 |
| | 家庭 | |
| | 体育 | |
| | 外国語・外国語活動 | リスニング・単語，英文法，対話文，英文解釈，その他 |
| | その他 | 特別活動 |
| 2022年度 | 国語 | ことば，文法，現代文読解，古文読解，学習指導要領，指導法 |
| | 社会 | 日本原始・古代史，日本史：奈良時代，日本史：平安時代，日本史：鎌倉時代，日本史：室町時代，日本史：安土桃山，日本史：江戸時代，日本史：明治時代，日本史：大正時代，日本史：昭和時代，日本の自然，日本のくらし，環境問題，民主政治，裁判所，地方自治，学習指導要領，指導法 |

| 年度 | 科目 | 分類 |
| --- | --- | --- |
| | 算数 | 数の計算，式の計算，方程式と不等式，関数とグラフ，図形，数列，確率，変化と関係・データの活用，学習指導要領，指導法 |
| | 理科 | 生物体のエネルギー，恒常性の維持と調節，地表の変化，気象，太陽系と宇宙，運動，波動，電磁気，物質の構造，物質の状態：三態，物質の変化：反応，その他，学習指導要領，指導法 |
| | 生活 | |
| | 音楽 | 学習指導要領 |
| | 図画工作 | |
| | 家庭 | |
| | 体育 | |
| | 外国語・外国語活動 | リスニング・単語，英文法，対話文，英文解釈，その他，学習指導要領 |
| | その他 | |
| 2021年度 | 国語 | ことば，文法，現代文読解，学習指導要領，指導法 |
| | 社会 | 日本原始・古代史，日本史：奈良時代，日本史：江戸時代，日本史：昭和時代，地図，日本の自然，日本のくらし，日本の産業・資源:農業，環境問題，国際政治，学習指導要領，指導法 |
| | 算数 | 数の計算，式の計算，方程式と不等式，関数とグラフ，図形，確率，その他，学習指導要領，指導法 |
| | 理科 | 恒常性の維持と調節，生物の種類，地表の変化，気象，太陽系と宇宙，地層と化石，力，仕事とエネルギー，波動，電磁気，物質の構造，物質の状態：三態，物質の変化：反応，その他，学習指導要領，指導法 |
| | 生活 | |
| | 音楽 | |
| | 図画工作 | |
| | 家庭 | |

| 年度 | 科目 | 分類 |
|---|---|---|
| | 体育 | 学習指導要領 |
| | 外国語・外国語活動 | リスニング・単語，英文法，対話文，英文解釈，その他 |
| | その他 | 特別活動 |

※「科目」「分類」は，過去問シリーズに掲載されている出題傾向分析に該当する。

次に，ここで紹介した分類の類題を掲載しておくので，学習の第一歩としてほしい。

## 類題を解いてみよう！

### 類題で問題演習の幅を広げよう！①

**次の文章を読んで，以下の設問に答えよ。**

自分の中の誇らしい面，自信のある面は，かつて人から肯定的な評価を受けたことがあることが多いものです。その意味で，人から与えられた評価や評価的態度は，自己肯定感の形成に大いに影響すると言えます。

また，自分を評価するにあたって，人との比較というのは最もわかりやすい基準と言えます。周りの人と比べて優れていれば誇らしく思い，自己肯定感が高まります。

勉強でも，習い事でも，スポーツでも，趣味・遊びでも，うまくできれば誇らしい気持ちになり，自己肯定感が高まります。このように実際の成功・失敗体験も，自己肯定感の重要な形成要因になります。

認知能力が発達し，抽象的思考が発達してくる思春期頃になると，理想の自己像を思い描くようになります。そうなると，理想とする自己像と比べて，自分はまだまだだと思えば自己肯定感が低くなり，近づきつつあると思えば自己肯定感は高まります。

このように，他者から与えられた評価や評価的態度により周囲から受け入れられていると感じたり，他者との比較により人並みにやっていけると感じたり，実際の成功体験によりこの先もそれなりにうまくやっていけると感じたり，理想とする自己像との比較により自分なりにある程度納得できると感じたりするとき，自己肯定感が高まります。

実際に私たちが他者とのかかわりの中で自己を評価する際には，これらの基準が複合的に絡み合っていきます。

たとえば，他者から高く評価してもらえなくても，理想とする自己像に近づいていると感じれば自己肯定感は高まると考えられますが，他者による承認に依存している場合は，自己肯定感は低くなるでしょう。

周囲の人たちよりうまくできていると感じれば，自己肯定感は高まりますが，理想とする自己像の基準がさらに高ければ自己肯定感は高まらないでしょうし，他者からの期待もさらに高くて，なかなか認めてもらえない場合は自己肯定感が低くなると考えられます。

他者が認めてくれるかどうかは，自分ではどうにもならないところがあるので，他者による承認に振り回されていると，なかなか自己評価が落ち着きません。また，自分が成長しても，周囲の仲間がもっと成長したら，自分の頑張りを肯定しづらいかもしれません。

その意味では，実際に成功体験を得られるように知識や技術を身につけて頑張ったり，他者との比較でなく理想とする自己像との比較をもとに自分の理想に近づく努力をしたりすることが，とても大事なことと言えます。自己肯定感を追求するのではなく，自分自身の成長を目指すのです。

そんなふうに前向きに頑張っている自分を感じることで，自己肯定感は着実に高まっていくはずです。

(榎本博明『自己肯定感という呪縛』より)

問　――線部「自分の頑張りを肯定しづらい」のはなぜか。四十字以内で答えよ。(句読点，かっこを字数に含む。)

解答：自分の成長を不十分だと感じたり，他者が仲間を高く評価していると感じたりするため。(40字)

## 類題で問題演習の幅を広げよう！②

**次の略年表を見て，以下の各問いに答えよ。**

| 西暦 | 日本の主なできごと | 西暦 | 日本の主なできごと |
|---|---|---|---|
| 239 | 邪馬台国の女王である卑弥呼が、中国のある王朝に使いを送る | 607 | 小野妹子が隋に派遣される<br>↕ A |
| 478 | 倭王武が中国の南朝に使いを送る | 645 | 中大兄皇子が蘇我蝦夷・入鹿を滅ぼし、 |
| 538 | このころ、百済から仏教が伝えられる | | 大化の改新が始まる…B |
| 593 | ( ① )が推古天皇の摂政となる | 672 | 壬申の乱が起こる |
| | | 701 | 大宝律令が制定される |

問1　略年表中の( ① )の人物の名称を漢字で答えよ。

問2　略年表中の A の期間に世界で起こった出来事を次のア～エの中から1つ選び，記号で答えよ

ア　ムハンマドがイスラム教をおこす

イ　リンカーン大統領が奴隷解放宣言を出す

ウ　マゼランが世界一周を達成する

エ　アレクサンドロス大王が東方遠征を行う

問3　略年表中 B について，次の問いに答えよ。

(1)　次の文は，中大兄皇子が行った改革である。(　　)にあてはまる語句を答えよ。2つの(　　)の中には，同じ漢字が入る。

それまで，皇族や豪族が支配していた土地と人々とを，「(　　)地(　　)民」として国家が直接支配する方針を示した。

(2)　中大兄皇子は後に即位し天皇となった。その名称を次のア～エの中から1つ選び，記号で答えよ。

ア　持統天皇　　イ　天智天皇　　ウ　天武天皇
エ　聖武天皇

解答：問1　聖徳太子(厩戸皇子)　　問2　ア　　問3　(1)　公
(2)　イ

### 類題で問題演習の幅を広げよう！③

**次の図で，直線 $\ell$ は点（$-3$，0），（0，6）を通るグラフで，直線 $m$ は，$y=-x+3$ のグラフである。また，点Aは直線 $\ell$ と直線 $m$ の交点である。このとき，以下の（1），（2）の問いに答えなさい。**

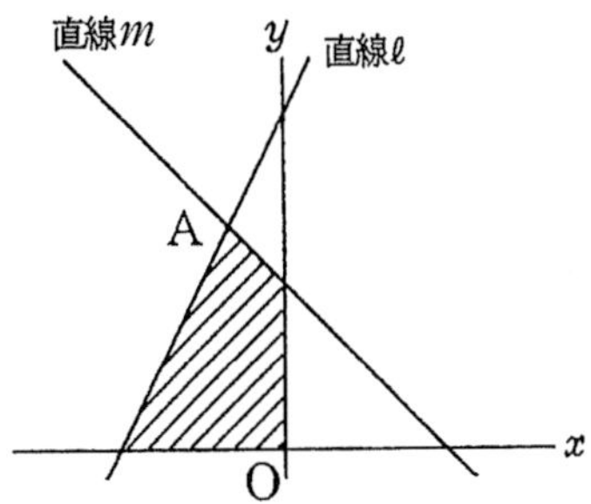


(1)　直線 $\ell$ の式を求めなさい。

(2)　斜線部分の面積を求めなさい。ただし，原点Oから点(0，1)，(1，0)までの長さを，それぞれ1cmとする。

解答：(1)　$y=2x+6$　　(2)　$\frac{15}{2}$ cm$^2$

### 類題で問題演習の幅を広げよう！④

**酸素，二酸化炭素，水素，アンモニアの４種類の気体をそれぞれ別々の試験管に集めて，それぞれの性質を調べる実験を行った。図は気体を集める方法を模式的に表したものである。以下の各問いに答えよ。**

図

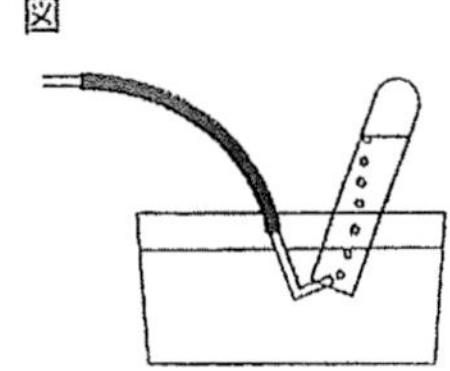

(1)　図のような集め方では集めることができない気体はどれか。4つの気体の中から1つ選び，名称を答えよ。

(2)　二酸化炭素を集めた試験管に石灰水を入れると石灰水が白くにごった。このときの化学変化を化学反応式で表せ。なお，石灰水は水酸化カルシウム水溶液である。

(3)　ある気体が入った試験管に，火のついた線香を入れると線香は激しく燃えた。この気体を発生させる方法を，次のア～エから1つ選び，記号で答えよ。

ア　二酸化マンガンにオキシドールを加える。

イ　亜鉛にうすい塩酸を加える。

ウ　石灰石にうすい塩酸を加える。

エ　塩化アンモニウムと水酸化カルシウムを混ぜあわせて加熱する。

解答：(1)　アンモニア　　(2)　$CO_2 + Ca(OH)_2 \rightarrow CaCO_3 + H_2O$
(3)　ア

**類題で問題演習の幅を広げよう！⑤**

**問　次の(1)，(2)は会話文である。(　①　)，(　②　)にあてはまる最も適切な語句を，下の1～5の中からそれぞれ一つずつ選びなさい。**

(1)　A : Is it okay if I borrow your bike?
B : (　①　) I'm going to use it soon.

1　I got it.　　2　It's reasonable.　　3　Not at all.
4　I'm afraid not.　　5　That sounds good.

(2)　A : What is *osechi* ?
B : Let's see. I'll (　②　) it up in my dictionary.
A : Thank you. What does it say?
B : It's a special dish which we eat during the New Year.

1　discover　　2　look　　3　make　　4　keep　　5　give

解答：(1)　4　　(2)　2

# 第 1 章

# 国語科

# 国語科 漢字

## ポイント

### 1 出題されやすい部首

| へん(偏) | | |
|---|---|---|
| 阝 | こざとへん | 隣・防 |
| 彳 | ぎょうにんべん | 往・役 |
| 忄 | りっしんべん | 快・性 |
| 犭 | けものへん | 猛・犯 |
| 月 | にくづき | 肝・脈 |
| 歹 | かばねへん | 残・死 |
| 礻 | しめすへん | 社・祈 |
| 牜 | うしへん | 牧・特 |
| 衤 | ころもへん | 複・補 |
| 耒 | すきへん | 耕・耗 |

| つくり(旁) | | |
|---|---|---|
| 刂 | りっとう | 別・利 |
| 卩 | ふしづくり | 即・印 |
| 阝 | おおざと | 郡・都 |
| 攵 | ぼくづくり<br>(のぶん) | 教・改 |
| 欠 | あくび | 歌・欲 |
| 殳 | るまた<br>(ほこづくり) | 段・殴 |
| 隹 | ふるとり | 集・雄 |
| 頁 | おおがい | 順・項 |

| かまえ(構) | | |
|---|---|---|
| 勹 | つつみがまえ | 包・勾 |
| 匚 | かくしがまえ | 区・医 |
| 囗 | くにがまえ | 国・囲 |
| 行 | ぎょうがまえ | 術・街 |
| 門 | もんがまえ | 間・開 |

| かんむり(冠) | | |
|---|---|---|
| 亠 | なべぶた | 京・亭 |
| 冖 | わかんむり | 冠・写 |
| 戸 | とかんむり<br>(とだれ) | 戻・扉 |
| 癶 | はつがしら | 発・登 |
| 穴 | あなかんむり | 空・究 |
| 罒 | あみがしら | 置・羅 |
| 虍 | とらがしら<br>(とらかんむり) | 虚・虐 |

| あし(脚) | | |
|---|---|---|
| 儿 | にんにょう<br>(ひとあし) | 兄・元 |
| 灬 | れんが(れっか) | 熱・烈 |
| 皿 | さら | 盆・盛 |
| 㣺 | したごころ | 慕・恭 |

| たれ(垂) | | |
|---|---|---|
| 厂 | がんだれ | 原・厚 |
| 广 | まだれ | 店・庁 |
| 尸 | かばね<br>(しかばね) | 尽・局 |
| 疒 | やまいだれ | 病・痛 |

### 2 誤りやすい筆順

|  |  |  |  |
|---|---|---|---|
| 左 | 一ナ𠂇左左 | 馬 | ｜ 厂 冂 甲 馬 馬 馬 |
| 以 | ｜ レ レ 以 以 | 発 | フ ヌ ヌ' ヌヽ 癶 癶 癸 発 発 |
| 必 | ヽ ソ 义 必 必 | 狂 | ノ 犭 犭 犭 犴 犴 狂 |
| 成 | ノ 厂 F 成 成 成 | 飛 | ㇈ 飞 飞 飞 飞 飛 飛 飛 |
| 何 | ノ 亻 仁 何 何 何 何 | 情 | ・ ・・ 忄 忄 忄 忄 忄 情 情 情 情 |
| 非 | ノ ナ ヲ ヨ 引 非 非 非 | 衆 | ' ' 宀 血 血 血 衆 衆 衆 衆 衆 衆 |
| 書 | フ ヲ ヨ 三 聿 聿 書 書 書 | 感 | ノ 厂 斤 斤 后 咸 咸 咸 感 |

### 3 出題されやすい四字熟語（故事成語を含む）

| | | |
|---|---|---|
| 暗中模索 | あんちゅうもさく | 何の手がかりもなく，探しまわること |
| 異口同音 | いくどうおん | 多くの人がみな同じことを言うこと |
| 以心伝心 | いしんでんしん | 黙っていても，相手に気持ちが通じていること |
| 一日千秋 | いちじつせんしゅう | 待ち遠しいこと |
| 一網打尽 | いちもうだじん | 一味の者を一度に全部捕らえること |
| 一陽来復 | いちようらいふく | 悪いことが続いたあと，よい方へ向かうこと |
| 一蓮托生 | いちれんたくしょう | 結果が良くても悪くても運命をともにすること |
| 有為転変 | ういてんぺん | あらゆる物が常に変化してやまないこと |
| 栄枯盛衰 | えいこせいすい | 盛んになったり，衰えたりすること |
| 温故知新 | おんこちしん | 古い事柄や学説などを研究して，そこから新しい知識や現代的意義を見出すこと |
| 危機一髪 | ききいっぱつ | 髪の毛一本ほどの差で危険がせまっている状態 |
| 旧態依然 | きゅうたいいぜん | 元通りで，少しも変化・進展がない |
| 捲土重来 | けんどちょうらい | 物事に一度失敗した者が，勢いを盛り返すこと |
| 呉越同舟 | ごえつどうしゅう | 仲の悪い者同士が同じ場所に居合わせること |
| 五里霧中 | ごりむちゅう | 物事に迷って判断や方針がつかないこと |
| 言語道断 | ごんごどうだん | 言葉で言い表せないほどひどいこと |
| 試行錯誤 | しこうさくご | 失敗を重ねながら解決策を見出していくこと |
| 四面楚歌 | しめんそか | 敵に囲まれて孤立し，助けがないこと |
| 首尾一貫 | しゅびいっかん | 最初から最後まで一つの考え方で貫き通すこと |
| 新進気鋭 | しんしんきえい | その分野に新たに登場し勢いが盛んであること |
| 絶体絶命 | ぜったいぜつめい | 追いつめられ，逃れる方法がないこと |
| 千載一遇 | せんざいいちぐう | 千年に一度しか会えないほどの恵まれた機会 |
| 前代未聞 | ぜんだいみもん | 今まで聞いたことがないような珍しいこと |
| 大器晩成 | たいきばんせい | 大人物は，世に出るまで時間がかかること |
| 大言壮語 | たいげんそうご | できそうもないことや大きなことを言うこと |
| 泰然自若 | たいぜんじじゃく | 落ち着いていて，少しも物事に動じないさま |
| 朝三暮四 | ちょうさんぼし | 口先で人をごまかすこと |
| 徹頭徹尾 | てっとうてつび | 最初から最後まで一貫するさま |

| 天衣無縫 | てんいむほう | 詩歌などが自然につくられており，美しいさま |
|---|---|---|
| 二律背反 | にりつはいはん | 一つの判断から互いに矛盾する二つの考えが導き出されること |
| 付和雷同 | ふわらいどう | 自分に考えがなく，他人に同調すること |
| 粉骨砕身 | ふんこつさいしん | 力の限り努力すること |
| 傍若無人 | ぼうじゃくぶじん | 他人を無視して，自分勝手にふるまうこと |
| 本末転倒 | ほんまつてんとう | 大事なこととささいなことを取り違えること |
| 明鏡止水 | めいきょうしすい | 心にわだかまりがなく，落ち着いた静かな心境 |
| 無我夢中 | むがむちゅう | 心を奪われ，ひたすら熱中すること |
| 無味乾燥 | むみかんそう | 面白みも風情もないこと |
| 竜頭蛇尾 | りゅうとうだび | 最初は勢いが盛んだが，最後はふるわないこと |
| 臨機応変 | りんきおうへん | 状況に応じて適した方法や手段をとること |

## 例題 1〈漢字〉

(1) 次の漢字はア～カのうちどれが部首にあたるか。それぞれ選べ。

① 衡　② 改　③ 局　④ 兄　⑤ 空

ア．偏（へん）　イ．旁（つくり）　ウ．冠（かんむり）

エ．脚（あし）　オ．垂（たれ）　カ．構（かまえ）

(2) 次の漢字の部首名をひらがなで答えよ。

① 慕　② 匂　③ 亭　④ 肝　⑤ 羅　⑥ 歓

⑦ 集　⑧ 礼　⑨ 別

**解答** (1) ① カ　② イ　③ オ　④ エ　⑤ ウ

(2) ① したごころ　② つつみがまえ　③ なべぶた　④ にくづき　⑤ あみがしら　⑥ あくび　⑦ ふるとり　⑧ しめすへん　⑨ りっとう

**解説** (1) ① ぎょうがまえ　② ぼくづくり（のぶん）　③ かばね（しかばね）　④ にんにょう（ひとあし）　⑤ あなかんむり

(2) ①は「くさかんむり」としないこと。　⑧は「ころもへん」

と間違えないこと。

## 例題 2〈筆順〉

(1) 次の漢字の太く書かれた部分は，何画目に書くか答えよ。

①馬 ②感 ③以 ④狂 ⑤非

(2) 次の漢字の総画数を答えよ。

① 危　② 区　③ 延　④ 都　⑤ 巻

**解答** (1) ① 3画目　② 2画目　③ 4画目　④ 3画目　⑤ 1画目　(2) ① 6画　② 4画　③ 8画　④ 11画　⑤ 9画

**解説** (2) 匚（かくしがまえ）は2画，廴（えんにょう），阝（おおざと）は3画で書く。

## 例題 3〈四字熟語〉

(1) 次の四字熟語の誤りを指摘せよ。

① 短刀直入　② 傍弱無人　③ 旧態已然　④ 千載一偶
⑤ 万場一致　⑥ 一綱打尽　⑦ 不和雷同　⑧ 温古知新

(2) 次の意味を表す四字熟語の□に，あてはまる漢字を答えよ。

① □日□秋…待ち望む気持ちが強いこと。
② □船□馬…あちこちと旅を続けること。
③ □器□成…真に偉大な人物は世に出るのが遅いこと。
④ 四□楚□…周囲が敵ばかりで，孤立すること。
⑤ □中模□…手がかりもなく探しまわること。

(3) 次のそれぞれの□の中に同じ漢字を入れ，四字熟語を完成させよ。

① □朝□夕　② □画□賛　③ 四□八□
④ 右□左□

(4) 次の故事成語の□にあてはまる漢字を答えよ。また，その意味をア～キから選べ。

① 臥□嘗胆　② 玉□混淆　③ 竜頭蛇□　④ □頭狗肉

ア．書物を何度も繰り返して読むこと。

イ．見かけは立派だが，実質が伴わないこと。

ウ．初めは勢いがあるが，終わりは振るわないこと。

エ．復讐のために苦労を耐え忍ぶこと。

オ．物事を完成させるための最後の仕上げのこと。

カ．結婚の仲人のこと。

キ．良いものとつまらないものが入り混じっていること。

**解答** (1) ① 短→単　② 弱→若　③ 已→依　④ 偶→遇
⑤ 万→満　⑥ 綱→網　⑦ 不→付(附)　⑧ 古→故
(2) ① 一，千　② 南，北　③ 大，晩　④ 面，歌
⑤ 暗，索　(3) ① 一　② 自　③ 苦　④ 往
(4) ① 薪・エ　② 石・キ　③ 尾・ウ　④ 羊・イ

**解説** (4) ア　韋編三絶　オ　画竜点睛　カ　月下氷人

# 国語科　ことわざ・慣用句・文法・敬語

## ポイント

### 1　ことわざ・慣用句

(1) 一般的なことわざ・慣用句

| | |
|---|---|
| 虻蜂取らず | 二兎を追うものは一兎も得ず，同時に二つのことをしようとしても，結局どちらも成功しないということ |
| 石橋をたたいて渡る | 転ばぬ先の杖，念には念を入れよ |
| 枯れ木も山のにぎわい | つまらないものでも，ないよりはましであること |
| 気が置けない | 相手に気を使わず，打ち解けることができること |
| 木で鼻をくくる | 相手に冷淡な態度をとること |
| 木に竹をつぐ | 物事が不調和なこと |
| 紺屋の白袴 | 自分の専門でも，わが身に関してはおろそかにしがちなこと＝医者の不養生 |
| 船頭多くして船山にのぼる | 指図する人が多く統一がとれず，物事がとんでもない方向に進むこと |
| 袖振り合うも他生の縁 | ちょっとした出会いも，前世の因縁によること |
| 立て板に水 | よどみなく，すらすらと話すこと |
| 出藍の誉れ | 弟子が師よりも優れているとの評判を得ること |
| 当を得る | 道理にかなっていて適切であること |
| 流れに棹さす | 時流にうまく乗り，目的に向かって順調に進む |
| 情けは人のためならず | 人に親切にしておけば，それがめぐりめぐって，必ず自分によい報いがある |
| 待てば海路の日和あり | ゆっくり待っていれば，やがて好機がおとずれる |
| 的を射る | うまく要点をつかむこと |
| 役不足 | 力量に対して役目が軽すぎること |
| 良薬は口に苦し | その人のためになる忠告はなかなか聞き入れにくい |

(2) 体に関する慣用句

| | |
|---|---|
| **頭** | 頭隠して尻隠さず，頭が下がる，頭を丸める，後ろ髪を引かれる |
| **顔** | 顔が利く，顔に泥をぬる，顔を立てる |
| **目** | 目が利く，目が肥える，目がない，目に余る，目を疑う，目を掛ける |
| **鼻** | 鼻が高い，鼻であしらう，鼻にかける，鼻につく，鼻を明かす，鼻を折る |
| **耳** | 耳が痛い，耳が早い，耳にはさむ，耳を貸す，耳を澄ます，耳をそろえる |
| **口** | 口が堅い，口がすべる，口を切る，口をぬぐう，口を割る，口八丁手八丁 |
| **歯** | 歯が浮く，歯が立たない，歯に衣着せぬ |
| **手** | 手に余る，手に乗る，手を切る，手を焼く，濡れ手で粟 |
| **足** | 足がつく，足が出る，足を洗う，足をのばす，足を引っ張る，二の足を踏む |
| **腹** | 腹が黒い，腹をくくる，腹をさぐる，腹を割る，背に腹は替えられぬ |

## 2 文法

(1) 品詞の種類

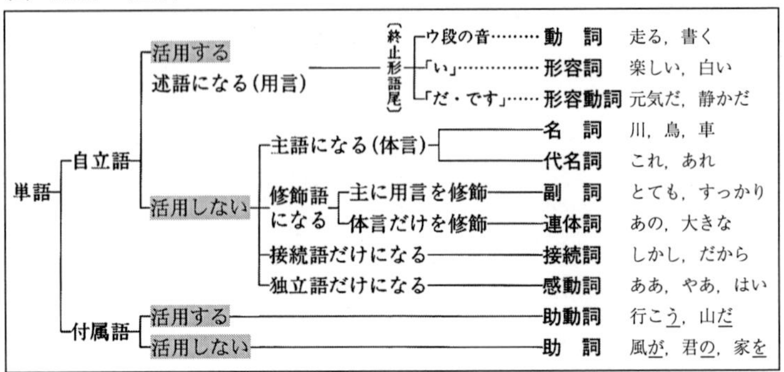


(2) 動詞の活用

| 種類 | 語例 | 語幹 | 未然形 | 連用形 | 終止形 | 連体形 | 仮定形 | 命令形 |
|---|---|---|---|---|---|---|---|---|
| 五段活用 | 書く | か | か・こ | き・い | く | く | け | け |
| 上一段活用 | 起きる | お | き | き | きる | きる | きれ | きろ・きよ |
| 下一段活用 | 受ける | う | け | け | ける | ける | けれ | けろ・けよ |
| カ行変格活用 | 来る | | こ | き | くる | くる | くれ | こい |
| サ行変格活用 | する | | し・さ・せ | し | する | する | すれ | しろ・せよ |
| あとに続く主な言葉 | | | ナイ・ヨウ・ウ | マス・タ・テ | 言い切る | トキ・ノデ | バ | 命令する |

(3) 誤りやすい品詞

| 語 | 意味・用法 | | 用例 | 見分け方 |
|---|---|---|---|---|
| ない | 助動詞〈打消〉 | | 僕は読まない | 「ぬ」に置き換えられる |
| | 形容詞 | | あまりうまくない | 「は・も」を補える |
| | 形容詞の一部 | | 宿題が少ない | 「ぬ」に置き換えられない |
| だ | 助動詞 | 完了 | 最後まで読んだ | 連用形に接続 |
| | | 断定 | 今日はいい天気だ | 「～な」にして体言に続かない |
| | 形容動詞の語尾 | | 彼はとても正直だ | 「～な」にして体言に続く |
| で | 格助詞 | 場所 | 校庭で遊ぶ | 場所を示す体言に接続 |
| | | 原因・理由 | 病気で学校を休む | 「のために」に置き換え可能 |
| | | 手段・方法 | 自転車で旅をする | 「を使って」に置き換え可能 |
| | 接続助詞 | | すぐに読んでほしい | 連用形に接続 |
| | 形容動詞の語尾 | | この話は退屈である | 「～な」にして体言に続く |
| | 助動詞〈断定〉 | | 彼は教師である | 「だ」に置き換え，文が切れる |

## 3 敬語

(1) **丁寧語・美化語**…相手に対して丁寧に述べる言葉。

| 表現の型 | 用例 |
|---|---|
| **～ます・～です** | 学校へ行く　→学校へ行きます |
| **お～・ご～** | 皆様への報告　→皆様へのご報告 |

(2) **尊敬語**…話の相手や話題にしている人を立てて述べる言葉。

| 表現の型 | 用例 |
|---|---|
| **お(ご)～になる (なさる)** | 帰る　→先生がお帰りになる<br>出発する　→皆様がご出発なさるそうです |
| **～れる・～られる** | 言う　→社長が言われる通りです<br>来る　→市長が学校に来られる |
| **敬語動詞** | 食べる　→お客様が食事を召し上がる<br>言う　→先生がそうおっしゃる |

(3) **謙譲語**…自分（話し手）が，相手や話題にしている人を高めるためにへりくだって言う言葉。

| 表現の型 | 用例 |
|---|---|
| **お(ご)～する (いたす)** | 会う →校長先生とお会いする<br>説明する →私がご説明いたします |
| **敬語動詞** | 行く →私がそちらへ参ります<br>もらう →お菓子をいただく |

(4) 敬語動詞（謙譲語Ⅰ・Ⅱ）一覧表

| 尊敬語 | 普通の表現 | 謙譲語 |
|---|---|---|
| なさる | する | いたすⅡ |
| いらっしゃる・おいでになる | 行く | うかがうⅠ・参るⅡ |
| いらっしゃる・おいでになる | 来る | 参るⅡ |
| いらっしゃる | いる | おるⅡ |
| おっしゃる | 言う・話す | 申すⅡ・申し上げるⅠ |
| 召し上がる | 食べる | いただくⅠ |
| お会いになる | 会う | お目にかかるⅠ |
| お聞きになる | 聞く | うかがうⅠ・承るⅠ |

## 例題 1〈ことわざ・慣用句〉

(1) 次の文のうち，下線部が正しく使われているものを選べ。

ア．そんな木で鼻をくくるようなこと実現できるわけがない。

イ．枯れ木も山のにぎわいですので，ぜひともおいでください。

ウ．彼女の的を得た指摘に反論の余地もなかった。

エ．彼の話しぶりはまさに立て板に水で，聞いていてすがすがしい。

オ．肝胆相照らすというように，悪事は必ず露見する。

(2) 次のことわざと同じ意味をもつものを，ア～エからそれぞれ選べ。

① 石橋をたたいて渡る　② 舟に刻みて剣を求む

ア．流れに棹さす　イ．株を守る　ウ．転ばぬ先の杖

エ．勝って兜の緒を締めよ

(3) 次のそれぞれの□に同じ漢字一字を入れ，ことわざを完成させよ。

① いわしの□も信心から　　船□多くして船山にのぼる

② □に竹をつぐ　　□を見て森を見ず

③ □藍の誉れ　　□る杭は打たれる

④ □の日はつるべ落とし　　一日千□の思い

(4) 次に示す一字から始まる慣用句を答えよ。

① 鼻（　　）…冷淡に扱う

② 歯（　　）…遠慮せず，ありのままにものを言う

③ 眉（　　）…他人の行動を不快に思い，顔をしかめる

④ 舌（　　）…非常に感心したり驚いたりする

**解答** (1) エ　(2) ① ウ　② イ　(3) ① 頭　② 木　③ 出　④ 秋　(4) ①（鼻）であしらう　②（歯）に衣着せぬ　③（眉）をひそめる　④（舌）を巻く

**解説** (1) ウ.「的を射た」が正しい。 オ.「互いに打ち解けて親しく交わる」という意味。 (2) ②「舟に刻みて剣を求む」「株を守る」は，「古い習慣ややり方にこだわって進歩がない」という意味。

## 例題 2〈文法〉

(1) 下線部の語句のうち，品詞が異なるものを選べ。

ア. <u>ひとえに</u>努力のたまものだ。　イ. <u>むげに</u>断れない。

ウ. <u>あからさまに</u>顔に出す。　エ. <u>とうに</u>終わっている。

(2) 次の下線部の動詞の活用の種類と活用形をそれぞれ1つずつ選べ。

① 筆記用具を<u>持っ</u>ていく。　② この器は<u>重ね</u>られる。

〈活用の種類〉

ア. 五段活用　イ. 上一段活用　ウ. 下一段活用

エ. カ行変格活用　オ. サ行変格活用

〈活用形〉

カ. 未然形　キ. 連用形　ク. 終止形　ケ. 連体形

コ．仮定形　　サ．命令形

(3) 次の下線部の「た」と同じ意味・用法のものを選べ。

会議が終わったところだ。

ア．壁にかかった時計。　　　イ．これは僕が作った。

ウ．電車が駅に到着した。　　エ．今日は何日だったかな。

(4) 次の下線部の「で」と同じ意味・用法のものを選べ。

手紙で知らせる。

ア．バスで行く。

イ．雨で中止になる。

ウ．家で待つ。

エ．転んでけがをする。

オ．わがままで手を焼く。

**解答** (1) ウ　(2) ① ア，キ　② ウ，カ　(3) ウ
(4) ア

**解説** (1) ウ　形容動詞　ア・イ・エ　副詞　(2) ②　可能の助動詞「られる」は上一段・下一段活用動詞の未然形に接続する。
(3) アは存続，イは過去，ウは完了，エは確認の意の助動詞「た」。　(4) アは手段，イは原因・理由，ウは場所を表す格助詞。エは接続助詞。オは形容動詞の語尾。

## 例題 3〈敬語〉

(1) 敬語には尊敬語，謙譲語Ⅰ，謙譲語Ⅱ，丁寧語，美化語の五種類がある。次の文はそれぞれどの敬語に属するか。

① 明日から海外へ参ります。

② 大変おいしゅうございました。

③ お手紙を書く。

④ お元気でいらっしゃいましたか。

⑤ お目にかかれて光栄です。

(2) 次のうち，敬語が正しく使われているものを選べ。
ア．ただいまご紹介していただきました鈴木です。
イ．お約束のお客様が参られました。
ウ．交換していただけませんでしょうか。
エ．田中さんを存じ上げていらっしゃいますか。

(3) 次の下線部を正しいものに書き換えよ。
① 〈招待した客に〉「お好きなお料理を<u>いただいて</u>ください。」
② 〈サービスの案内をして〉「どなた様も<u>ご利用できます</u>。」
③ 〈車内アナウンスで〉「お忘れ物など<u>いたしません</u>ようにお気をつけください。」
④ 〈電話の相手に〉「お電話が遠いようで……。今何と<u>おっしゃられ</u>ましたか。」
⑤ 〈初対面の相手に〉「町田様で<u>ございます</u>でしょうか。」

**解答** (1) ① 謙譲語Ⅱ ② 丁寧語 ③ 美化語 ④ 尊敬語 ⑤ 謙譲語Ⅰ (2) ウ (3) ① 召し上がって ② ご利用になれます ③ なさいません ④ おっしゃい ⑤ いらっしゃいます

**解説** (2) ア．ご紹介していただきました→ご紹介いただきました，ご紹介にあずかりました イ．参られました→いらっしゃいました，お見えになりました エ．存じ上げていらっしゃいますか→ご存じでいらっしゃいますか (3) ①～③ 謙譲表現で誤り。④ 尊敬語の過剰表現で誤り。

# 国語科　文学史・俳句

## ポイント

### 1　文学史

(1) 平安時代～江戸時代

| 時代 | 分類 | 作者名 | 作品名 |
|---|---|---|---|
| 平安中期 | 随筆 | **清少納言** | 枕草子 |
| 鎌倉初期 | | **鴨長明** | 方丈記 |
| 鎌倉末期 | | **吉田兼好** | 徒然草 |
| 江戸時代 | 紀行文 | **松尾芭蕉** | 奥の細道 |
| | 浮世草子 | **井原西鶴** | 好色一代男，世間胸算用 |

(2) 明治時代～昭和時代

| 作者名 | 作品名 | 作者名 | 作品名 |
|---|---|---|---|
| **樋口一葉** | たけくらべ，にごりえ | **芥川龍之介** | 鼻，羅生門，地獄変 |
| **島崎藤村** | 破戒，夜明け前 | **山本有三** | 路傍の石，女の一生 |
| **田山花袋** | 蒲団，田舎教師 | **川端康成** | 伊豆の踊子，雪国 |
| **森鷗外** | 舞姫，高瀬舟 | **井上靖** | しろばんば，敦煌 |
| **夏目漱石** | 吾輩は猫である，坊っちゃん，草枕，三四郎，それから，門，こころ | **太宰治** | 人間失格，走れメロス，斜陽 |
| | | **志賀直哉** | 暗夜行路，城の崎にて |

(3) 詩

| | |
|---|---|
| **島崎藤村** | 詩集『若菜集（初恋ほか）』 |
| **北原白秋** | 詩集『邪宗門』『水墨集（落葉松ほか）』，雑誌「スバル」 |
| **高村光太郎** | 詩集『道程』『智恵子抄（レモン哀歌ほか）』 |
| **萩原朔太郎** | 詩集『月に吠える』『青猫』 |
| **宮沢賢治** | 詩集『春と修羅』 |

(4) 近代短歌

| | |
|---|---|
| **与謝野晶子** | 第一歌集『みだれ髪』 |
| **正岡子規** | 評論『歌よみに与ふる書』 |
| **石川啄木** | 歌集『一握の砂』『悲しき玩具』 |
| **斎藤茂吉** | 歌集『赤光』『あらたま』『寒雲』『白き山』 |

## 2 出題されやすい俳句

(1) 古典俳句

| 俳人 | 俳句　（※太字は季語） | 季節 |
|---|---|---|
| **松尾芭蕉** | 古池や　**蛙**とびこむ　水の音 | 春 |
| | 山路来て　何やらゆかし　**すみれ草** | 春 |
| | 草の戸も　住み替はる代ぞ　**雛**の家 | 春 |
| | 閑かさや　岩にしみいる　**蟬**の声 | 夏 |
| | **五月雨**を　あつめて早し　最上川 | 夏 |
| | **夏草**や　兵どもが　夢の跡 | 夏 |
| | 野ざらしを　心に風の　**しむ身**かな | 秋 |
| | 荒海や　佐渡によこたふ　**天の河** | 秋 |
| | 旅に病んで　夢は**枯野**を　かけ廻る | 冬 |
| **与謝蕪村** | **春**の海　終日のたり　のたりかな | 春 |
| | **菜の花**や　月は東に　日は西に | 春 |
| | **五月雨**や　大河を前に　家二軒 | 夏 |
| | **稲づま**や　浪もてゆへる　秋津しま | 秋 |
| **小林一茶** | **雀の子**　そこのけ　そこのけ　御馬が通る | 春 |
| | **雪とけて**　村いっぱいの　子どもかな | 春 |
| | やれ打つな　**蠅**が手をすり　足をする | 夏 |
| | **名月**を　取ってくれろと　なく子かな | 秋 |
| **加賀千代女** | **朝顔**に　つるべとられて　もらい水 | 秋 |

(2) 近代俳句

| 俳人 | 俳句　　　（※太字は季語） | 季節 |
|---|---|---|
| **正岡子規** | **雪残る**　頂一つ　国境 | 春 |
| | **柿**くへば　鐘が鳴るなり　法隆寺 | 秋 |
| | いくたびも　**雪**の深さを　尋ねけり | 冬 |
| **河東碧梧桐** | 赤い**椿**　白い椿と　落ちにけり | 春 |
| **種田山頭火** | 分け入っても　分け入っても　青い山 | － |
| **高浜虚子** | **桐一葉**　日当たりながら　落ちにけり | 秋 |
| | 流れゆく　**大根**の葉の　早さかな | 冬 |
| **水原秋桜子** | **麦秋**の　中なるが悲し　聖廃墟 | 夏 |
| | **啄木鳥**や　落葉をいそぐ　牧の木々 | 秋 |
| **山口誓子** | **流氷**や　宗谷の門波　荒れやまず | 春 |
| | 海に出て　**木枯らし**帰る　ところなし | 冬 |
| **中村草田男** | **万緑**の　中や吾子の歯　生えそむる | 夏 |

## 例題1〈文学史〉

(1) 次のうち，芥川龍之介の作品を2つ選べ。

ア．門　イ．斜陽　ウ．破戒　エ．女の一生

オ．鼻　カ．李陵　キ．地獄変　ク．城の崎にて

(2) 次の詩集・歌集と作者の組合せのうち，正しいものを選べ。

ア．悲しき玩具 ― 中原中也　イ．道程 ― 高村光太郎

ウ．歌よみに与ふる書 ― 高浜虚子　エ．若菜集 ― 与謝野晶子

オ．青猫 ― 宮沢賢治　カ．在りし日の歌 ― 北原白秋

(3) 次の作品の作者をア～クから選べ。

① 檸檬　② 沈黙　③ 坊っちゃん　④ たけくらべ

⑤ 蒲団　⑥ 堕落論　⑦ しろばんば　⑧ 黒い雨

ア．夏目漱石　イ．坂口安吾　ウ．井伏鱒二

エ．樋口一葉　オ．田山花袋　カ．遠藤周作

キ．井上靖　ク．梶井基次郎

(4) 次はある作品の冒頭の部分である。作品名と作者名を答えよ。

① 男もすなる日記といふものを女もしてみむとてするなり。…

② 春はあけぼの。やうやう白くなりゆく，山ぎはすこしあかりて…

③ 石炭をば早や積み果てつ。中等室の卓のほとりはいと静にて…

④ 私は，その男の写真を三葉，見たことがある。…

**解答** (1) オ，キ　(2) イ　(3) ① ク　② カ　③ ア　④ エ　⑤ オ　⑥ イ　⑦ キ　⑧ ウ

(4) ① 土佐日記，紀貫之　② 枕草子，清少納言

③ 舞姫，森鷗外　④ 人間失格，太宰治

**解説** (1) ア．夏目漱石　イ．太宰治　ウ．島崎藤村　エ．山本有三　カ．中島敦　ク．志賀直哉　(2) ア．石川啄木の作品。ウ．正岡子規の作品。　エ．島崎藤村の作品。　オ．萩原朔太郎の作品。　カ．中原中也の作品。北原白秋の作品には「邪宗門」「水墨集」がある。

## 例題 2〈俳句〉

(1) 次の俳句の作者を，ア～クからそれぞれ選べ。

① いくたびも　雪の深さを　尋ねけり

② 春の海　終日のたり　のたりかな

③ 雀の子　そこのけ　そこのけ　御馬が通る

④ 旅に病んで　夢は枯野を　かけ廻る

⑤ 桐一葉　日当たりながら　落ちにけり

⑥ 咳をしても一人

ア．尾崎放哉　イ．正岡子規　ウ．斎藤茂吉　エ．小林一茶

オ．高浜虚子　カ．石川啄木　キ．与謝蕪村　ク．松尾芭蕉

(2) 次の俳句から季語を抜き出し，季節も答えよ。

① 麦秋の　中なるが悲し　聖廃墟

② 菫ほどな　小さき人に　生まれたし

③ 旅人と　我が名呼ばれん　初時雨

④　稲づまや　浪もてゆへる　秋津しま

(3) 次の俳句を春夏秋冬の順に並べよ。

ア．流氷や　宗谷の門波　荒れやまず

イ．小春日や　石を嚙み居る　赤蜻蛉

ウ．やれ打つな　蠅が手をすり　足をする

エ．荒海や　佐渡によこたふ　天の河

**解答**　(1)　①　イ　②　キ　③　エ　④　ク　⑤　オ　⑥　ア　(2)　①　季語：麦秋　季節：夏　②　季語：菫　季節：春　③　季語：初時雨　季節：冬　④　季語：稲づま　季節：秋　(3)　ア→ウ→エ→イ

**解説**　(2)　①　水原秋桜子の句。　②　夏目漱石の句。　③　松尾芭蕉の句。　④　与謝蕪村の句。　(3)　ア．季語は「流氷」で，季節は春。山口誓子の句。　イ．季語は「小春日」で，季節は冬。村上鬼城の句。　ウ．季語は「蠅」で，季節は夏。小林一茶の句。　エ．季節は「天の河」で，季節は秋。松尾芭蕉の句。

# 国語科 読解

## ポイント

### 1 修辞法

<table>
<tr><td rowspan="4">比喩</td><td>直喩法（明喩）</td><td>「たとえば」「ように」などの語を用いて，他の物事にたとえる</td><td>例 滝のように涙を流す。</td></tr>
<tr><td>隠喩法（暗喩）</td><td>「たとえば」「ように」などの語を用いずに，たとえるものと直接に結びつける</td><td>例 人間は考える葦だ。</td></tr>
<tr><td>擬人法</td><td>人間以外のものを，人間にたとえる</td><td>例 海が呼んでいる。</td></tr>
<tr><td>擬態法（声喩）</td><td>擬声語（音や声を言葉に表したもの）や擬態語（状態の感じを言葉に表したもの）を用いて，物音，事物の状態などを音声的にたとえる</td><td>例 雨がざあざあと降る。<br>例 子どもがすくすくと育つ。</td></tr>
<tr><td colspan="2">倒置法</td><td>語順を逆にして，言いたいことを強調する</td><td>例 急ごう，始まってしまうから。</td></tr>
<tr><td colspan="2">体言止め</td><td>文末を体言（名詞）で止め，強調したり，余韻を残したりする</td><td>例 今日の天気は晴れ。</td></tr>
<tr><td colspan="2">対句法</td><td>一対になる語句（よく似たもの・反対のもの）を用い，対照的に表現する</td><td>例 菜の花や　月は東に　日は西に</td></tr>
<tr><td colspan="2">反復法</td><td>同じ語句や似た言葉を何度も繰り返して強調する</td><td>例 かもめ　かもめ　去りゆく　かもめ</td></tr>
</table>

### 2 詩の形式

| （1）文体上の分類 | |
|---|---|
| 文語詩 | 文語体で書かれた詩 |
| 口語詩 | 口語体（現代語）で書かれた詩 |
| （2）形式上の分類 | |
| 定型詩 | 一句が五・七（七・五）音など，音数や行数に決まりがある詩 |
| 自由詩 | 音数など決まりのない自由な形式の詩 |
| 散文詩 | 文章形式であるが，詩情をもつ詩 |

| (3) 内容上の分類 | |
|---|---|
| **叙情詩** | 作者の感情を中心にうたった詩 |
| **叙景詩** | 風景を写生的にうたった詩 |
| **叙事詩** | 事件などを，主観を交えずにうたった詩 |

## 3 主な接続詞

| | | | | | |
|---|---|---|---|---|---|
| **順接** | 前後が自然な関係で連結 | だから，すると | **選択** | 前後のどちらかを選ぶ | あるいは，または |
| **逆説** | 前後が逆の関係で連結 | しかし，ところが | **換言** | 前の文を言い換える | つまり，すなわち |
| **並列** | 前後が対等 | そして，また | **説明** | 前の文の理由 | なぜなら |
| **添加** | 前につけ加える | しかも，なお | **転換** | 話題をかえる | ところで |

## 4 読解の解法

(1) 空欄補充問題の解き方

① 空欄の前後の文意を把握

空欄の前後の論旨や，筆者の意見をとらえる。

② 選択肢がある場合，すべての選択肢を確認

すべての選択肢を代入して，論旨や意見にあっているかを確かめ，最適なものを選ぶ。

(2) 指示語の内容を問う問題の解き方

① 直前の部分に着目

指示語を含む文に目を通し，指示語よりも前の文や文節へ少しずつさかのぼって探していく。ただし，まれに指示語の後ろにある場合もあるので要注意。

② 指示語の部分に代入して確認

指示語のさす内容を見つけたら，指示語の部分にそれをあてはめて，文章が自然につながっているかを確認する。

(3) 語句を説明する問題の解き方

① 文脈をつかむ

指定された部分が文脈の中でどのような位置を占めているのかを考えながら読み，手がかりを見つける。

② 理由を示す接続詞や言葉に着目

理由を示す「～だから，～ので」や「というのは，なぜなら，それゆえ」などの言葉に着目して，理由や説明をつかむ。

③ 頻出する内容に注意

繰り返し出てくる語句や内容に注意する。論説文では，このような語句や内容は本文の主題にかかわっている場合が多い。

## 例題 1〈現代文〉

次の文章を読んで，下の問いに答えよ。

人に何かを伝えるためには，現象を数多く知っていなければならない。その現象の原因がわかっていなければならない。（　A　），どう説明すればすっとわかってもらえるかの技巧も持っていなければならない。

まずは，そういう修行をして，曇りなくわかる文章というものを目標にすることだろうと思う。

それが仮に自在にできるようになった時に，もうひとつの憧れの要素，利口に見えるという美点がいつの間にか発生しているのではないだろうかと思うのだ。あまりにもよくわかる文章なので，達人の技巧の冴(さ)えすら感じられてしまう，という形で。

そのうまさは，初めから技をしかけて，ひねりにひねって書く利口ぶりとは別のものであって，よくある失敗であるところの，（　B　）のただ難解な悪文になることが少ないのではないだろうか。

利口そうに見えるように，という願望はひとまず忘れよう，ということだ。それよりも，誰にでもちゃんとわかること，伝わることをめざして書く。そうして思い通りに文章が書けるようになったら，自然にうまさも手に入っているのでは，と思うのである。

(清水義範『大人のための文章教室』)

(1) ( A ) にあてはまる言葉を，次から選べ。

ア．しかし　イ．そして　ウ．たとえば　エ．あるいは

(2) 下線部の「それ」とは何か。文章中の語句を使って答えよ。

(3) ( B ) にあてはまる言葉を，次から選べ。

ア．ひとりよがり　イ．むりやり　ウ．徹頭徹尾

エ．おくればせ

(4) 筆者は，どうすればうまい文章が書けるとしているか。文章中から26字で抜き出して答えよ。

**解答** (1) イ　(2) 曇りなくわかる文章を書くこと。　(3) ア
(4) 誰にでもちゃんとわかること，伝わることをめざして書く

## 例題2〈現代文〉

次の文章を読んで，あとの (1) ～ (4) の各問いに答えよ。

小林秀雄は，『私の人生観』の中で次のようなことを書いている。

「阿含経(あごん)」の中に，かういふ意味の話がある。ある人が釈迦に，この世は無常であるか，常住であるか，有限であるか，無限であるか，生命とは何か，肉体とは何か，さういふ形而上学的問題をいろいろ持ち出して解答を迫つたところが，釈迦は，さういふ質問には自分は答へない，お前は毒矢に当つてゐるのに，医者に毒矢の本質について解答を求める負傷者の様なものだ，どんな解答が与へられるにせよ，それはお前の苦しみと死とには何の関係もない事だ，自分は①毒矢を抜く事を教へるだけである。さう答へた。これが，所謂如来の不記であります。

生きている限り，人間は様々な毒矢を受け続ける。それは，仕方がないことである。人間の心は，傷つけば交換可能なプラスティックで出来ているのではない。傷ついたなら傷ついたなりに，なんとかその状態を引き受けて生きていくしかないのである。②毒矢を抜くことよりも，毒矢はどのように出来ているかの解明に専念してきたのが科学

である。科学が，魂の救済の問題に関心を持たないのは当然のことである。喜びも，悲しみも，嘆きも，怒りも，すべては科学がその方法論の適用の対象とはしない，数に置き換えることのできない主観的経験の中にあるからである。

特定の宗教を信じるかどうかは，個人の自由である。（　A　），③人間が生み出す仮想の切実さを信じられない人の精神生活は，おそらく貧しいものにならざるを得ないだろう。

救済を求める心を，迷信だとして切り捨てて何になろう。世界の因果的理解がいくら進んだところで，自分がいつか死ぬということには変わりがない。

科学は，多くの人が事故や病気さえなければ老境を迎えることのできる文明という安全基地を用意してくれた。（　B　），その居心地のよいぬくもりの中で，私たちはさまざまな仮想を生み出してきた人間の生の切実さを見失ってしまったのである。生の切実さを見失ったままで，どうして，現実にきちんと向き合うことができよう。

仮想によって支えられる，魂の自由があって，はじめて私たちは過酷な現実に向かい合うことができるのである。それが，意識を持ってしまった人間の本性というものなのである。

（茂木健一郎『脳と仮想』）

(1) 下線部①と同じような意味で使われていることばを文章中から5字以内で抜き出せ。

(2) 下線部②のような「科学」が生み出したものは何か。文章中から40字以内で抜き出し，最初と最後の5文字を書け。

(3) 空欄Aと空欄Bに共通してあてはまる最も適当な語句を次のア～エから選び，記号を書け。

ア．そして　　イ．つまり　　ウ．しかし　　エ．また

(4) 下線部③について，なぜそのように言えるのか。最も適当なものを次のア～エから選び，記号を書け。

ア．主観的経験を無視する科学の考え方では，人間の心の豊かさに触れることができないから。

イ．宗教を信じることができない人は，心安らかに人生を送ること

は絶対にできないから。

ウ．宗教よりも科学を重視してしまう人は，偏った物の見方で何事も考えてしまいがちだから。

エ．人の心の働きを扱わない科学は，人間の切実さに正面から向き合うことになってしまうから。

**解答** (1) 魂の救済　(2) 多くの人が～う安全基地　(3) ウ
(4) ア

**解説** (1)「毒矢を抜く事」は3段落4文目「引き受けて生きていく」方法のことであり，それは，釈迦の対極にある「科学」が問題としない「魂の救済」である。　(2) 6段落冒頭に「科学」の成果が比喩的にまとめられている。　(3) いずれの空欄でも，後続文が直前文を否定的な観点で判断していることから，逆説の接続詞が適当である。　(4) 下線部「仮想の切実さ」は，本文中では「科学」の反意語としての役割を担っている。よって，「科学のみを価値基準とすること」が精神生活，すなわち「心」を「貧し」くする，と理解すればよい。

## 例題 3〈近代詩〉

次の詩を読んで，あとの問いに答えよ。

冬が来た　　（　A　）

きつぱりと冬が来た
八つ手の白い花も消え
公孫樹(いてふ)の木も箒(はうき)になつた

きりきりともみ込むやうな冬が来た
人にいやがられる冬
草木に背(そむ)かれ，虫類に逃げられる冬が来た

冬よ
僕に来い，僕に来い
僕は冬の力，冬は僕の餌食(ゑじき)だ

しみ透れ，つきぬけ
火事を出せ，雪で埋めろ
（　B　）のやうな冬が来た

(1)（　A　）にあてはまるこの詩の作者名を答えよ。

(2) この詩の作者の作品を，次から選べ。
　ア．豊饒の女神　　イ．月に吠える　　ウ．邪宗門
　エ．智恵子抄

(3) この詩は，文体上・形式上の分類で，何とよばれるか。漢字5文字で答えよ。

(4) この詩は，内容上の分類で，何とよばれるか。次から選べ。
　ア．叙情詩　　イ．叙景詩　　ウ．叙事詩

(5)（　B　）にあてはまる言葉を，次から選べ。
　ア．闇夜　　イ．岩　　ウ．刃物　　エ．真綿

(6) 作者の心情が最もよく表れているのは第何連か。漢数字で答えよ。

**解答**　(1) 高村光太郎　(2) エ　(3) 口語自由詩　(4) ア　(5) ウ　(6) 三

**解説**　(2) アの『豊饒の女神』は西脇順三郎，イの『月に吠える』は萩原朔太郎，ウの『邪宗門』は北原白秋の作品。 (3) 高村光太郎は萩原朔太郎とともに，口語自由詩の確立者といわれている。

# 国語科 学習指導要領

## ポイント

### 平成29年改訂の要点

**1 目標の改善について**

**(1) 教科の目標**

国語科において育成を目指す資質・能力については，中央教育審議会答申（平成28年12月21日）にて「知識・技能」，「思考力・判断力・表現力等」，「学びに向かう力・人間性等」の3つの柱に沿った整理が行われた。これを受け，教科の目標は次のように示された。

言葉による見方・考え方を働かせ，言語活動を通して，国語で正確に理解し適切に表現する資質・能力を次のとおり育成することを目指す。
(1) 日常生活に必要な国語について，その特質を理解し適切に使うことができるようにする。
(2) 日常生活における人との関わりの中で伝え合う力を高め，思考力や想像力を養う。
(3) 言葉がもつよさを認識するとともに，言語感覚を養い，国語の大切さを自覚し，国語を尊重してその能力の向上を図る態度を養う。

従前より示し方が変更され，先述の3つの柱に対応して (1) ～ (3) の目標が示された。それぞれ (1) が「知識・技能」，(2) が「思考力・判断力・表現力等」，(3) が「学びに向かう力・人間性等」による。

**(2) 各学年の目標**

〔第1学年及び第2学年〕
(1) 日常生活に必要な国語の知識や技能を身に付けるとともに，我が国の言語文化に親しんだり理解したりすることができるようにする。

(2) 順序立てて考える力や感じたり想像したりする力を養い，日常生活における人との関わりの中で伝え合う力を高め，自分の思いや考えをもつことができるようにする。
(3) 言葉がもつよさを感じるとともに，楽しんで読書をし，国語を大切にして，思いや考えを伝え合おうとする態度を養う。

〔第3学年及び第4学年〕
(1) 日常生活に必要な国語の知識や技能を身に付けるとともに，我が国の言語文化に親しんだり理解したりすることができるようにする。
(2) 筋道立てて考える力や豊かに感じたり想像したりする力を養い，日常生活における人との関わりの中で伝え合う力を高め，自分の思いや考えをまとめることができるようにする。
(3) 言葉がもつよさに気付くとともに，幅広く読書をし，国語を大切にして，思いや考えを伝え合おうとする態度を養う。

〔第5学年及び第6学年〕
(1) 日常生活に必要な国語の知識や技能を身に付けるとともに，我が国の言語文化に親しんだり理解したりすることができるようにする。
(2) 筋道立てて考える力や豊かに感じたり想像したりする力を養い，日常生活における人との関わりの中で伝え合う力を高め，自分の思いや考えを広げることができるようにする。
(3) 言葉がもつよさを認識するとともに，進んで読書をし，国語の大切さを自覚して，思いや考えを伝え合おうとする態度を養う。

(1) は全学年共通の目標で，答申で示された「知識・技能」の内容を反映している。同様に，各学年の (2) は「思考力・判断力・表現力等」の，(3) は「学びに向かう力・人間性等」の内容を反映している。

### 2 内容の改善について

内容について，従前のものは「話すこと・聞くこと」，「書くこと」，「読むこと」の3領域及び〔伝統的な言語文化と国語の特質に関する事項〕で構成されていた。現行の学習指導要領では，〔知識及び技能〕〔思考力・判断力・表現力等〕に再編されている。

## 例題 1〈学習指導要領〉

小学校学習指導要領（平成29年3月告示）「国語」について，次の各問いに答えよ。

(1) 次の文は，国語科の目標の一部である。〔 ① 〕にあてはまる言葉を，下のア～エから1つ選び，その記号を答えよ。

言葉がもつよさを認識するとともに，〔 ① 〕を養い，国語の大切さを自覚し，国語を尊重してその能力の向上を図る態度を養う。

ア．表現力　イ．思考力　ウ．文章力　エ．言語感覚

(2) 次の文は，「思考力・判断力・表現力等」における「C 読むこと」の，自分の考えの形成及び交流に関する指導事項を表したものである。〔 ① 〕〔 ② 〕〔 ③ 〕にあてはまる語句を下のア～ケから1つずつ選び，記号で答えよ。

（第1学年及び第2学年）

オ　文章の内容と自分の〔 ① 〕とを結び付けて，感想をもつこと。

（第3学年及び第4学年）

カ　文章を読んで感じたことや考えたことを共有し，一人一人の〔 ② 〕などに違いがあることに気付くこと。

（第5学年及び第6学年）

カ　文章を読んでまとめた意見や感想を共有し，自分の〔 ③ 〕を広げること。

ア．体験　イ．考え　ウ．資料　エ．情報
オ．テキスト　カ．経験　キ．思い　ク．感じ方
ケ．知識

**解答**　(1) エ　(2) ① ア　② ク　③ イ

**解説**　(1) 言語感覚とは，言語で理解したり表現したりする際の正誤・適否・美醜などについての感覚のことである。話したり聞いたり書いたり読んだりする具体的な言語活動の中で，相手，目的

や意図，場面や状況などに応じて，どのような言葉を選んで表現するのが適切であるかを直観的に判断したり，話や文章を理解する場合に，そこで使われている言葉が醸し出す味わいを感覚的にとらえたりすることができることである。 (2) ① 従前では「自分の経験」とあったが，改訂され「自分の体験」と示されるようになった。「文章の内容と自分の体験とを結び付け」るとは，本や文章の内容や構成を自分が既にもっている知識や経験，特に読書体験などと結び付けて解釈し，想像を広げたり理解を深めたりすることである。 ② 同じ文章を読んでも，一人一人の感じ方などに違いがあることに気付くとともに，互いの感じたことや考えたことを理解し，他者の感じ方などのよさに気付くことが大切である。 ③ 読書によって多様な視点から物事を考えることができるようになることに気付くことである。

## 例題 2〈学習指導要領〉

小学校学習指導要領（平成29年3月告示）「国語」の「第3　指導計画の作成と内容の取扱い」について，次の文中の各空欄に適する語句を答えよ。

低学年においては，（中略）他教科等との関連を積極的に図り，指導の効果を高めるようにするとともに，幼稚園教育要領等に示す（　①　）までに育ってほしい姿との関連を考慮すること。特に，小学校入学当初においては，（　②　）科を中心とした合科的・関連的な指導や，弾力的な時間割の設定を行うなどの工夫をすること。

**解答** ① 幼児期の終わり　② 生活

**解説** ① 「幼稚園教育要領」に第1章総則第2「幼稚園教育において育みたい資質・能力及び「幼児期の終わりまでに育ってほしい姿」が新たに示されている。国語科との関連が特に深いと考えられるのは，第2の3 (6) 思考力の芽生え，(8) 数量や図形，標識や文字などへの関心・感覚，(9) 言葉による伝え合い，(10) 豊かな感性と表現についての記述である。必ず目を通しておきたい。
② 「弾力的な時間割の設定」との文言は現行の学習指導要領で新たに示されたものである。

## 例題3〈学習指導要領〉

小学校学習指導要領(平成29年3月告示)「国語」について，次の(1)，(2)に答えよ。

(1) 次の文は，各学年の「思考力・判断力・表現力等」における「C　読むこと」の内容に関する記述である。文中の（　a　）～（　d　）にあてはまる語句を下の〔　　〕の中から選んで答えよ。

(第1学年及び第2学年)
場面の様子や登場人物の（　a　）など，内容の大体を捉えること。

(第3学年及び第4学年)
登場人物の気持ちの変化や（　b　），（　c　）について，場面の移り変わりと結び付けて具体的に想像すること。

(第5学年及び第6学年)
登場人物の（　d　）や心情などについて，描写を基に捉えること。

〔　性格　　会話　　相互関係　　行動　　情景　〕

(2) 第3学年及び第4学年で取り扱う「B　書くこと」に関する言語活動の例を，次のア～オから2つ選び，記号で答えよ。

ア．行事の案内やお礼の文章を書くなど，伝えたいことを手紙に書く活動。

イ．事象を説明したり意見を述べたりするなど，考えたことや伝えたいことを書く活動。

ウ．短歌や俳句をつくるなど，感じたことや想像したことを書く活動。

エ．身近なことや経験したことを報告したり，観察したことを記録したりするなど，見聞きしたことを書く活動。

オ．調べたことをまとめて報告するなど，事実やそれを基に考えたことを書く活動。

**解答** ⑴ a 行動　b 性格　c 情景　d 相互関係
⑵ ア，オ

**解説** ⑴ 学年ごとの文言の違いについての知識を問う問題は頻出である。文脈のみでは適切な単語を判断しかねる場合があるので，熟読し違いを正確に把握しておきたい。 ⑵ イ・ウは第5学年及び第6学年，エは第1学年及び第2学年で取り扱う「B　書くこと」に関する言語活動の例である。

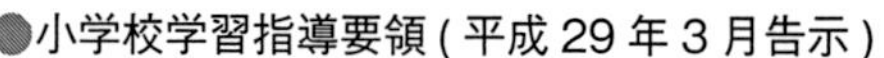
●小学校学習指導要領（平成29年3月告示）

# 国語科 学習指導法

## ポイント

小学校における指導法の問題は，概括的に述べる問題が多い。6年間を通して共通に言えることは，教科目標に集約されている。教科目標の内容については，「知識・技能」「思考力・判断力・表現力等」「学びに向かう力・人間性等」に関わるもので構成されていることを押さえておく必要がある。設問に対して，これらの点を踏まえた指導の在り方について，具体的に記述したい。

そのためには，学習指導要領の内容がそれぞれどのように配列されたものとなっているかについて，その系統性を自分なりに整理しておくとよい。内容は，学年は2学年ごとの構成になっており，それぞれ，〔知識及び技能〕と〔思考力，判断力，表現力等〕に大別される。〔知識及び技能〕は（1）言葉の特徴や使い方に関する事項，（2）話や文章に含まれている情報の扱い方に関する事項，（3）我が国の言語文化に関する事項の3要素からなる。〔思考力，判断力，表現力等〕は「A　話すこと・聞くこと」，「B　書くこと」，「C　読むこと」の3要素からなる。要素ごとに各学年の内容を確認すると，学年発達の論理がみえてくる。前後のつながりや，当該学年の発達段階を念頭に，自分が教育実習で目にした授業や，演習等で見聞した指導法などを生かして解答を作成したい。

例えば〔知識及び技能〕（3）我が国の言語文化に関する事項の「書写に関する事項」では，第3学年及び第4学年の前後で，「毛筆」の使用経験の有無など内容に大きな違いがある。混同した解答を作成しないよう留意したい。

国語科の指導そのものは，国語科だけの枠内にとどまるものではなく，各教科の底辺に流れる力（国語学力）としても機能している。合科的，総合的学習指導などと呼ばれるものにおいても，国語科は重要な基礎となることは頭に置いておきたい。

## 例題 1〈学習指導法〉

小学校6年生の児童が調べ学習をしているときに,「鋼鉄」の「鋼」という言葉の意味が分からずに困っていた。「鋼」の読みが分からない場合,どのように漢和辞典を引かせるとよいか。「索引」という言葉を使って,調べ方の一例を簡潔に書け。

**解答** ・総画索引を使い,画数が16画の漢字の中から「鋼」の出ているページを探させる。　・部首索引で「かねへん」の部首がついているページを探し,その後,部首以外の部分の画数の順を追って「鋼」の字の出ているページを見つけさせる。(いずれかひとつ)

**解説** 漢和辞典の引き方には,「総画引き」「部首引き」「音訓引き」があり,状況によって適当な方法を用いることになる。また,問題文のような状況に対応できるようにするため,日頃から児童に正しい部首や,画数の数え方を教えておく必要性が高いことにも留意すべきである。

## 例題 2〈学習指導法〉

第5学年及び第6学年の児童に,学習指導要領で示されている「日常生活における人との関わりの中で伝え合う力を高め,自分の思いや考えを広げることができる」ことを指導するにあたっては,どのような学習活動が考えられるか。具体的に2つ書け。

**解答** ① インタビューなどをして必要な情報を集め,それらを発表する活動　② 説明や解説などの文章を比較するなどして読み,分かったことや考えたことを,話し合ったり文章にまとめたりする活動　等

**解説** 出題の「日常生活における人との関わりの中で伝え合う力を高め,自分の思いや考えを広げることができる」は,「思考力・判断力・表現力等」の内容を反映して設定された目標である。し

たがって，話し合う活動や，意見や感想を文章にまとめたものを共有する活動などが主に考えられる。目標と対応した活動を解答する。

## 例題3〈学習指導法〉

小学校「国語」の指導に関して述べた次の（1）～（3）の問いに答えよ。

(1) 第2学年〔思考力，判断力，表現力等〕「C　読むこと」の学習において，物語文の内容を読み取ったあとに，学習のまとめとして，その物語文の好きなところを紹介するためのカードを作る活動を設定した。この活動の「読むこと」に関するねらいを2つ書け。

(2) 第3学年〔知識及び技能〕（3）エの「書写」について，「文字の組立て方を理解し，形を整えて書くこと」の学習を設定した。1つの文字が部首と他の部分から組み立てられるという仕組みに，児童が自ら気付くようにするための学習活動を1つ書け。

(3) 第6学年〔思考力，判断力，表現力等〕「A　話すこと・聞くこと」の学習において，対立する立場で討論する学習を設定し，討論の準備としてインタビューやアンケート調査を児童に行わせた。そのねらいは何か，2つ書け。

**解答**　(1)・カードを作ることを通して，物語に対する自分の思いや考えを深めること。　・カードを用い他の人に好きな場面を紹介することを通して，感想を共有すること。　等　(2)・部首が同じ漢字を集めると，漢字の仲間分けができることを体験させること。　・「左と右」「上と下」「内と外」等の組立ての漢字を見せて，分けられる部分を考えさせること。　等

(3)・自分の考えの根拠となる裏づけを把握すること。　・情報を収集することにより，自分の考えの幅を広げたりすること。　等

**解説**　(1) 第1学年及び第2学年の「C　読むこと」の内容より，出題の活動は「イ　場面の様子や登場人物の行動など，内容の大体を

捉えること。」や「カ　文章を読んで感じたことや分かったことを共有すること。」といった事項と関連が深いと考えられる。

⑵「文字の組立て方」とは，点画の組立て方から部首や部分相互の組立て方までを指す。この指導では，主に後者に重点が置かれている。中学年では，部首と他の部分の組立て方，すなわち左と右，上と下，内と外などの関係において一つの文字が組み立てられるという仕組みを理解させる。　⑶ インタビューやアンケート調査は，第5学年及び第6学年の「A　話すこと・聞くこと」に関する事項のうち，「ア　目的や意図に応じて，日常生活の中から話題を決め，集めた材料を分類したり関係付けたりして，伝え合う内容を検討すること。」や「ウ　資料を活用するなどして，自分の考えが伝わるように表現を工夫すること。」といった活動と特に関連が深い。インタビューやアンケート調査を行うことで，討論のための材料を収集することや，自分の考えに説得力を持たせることが可能になる。

●小学校学習指導要領 ( 平成 29 年告示 ) 解説「国語編」( 平成 29 年 7 月 )

# 第 2 章

# 社会科

# 社会科 地理【地図】

## ポイント

### 1 地球と地図

(1) 地球の表面

地球の表面積…約5.1億km$^2$　全周（赤道の長さ）…約4万km

陸地と海洋の面積比…3：7

(2) 世界地図

| 種類 | 利用法 | 例 |
|---|---|---|
| 正角図法 | 航海図 | **メルカトル図法** |
| 方位図法 | 航空図 | **正距方位図法** |
| 正積図法 | 分布図 | **グード図法**（サンソン図法とモルワイデ図法） |

### 2 地形図

(1) 縮尺

縮尺の分母の数が小さいほど，実際の距離に近くなる。

**実際の距離＝地図上の長さ×縮尺の分母**

(2) 等高線

同じ高度の地点を結んだ線で，土地の起伏を表現する方法の1つ。等高線の間隔が**広い**ところは傾斜が**緩やか**で，**狭い**ところは傾斜が急。

| 等高線 | 線 | 2万5千分の1 | 5万分の1 |
|---|---|---|---|
| **計曲線** | ━━━━━ | 50mごと | 100mごと |
| **主曲線** | ───── | 10mごと | 20mごと |
| **補助曲線** | - - - - - - - | 5mか2.5mかごと | 10mごと |
| | ------------- | | 5 mごと |

※2.5mの補助曲線には，等高線数値を表示する。

(3) 地図記号

| 土地利用 | | 建物・施設 | | | |
|---|---|---|---|---|---|
| ‖ ‖ ‖ | 田（水田） | ◎ | 市役所 | (風車の記号) | 風車 |

| | 畑・牧草地 | | 警察署 | | 老人ホーム |
|---|---|---|---|---|---|
| | 果樹園 | | 消防署 | | 神社 |
| | 竹林 | | 郵便局 | | 寺院 |
| | 茶畑 | | 裁判所 | | 電子基準点 |
| | 広葉樹林 | | 税務署 | | 自然災害伝承碑 |
| | 針葉樹林 | | 図書館 | | 三角点 |
| | 荒地 | | 博物館 | | 水準点 |

## 3 経緯度

(1) 日本と同じ経緯度の国

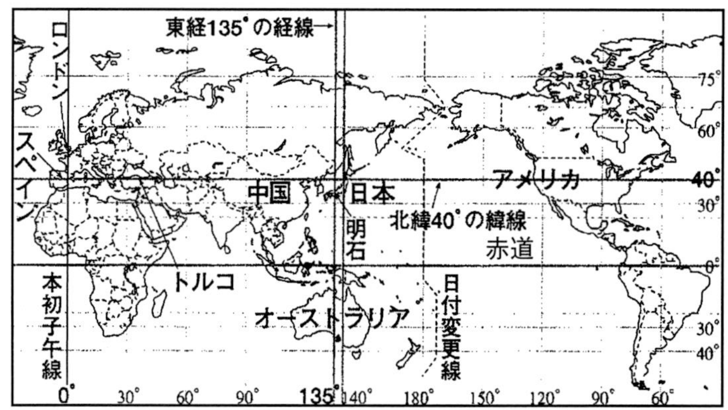


(2) 経度と時刻

① 標準時

時刻は**経度15度ごとに1時間ずつずれる**ので，国や地域ごとに標準時を定めている。世界の時刻の基準は，ロンドン近郊の旧グリニッジ天文台を通る経度0度（**本初子午線**）。日本は，兵庫県明石市を通る**東経135度線が標準時子午線**。

② 日付変更線

太平洋上の180度の経線に沿って引かれている線。この線を東から西に越えるときは日付を1日進め，西から東へ越えるときには日付を1日遅らせる。

③ 時差の求め方

2つの地点の経度の差を15で割って計算する。日付変更線をまたがずに位置関係をみた場合，東にある方が時間が進んでいて，西にある方が時間が遅れている。

◆日本とイギリスの時差◆

イギリス(標準時子午線0度)と日本(標準時子午線135度)とでは，経度差135度。135÷15＝9より，**9時間の時差**がある。イギリスは日本より西にあるので，日本の時刻から9時間遅らせればよい。

## 例題 1〈世界地図〉

(1) 地図Ⅰ中のA－B間の実際の直線距離を選び，記号で答えよ。

ア．約10,000km　　イ．約15,000km

ウ．約20,000km　　エ．約25,000km

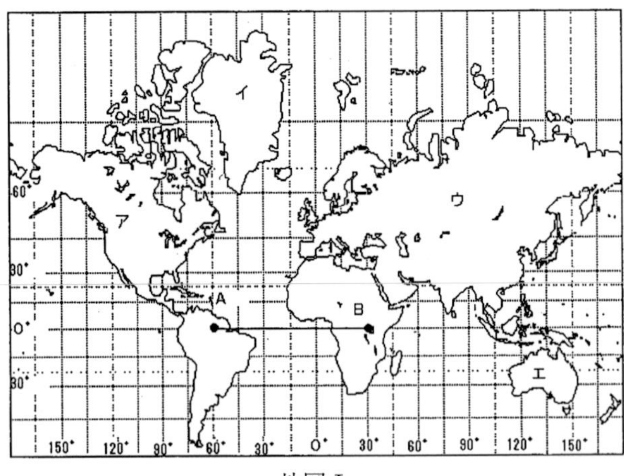


地図Ⅰ

(2) 地図Ⅰ中のア～エの陸地のうち，実際の面積が最も小さいものを選び，記号で答えよ。

(3) 地図Ⅱ中の都市のうち，東京から見て北西約7,000kmに位置する都市名を答えよ。

(4) 次の文が示す図法の名称を答えよ。

　この図法は，単円錐図法を改良した正積図で，緯線はすべて等間隔の同心円として示され，経線は中央経線が直線のほかは縮尺に比例した緯線上の点を結ぶ曲線として表される。主に中緯度の地方図や大陸図などに用いられる。

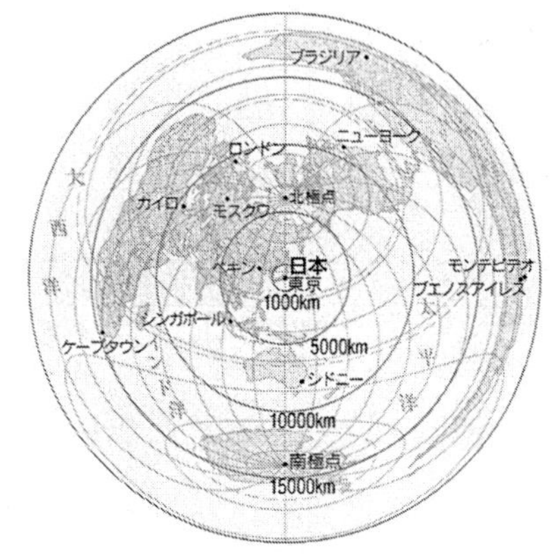


地図Ⅱ

**解答**　(1) ア　(2) イ　(3) モスクワ　(4) ボンヌ図法

**解説**　(1) A―B間の経度差は90度。赤道の全周は約40,000kmなので，(90÷360)×40000と計算する。

## 例題 2〈地形図〉

(1) 5万分の1の縮尺で表された地図上では，5cmの長さは実際の距離にすると何kmになるか。

(2) 次の文中の①・②のア・イから正しい語句を選び，記号で答えよ。

　地形図において，標高の高いほうから見て，等高線が凸型に出っ張っているところが①〔ア．谷／イ．尾根〕，凹型に引っ込んでいるところが②〔ア．谷／イ．尾根〕である。

(3) 次の地図記号はそれぞれ何を表しているか答えよ。

①　②　③　④　⑤

**解答** (1) 2.5km (2) ① イ ② ア (3) ① 果樹園
② 税務署 ③ 図書館 ④ 電子基準点 ⑤ 博物館

**解説** (1) 5〔cm〕×50000＝250000〔cm〕＝2500〔m〕＝2.5〔km〕

## 例題 3〈経緯度〉

(1) 地図Ⅰ中のア～エのうち，東京のほぼ真裏にあたる地点を選び，記号で答えよ。

(2) 地図Ⅰ中のA～Dの都市のうち，12月22日の昼間の時間が最も長い都市を選び，記号で答えよ。また，その都市を選んだ理由を説明せよ。

(3) 地図Ⅱ中のXを出航した船が，東へ向かい，アフリカ大陸の南端を回って，インド洋を通ってYに到着した。この航路について誤って述べたものを選び，記号で答えよ。

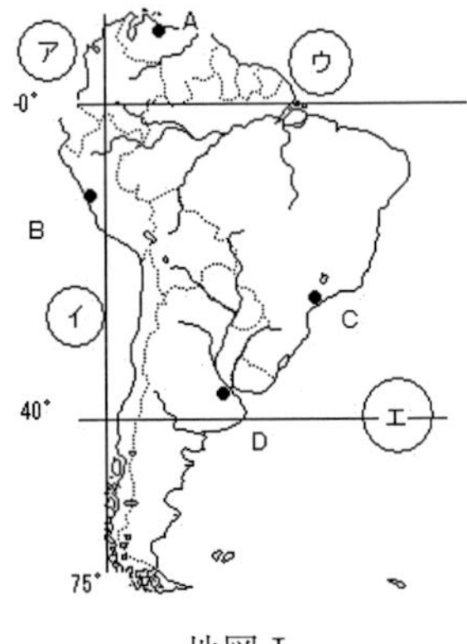

地図Ⅰ

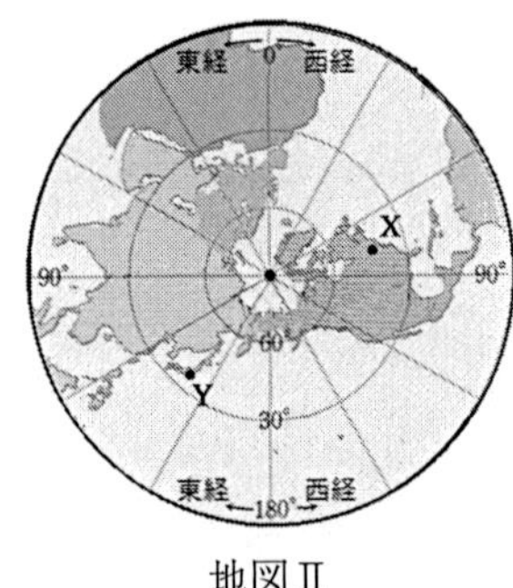

地図Ⅱ

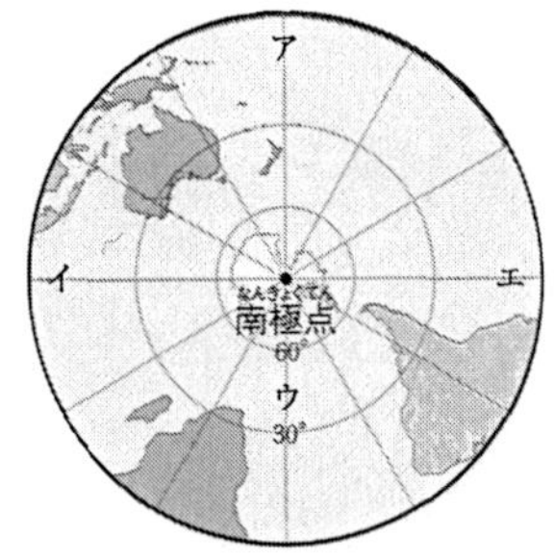

地図Ⅲ

ア．この船は本初子午線を通過した。

イ．この船は赤道を通過した。

ウ．この船は日付変更線を通過した。

エ．この船は東経90度線を通過した。

(4) 南半球に全範囲が含まれる大陸は，南極大陸ともう1つはどこか。地図Ⅱ・Ⅲをもとに答えよ。

(5) 地図Ⅲ中のア～エのうち，本初子午線を選び，記号で答えよ。

**解答** (1) エ　(2) 都市：D　理由：この時期，南半球は夏であり，Dは最も緯度が高い（南極に近い）から。　(3) ウ
(4) オーストラリア大陸　(5) ウ

**解説** (2) 12月22日ごろ，南半球では夏至，北半球では冬至を迎える。
(3) 西半球から東回りで東半球へ向かった航路である。

## 例題4〈時差〉

(1) Nさんが，仕事で知り合った南アフリカ共和国の友人に説明した次の文の空欄にあてはまる日時を選び，記号で答えよ。

東経135度を標準時子午線とする日本は今，3月2日の正午ですが，南アフリカ共和国では東経30度を基準にした標準時を使っているので，（　　）ですね。

ア．3月1日の午後5時　イ．3月1日の午後11時
ウ．3月2日の午前5時　エ．3月2日の午後7時

(2) 次の文中の空欄にあてはまる経度を答えよ。

サンフランシスコは，夏時間（サマータイム）を採用していない時期には，日本との時差は17時間である。日本は東経135度を標準時子午線としている。よって，サンフランシスコの標準時子午線は（　　）である。

**解答** (1) ウ　(2) 西経120度

**解説** (1) $(135-30)\div15=7$より，時差は7時間。南アフリカ共和国は日本より西にあるので，日本の時刻より7時間遅れている。
(2) $(17\times15)-135=120$により，西経120度とわかる。

# 社会科 地理【日本の国土】

## ポイント

### 1 日本の領域

(1) 国家の領域

| | |
|---|---|
| 領土 | 国家の主権の及ぶ土地。日本の国土面積は**約38万km²** |
| 領海 | 領土の沿岸から12海里（１海里＝1852m）以内。沿岸から**200海里までの（排他的）経済水域**あり |
| 領空 | 領土・領海の上空 |

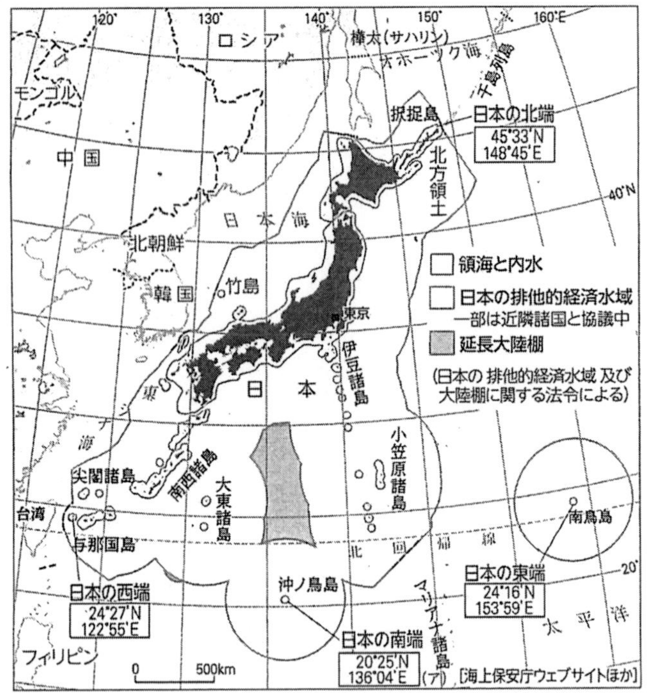


※竹島は，韓国による占拠が続いているが，島根県に所属する日本固有の領土であり，韓国政府に返還を要求している。

※尖閣諸島は，中国が領有権を主張しているが，沖縄県に所属する日本の領土であり，領有権問題は存在しない。　　「新編 詳解地理B　改訂版」（二宮書店）

(2) ロシアとの北方領土問題

**択捉島**，**国後島**，**色丹島**，**歯舞群島**は日本固有の領土であるが，ロシアが占拠。

(3) 日本周辺の海流

暖流の**黒潮**（**日本海流**），**対馬海流**，寒流の**親潮**（**千島海流**），リマン海流など。

## 2 日本の気候区分

| | |
|---|---|
| 北海道の気候 | 冬の平均気温が0℃以下 |
| 日本海側の気候 | 冬に雪で降水量が多い |
| 内陸性の気候 | 気温の年較差大きく，少雨 |
| 太平洋側の気候 | 夏に高温多湿 |
| 瀬戸内の気候 | 気温の年較差小さく，少雨 |
| 南西諸島の気候 | 冬でも温暖で，多雨 |

## 3 日本各地の月別平均気温と降水量（1991～2020年の平均）

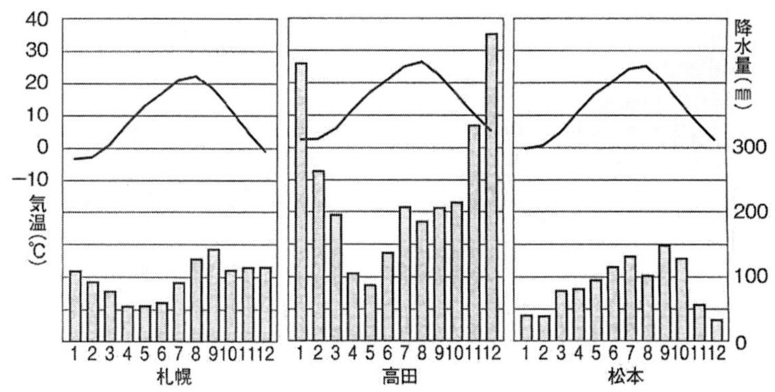

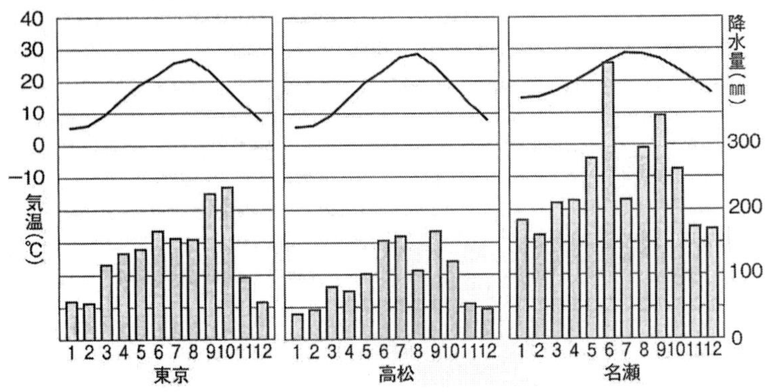


（『日本国勢図会2023/24』より作成）

## 4 都道府県の主な特色

| | | |
|---|---|---|
| | 北海道（札幌） | ばれいしょ，小麦の生産日本一。十勝平野で畑作が盛ん |
| 東北地方 | 青森県（青森） | りんご，にんにくの生産日本一。八戸は日本有数の漁港 |
| | 岩手県（盛岡） | 北海道に次いで面積が大きい。やませによる冷害 |
| | 宮城県（仙台） | 政令指定都市の仙台は東北地方の行政の中心 |
| | 秋田県（秋田） | 青森県との境に世界自然遺産の白神山地がある |
| | 山形県（山形） | おうとう，あけび，西洋なしの生産日本一 |
| | 福島県（福島） | もも，養殖鯉の生産が盛ん。工業製品の出荷額は東北一 |
| 関東地方 | 茨城県（水戸） | れんこん，メロンの生産日本一。つくば市に学園都市 |
| | 栃木県（宇都宮） | いちごの生産日本一。内陸県。足尾銅山がある |
| | 群馬県（前橋） | 世界文化遺産「富岡製糸場」がある。冬にからっ風 |
| | 埼玉県（さいたま） | ひな人形の生産日本一。内陸県。人口増加率が高い |
| | 千葉県（千葉） | らっかせい，合成ゴム，しょうゆの生産日本一 |
| | 東京都（東京） | 日本の首都。全人口の約10分の１が集中 |
| | 神奈川県（横浜） | 横浜港は日本有数の貿易港。相模原，厚木に工業団地 |
| | 新潟県（新潟） | 米菓，金属洋食器の生産日本一。越後平野で米作 |
| | 富山県（富山） | チューリップ（球根）の生産日本一 |
| | 石川県（金沢） | 金属はくの生産日本一。金沢の兼六園が有名 |

| 中部地方 | 福井県（福井） | リアス式海岸の若狭湾岸に原子力発電所が建設 |
|---|---|---|
| | 山梨県（甲府） | もも，ぶどうの生産日本一。内陸県 |
| | 長野県（長野） | レタスの生産日本一。内陸県。高原野菜・果実栽培盛ん |
| | 岐阜県（岐阜） | 内陸県。包丁，ちょうちんの生産日本一 |
| | 静岡県（静岡） | 茶，ピアノの生産日本一。牧ノ原台地で茶の栽培 |
| | 愛知県（名古屋） | 製造品出荷額日本一。自動車工業中心に機械工業が盛ん |
| 近畿地方 | 三重県（津） | さつきの出荷量，液晶パネルの生産日本一 |
| | 滋賀県（大津） | 内陸県。県の面積の約6分の1を琵琶湖が占める |
| | 京都府（京都） | 既製和服の生産日本一。清酒やうちわも有名 |
| | 大阪府（大阪） | 自転車の生産日本一。面積は全国で2番目に小さい |
| | 兵庫県（神戸） | 清酒の生産日本一。近畿地方で面積が最大 |
| | 奈良県（奈良） | 内陸県。南北で気候の差が大きい |
| | 和歌山県（和歌山） | はっさく，うめの生産日本一。森林が８割を占める |
| 中国地方 | 鳥取県（鳥取） | らっきょうの生産日本一。人口が最も少ない県 |
| | 島根県（松江） | しじみの生産日本一。宍道湖は汽水湖 |
| | 岡山県（岡山） | 岡山平野で米，ぶどう，ももの生産が盛ん |
| | 広島県（広島） | レモン，養殖かきの生産日本一。広島市は「平和都市」 |
| | 山口県（山口） | 秋吉台は石灰石のカルスト地形で，日本有数の鍾乳洞 |
| 四国地方 | 徳島県（徳島） | スダチの生産日本一。吉野川は四国一の長流 |
| | 香川県（高松） | うどん（生めん）の生産日本一。はまちの養殖もさかん |
| | 愛媛県（松山） | いよかんの生産日本一。四国山地の斜面でみかん栽培 |
| | 高知県（高知） | しょうが，なすの生産日本一。黒潮の影響で温暖多雨 |
| 九州・沖縄地方 | 福岡県（福岡） | 九州の玄関口。第三次産業人口割合多い |
| | 佐賀県（佐賀） | 養殖のりの生産が盛ん。有明海でのりの養殖 |
| | 長崎県（長崎） | 養殖ふぐ類，あじ類，たい類の漁獲量が盛ん |
| | 熊本県（熊本） | い草，トマト，すいかの生産が多い |
| | 大分県（大分） | 乾しいたけの生産日本一。大分に臨海工業地域 |
| | 宮崎県（宮崎） | 黒潮の影響で1年中比較的温暖 |
| | 鹿児島県（鹿児島） | 豚肉，甘藷，養殖ぶりの生産日本一 |
| | 沖縄県（那覇） | さとうきび，パインアップルの生産日本一 |

## 例題 1〈日本の領域〉

次の文を読んで，各問いに答えよ。

日本の国土は，本州・北海道・九州・四国をはじめとする多くの島によって成り立ち，約（　A　）万$km^2$の面積を持つ。領海は領土に接している一定幅の海域であり，沖合（　B　）海里までとする国が多い。領海の外側の海域には，沖合（　C　）海里までの水産資源や海底資源の管轄権を沿岸国に認める（　①　）が設定されている。その外側は（　②　）とされ，船舶の航行などは自由とされている。

(1) 下線部の島とほぼ同じ緯度に位置する国を選び，記号で答えよ。

ア．ベルギー　　イ．ベネズエラ　　ウ．ガーナ
エ．チュニジア

(2) 文中の（　A　）～（　C　）にあてはまる数字を1つずつ選び，記号で答えよ。

ア．3　　イ．12　　ウ．38　　エ．45　　オ．100　　カ．200

(3) 文中の（　①　）・（　②　）にあてはまる語句を答えよ。

**解答**　(1) エ　　(2) A. ウ　　B. イ　　C. カ　　(3) ①　排他的経済水域（EEZ）　　②　公海

**解説**　(3) ①　経済水域の設定によって，遠洋漁業が急速に衰えた。

## 例題 2〈日本の気候〉

右の地図を見て，各問いに答えよ。

(1) 地図中のア～エのうち，リアス(式)海岸が見られる地域を選び，記号で答えよ。

(2) 地図中のAは，日本を分断する巨大な断層であり，ユーラシアプレートと（　　）プレートの境目とされている。

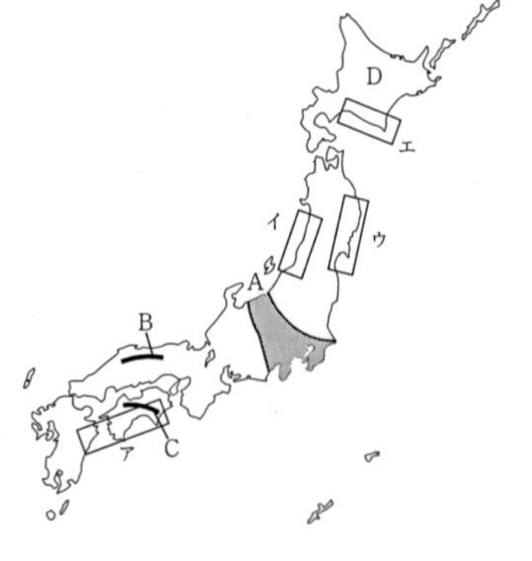

（　　）にあてはまる語句を答えよ。

(3) 地図中のBとCの山地にはさまれた地域の気候（2020年）を示した雨温図を選び，記号で答えよ。

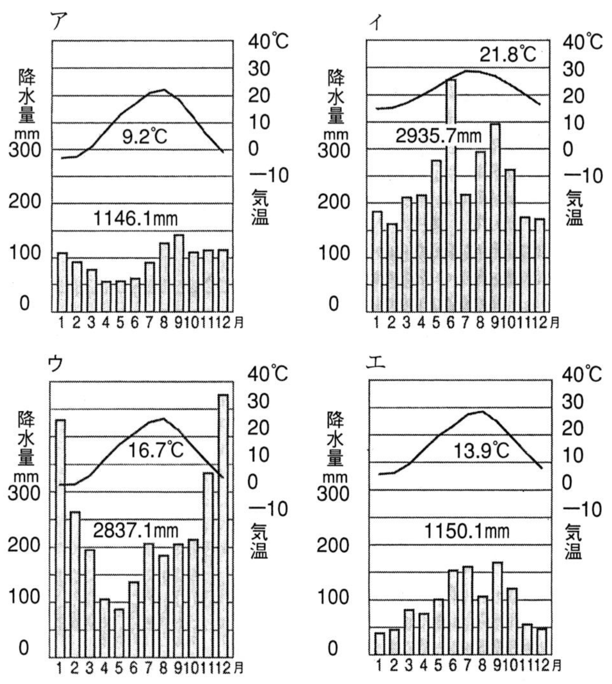


(4) 地図中のDの地域に見られる住居の工夫を選び，記号で答えよ。

ア．窓を二重にしている。

イ．屋根に水のタンクを備えている。

ウ．屋根に赤瓦を用いている。

エ．屋根を漆喰でぬり固めている。

**解答**　(1) ウ　(2) 北アメリカ　(3) エ　(4) ア

**解説**　(2) 本州中央部を横断する地溝帯で，フォッサマグナのことである。西縁は糸魚川＝静岡構造線にあたる。　(3) ア．札幌市　イ．名瀬市　ウ．高田市　エ．高松市

## 例題3〈降水量〉

瀬戸内の気候について述べた文として適切なものを次のア～エから1つ選び，記号で答えよ。

ア．冬の季節風により晴天が多く，夏の季節風により降水量が多い。
イ．沿岸を流れる黒潮などの影響で冬でも温暖で，1年をとおして降水量が多い。
ウ．冬の季節風により降水量が多く，夏の季節風により降水量が少ない。
エ．夏も冬も季節風が山地にさえぎられ，一年中温暖で降水量が少ない。

**解答**　エ
**解説**　冬は中国山地，夏は四国山地に季節風がさえぎられる。

## 例題4〈都道府県の特色〉

(1) 枠内に示した8県の共通点を選び，記号で答えよ。

| | |
|---|---|
| 栃木県 | 群馬県 |
| 埼玉県 | 山梨県 |
| 長野県 | 岐阜県 |
| 滋賀県 | 奈良県 |

ア．東日本に位置する。
イ．北緯35度線が通っている。
ウ．海に面していない。
エ．東経140度線が通っている。

(2) 枠内の8県のうち，面積が最も大きい県名を答えよ。
(3) 枠内の8県の多くが含まれていた，古代の行政区分を選び，記号で答えよ。
ア．東海道　イ．東山道　ウ．北陸道　エ．山陽道

**解答**　(1) ウ　(2) 長野県　(3) イ
**解説**　(3) 山梨県と奈良県を除く6県が東山道に含まれていた。

# 社会科 地理【日本の産業】

## ポイント

### 1 日本の農業

(1) 食料自給率の推移

【国内消費仕向量に対する国内生産量の割合（%)】

| 年度 | 米 | 小麦 | 大豆 | 野菜 | 果実 | 肉類 | 鶏卵 | 牛乳・乳製品 | 食料自給率 |
|---|---|---|---|---|---|---|---|---|---|
| 1960 | 102 | 39 | 28 | 100 | 100 | 91 | 101 | 89 | 79 |
| 1980 | 100 | 10 | 4 | 97 | 81 | 81 | 98 | 82 | 53 |
| 2000 | 95 | 11 | 5 | 81 | 44 | 52 | 95 | 68 | 40 |
| 2010 | 97 | 9 | 6 | 81 | 38 | 56 | 96 | 67 | 39 |
| 2015 | 98 | 15 | 7 | 80 | 41 | 54 | 96 | 62 | 39 |
| 2020 | 97 | 15 | 6 | 80 | 38 | 53 | 97 | 61 | 37 |
| 2021 | 98 | 17 | 7 | 79 | 39 | 53 | 97 | 63 | 38 |

※2021は概算

(2) 農業生産

【米・小麦・野菜の主産地の生産割合（2021年）(%)】

※米と小麦は2022年

| 産物名 | 第1位 | | 第2位 | | 第3位 | | 第4位 | |
|---|---|---|---|---|---|---|---|---|
| 米 | 新潟 | 8.7 | 北海道 | 7.6 | 秋田 | 6.3 | 山形 | 5.0 |
| 小麦 | 北海道 | 61.8 | 福岡 | 7.6 | 佐賀 | 5.7 | 愛知 | 3.0 |
| にんじん | 北海道 | 31.7 | 千葉 | 17.7 | 徳島 | 7.9 | 青森 | 6.7 |
| ねぎ | 埼玉 | 11.9 | 千葉 | 11.9 | 茨城 | 11.9 | 北海道 | 4.9 |
| ピーマン | 茨城 | 22.5 | 宮崎 | 18.0 | 鹿児島 | 9.0 | 高知 | 8.8 |
| ほうれんそう | 埼玉 | 10.8 | 群馬 | 10.2 | 千葉 | 8.8 | 茨城 | 8.5 |
| レタス | 長野 | 32.7 | 茨城 | 15.9 | 群馬 | 10.0 | 長崎 | 6.4 |
| キャベツ | 群馬 | 19.7 | 愛知 | 18.0 | 千葉 | 8.1 | 茨城 | 7.4 |
| ブロッコリー | 北海道 | 16.3 | 埼玉 | 9.3 | 愛知 | 8.5 | 香川 | 7.8 |

(『日本国勢図会2023/24』より作成)

【果実などの主産地の生産割合（2021年）（%）】

| 産物名 | 第1位 | | 第2位 | | 第3位 | | 第4位 | |
|---|---|---|---|---|---|---|---|---|
| みかん | 和歌山 | 19.7 | 愛　媛 | 17.1 | 静　岡 | 13.3 | 熊　本 | 12.0 |
| りんご | 青　森 | 62.8 | 長　野 | 16.7 | 岩　手 | 6.4 | 山　形 | 4.9 |
| ぶどう | 山　梨 | 24.6 | 長　野 | 17.4 | 岡　山 | 9.1 | 山　形 | 8.8 |
| もも | 山　梨 | 32.2 | 福　島 | 22.6 | 長　野 | 9.9 | 山　形 | 8.3 |
| いちご | 栃　木 | 14.8 | 福　岡 | 10.1 | 熊　本 | 7.3 | 愛　知 | 6.7 |
| かき | 和歌山 | 21.1 | 奈　良 | 15.1 | 福　岡 | 8.4 | 岐　阜 | 6.7 |

（『日本国勢図会2023/24』より作成）

## 2　日本の工業

(1) 主な工業地帯・工業地域

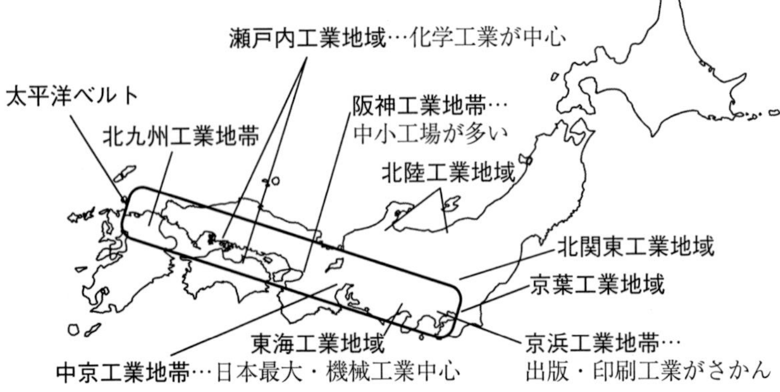


(2) 日本の工業の歩みと近年の状況

日本の工業は，高度経済成長期の際に重化学工業を中心に発展し，1970年代には機械製品に電子技術を組み込む**メカトロニクス化**を世界に先がけて進めていった。1980年代には，自動車などの貿易摩擦が激しくなり，アメリカでの現地生産を進める動きが進んでいった。その後，電気機器などの組み立てなどを人件費の安い東南アジアや中国で行うようになり，大手企業を中心とした日本メーカーは，国内生産→海外輸出型の産業から，海外での生産比率を高めていき，世界でもっとも適した場所での生産を進めるようになった。

## 3 日本の水産業

(1) 近年の状況

世界有数の漁業国であるが，魚介類の輸入はアメリカ，中国に次いで世界第3位。かつて盛んであった遠洋漁業は，排他的経済水域の設定や石油危機による燃料費負担増で衰退し，沖合漁業も漁獲量の制限や魚の減少で不振。漁獲量全体に占める養殖業の割合は，1990年の12％から2019年には24％に上昇している。

【漁業種類別生産量と魚介類輸入量の推移】

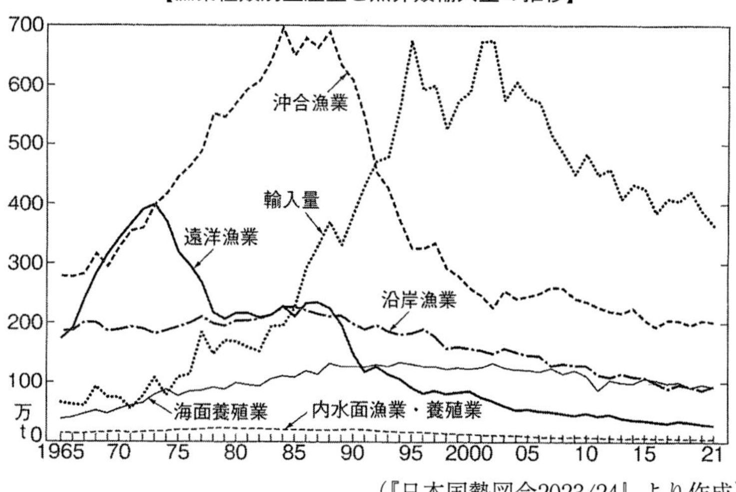


(『日本国勢図会2023/24』より作成)

(2) 水産業の盛んな地域

三陸海岸沖合の千島海流（親潮）と日本海流（黒潮）がぶつかる**潮目**や，東シナ海の大陸棚の海域。

(3) とる漁業から，育てる漁業へ

| | |
|---|---|
| **養殖漁業** | 稚魚・稚貝を人工のいけすなどで管理しながら，販売できる大きさまで育てる漁業 |
| **栽培漁業** | 人工的にふ化させた稚魚・稚貝を海や川に放流し，成長してからとる漁業 |

## 例題 1〈日本の農業〉

次の表は，日本の農畜産物について，2020年の品目別産出額上位5道県（単位：億円）を表したものである。これを見て，各問いに答えよ。

| 順位 | A | | B | | C | | D | |
|---|---|---|---|---|---|---|---|---|
| 1位 | 北海道 | 2,145 | 新潟 | 1,503 | 青森 | 906 | 北海道 | 7,337 |
| 2位 | 茨城 | 1,645 | 北海道 | 1,198 | 長野 | 894 | 鹿児島 | 3,120 |
| 3位 | 千葉 | 1,383 | 秋田 | 1,078 | 和歌山 | 759 | 宮崎 | 2,157 |
| 4位 | 熊本 | 1,221 | 山形 | 837 | 山形 | 729 | 岩手 | 1,628 |
| 5位 | 愛知 | 1,011 | 宮城 | 795 | 山梨 | 650 | 茨城 | 1,270 |

（『データでみる県勢2023』より作成）

(1) 表中のA～Dは，果実・米・野菜・畜産のいずれかを示している。果実および米にあたるものをA～Dからそれぞれ選び，記号で答えよ。

(2) 表中に▒▒で示した県などで見られる，大都市周辺で生鮮野菜などを栽培する農業を何というか。漢字4字で答えよ。

(3) 北海道内で酪農が基幹農業となっている地域を選び，記号で答えよ。

ア．根釧台地　　イ．上川盆地　　ウ．石狩平野　　エ．夕張山地

(4) 表中のA～Dの農業の経営効率を比べる場合，各農産物の上位5道県のどのような統計をさらに入手すればよいか。次から選び，記号で答えよ。

ア．食料自給率　　イ．農家数　　ウ．耕地利用率

エ．65歳以上の農業従事者数

(5) 右のグラフは，日本の農畜産物の自給率の推移を表したものである。グラフ中のア～エは野菜・米・肉類・小麦のいずれかを示している。ア～エのうち，上の表中のAの農畜産物を示したものはどれか。記号で答えよ。

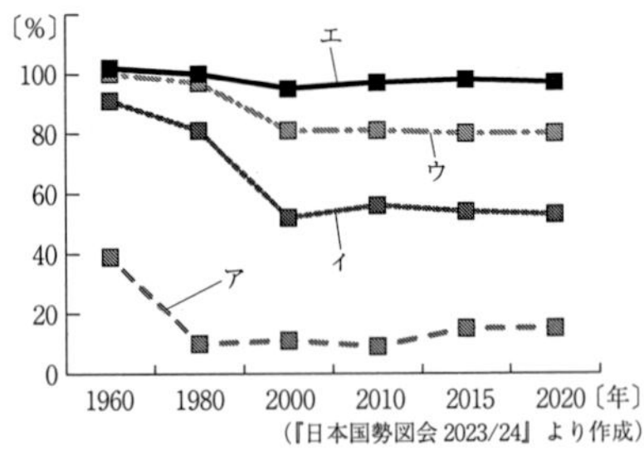

（『日本国勢図会 2023/24』より作成）

**解答** (1) 果実：C　米：B　(2) 近郊農業　(3) ア　(4) イ
(5) ウ

**解説** (1) 野菜：A　畜産：D　(3) 根釧台地は，火山灰地のため稲作や畑作にも適さない土壌であり，必然的に酪農が基幹農業となっている。 (4) 農業産出額÷農家数で，農家1戸あたりの産出額を求める。 (5) ア．小麦　イ．肉類　エ．米

## 例題 2〈日本の工業〉

次の表は，5つの都道府県の工業製品出荷額上位4品目（2019年，数値は構成比（%））を表したものである。これを見て，各問いに答えよ。

| 順位 | A | | B | | C | | D | | E | |
|---|---|---|---|---|---|---|---|---|---|---|
| 1位 | 輸送用機械 | 16.4 | 石油・石炭製品 | 15.6 | 輸送用機械 | 55.4 | 食料品 | 36.3 | 情報通信機械 | 17.5 |
| 2位 | 電気機械 | 10.6 | 化学 | 14.2 | 電気機械 | 5.8 | 石油・石炭製品 | 12.8 | 電子部品 | 11.9 |
| 3位 | 印刷 | 10.5 | 輸送用機械 | 13.0 | 鉄鋼 | 5.0 | 鉄鋼 | 6.5 | 生産用機械 | 11.4 |
| 4位 | 食料品 | 10.0 | 鉄鋼 | 12.4 | 生産用機械 | 4.9 | パルプ・紙 | 6.3 | 食料品 | 9.5 |

(『データでみる県勢2023』より作成)

(1) 表中のA～Eは，北海道・東京・長野・愛知・岡山のいずれかである。長野および愛知にあたるものをA～Eから選び，記号で答えよ。

(2) 表中のAの品目から読み取れる，Aの都道府県の特色を選び，記号で答えよ。

ア．基礎素材型産業の発達　イ．情報・文化の集積
ウ．火力発電所の立地　エ．工業団地の立地

(3) 表中のBの石油製品や化学，鉄鋼などについて，生産性向上のために原料や燃料，生産設備などを計画的・有機的に結合させた工業地域あるいは企業集団を何というか。

(4) 表中のEの電子部品は，航空路線や高速道路を用いて輸送されることが多い。その理由を，製品価格と輸送費の2つの面から説明せよ。

**解答** (1) 長野：E　愛知：C　(2) イ　(3) コンビナート
(4) 軽量なわりに製品価格が高いため，輸送費の高い航空機や高速道路を用いて運んでも採算がとれるから。

**解説** (1) 北海道：D　東京：A　岡山：B　(4) 集積回路（IC）などの電子部品の工場は，太平洋ベルトから離れた九州・中央高地・東北地方などの内陸部にも多く分布する。

## 例題 3〈日本の漁業〉

(1) 右のグラフは，銚子港の令和3年度における魚種別の水揚高の割合を表している。さばは，銚子港の水揚高第2位を占める魚種だが，銚子港ではさばをとるまき網漁業を丸1日休む休漁を，定期的に実施している。このような休漁を実施する理由を1つ選び，記号で答えよ。

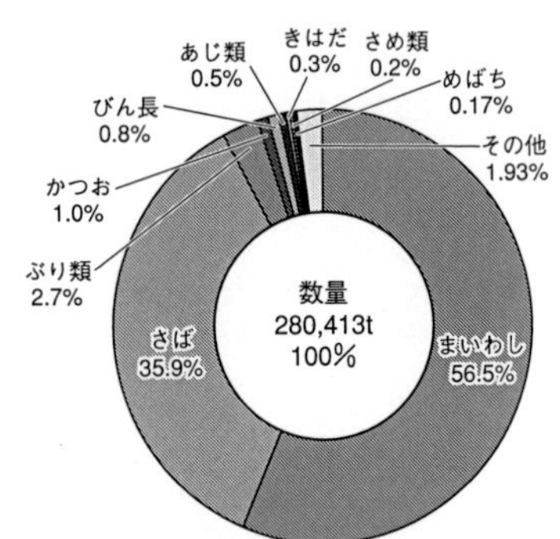

（『銚子市漁業協同組合HP』より作成）

ア．サバの漁獲を減らして，まいわしの水揚高の割合を高めるため。
イ．漁獲のしすぎで，さばが減っていかないようにするため。
ウ．さばを品薄にして，市場でのさばの値段を引き上げるため。
エ．漁業従事者の労働環境を改善するため。

(2) 銚子港沖合における漁業に大きな影響を与えている海流を2つ選び，記号で答えよ。

ア．リマン海流　　イ．親潮（千島海流）　　ウ．対馬海流
エ．黒潮（日本海流）

(3) 日本の漁業について誤って述べた文を1つ選び，記号で答えよ。

ア．漁業従事者の高齢化が問題となっている。
イ．漁業種類別漁獲量では，沖合漁業が第1位を占めている。
ウ．魚の消費の低下により，漁獲量・輸入量ともに減少傾向にある。
エ．養殖漁業ではバイオテクノロジーによる技術の向上が見られる。

**解答** (1) イ　(2) イ・エ　(3) ウ

**解説** (3) 国内での漁獲量の低下に伴い魚介類の輸入が急増している。

# 社会科 地理【貿易と環境】

## ポイント

### 1 日本の貿易

(1) 貿易相手国と貿易品目

日本の貿易は，かつてはアメリカを筆頭とした欧米諸国との貿易が盛んであったが，今では中国を筆頭にした対アジア貿易が中心となっている。2020年は新型コロナの感染症拡大によって貿易が停滞したが，引き続き世界の貿易に影響を及ぼすと見られる。

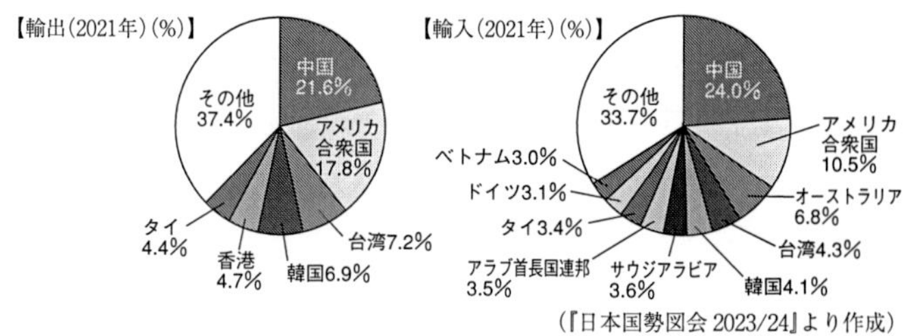

(『日本国勢図会 2023/24』より作成)

(2) 日本の主要輸入品とその相手国

資源の乏しい日本は，原油，石炭，天然ガスなどのエネルギー資源や，工業原料となる鉄鉱石，銅鉱などの鉱産資源のほとんどを輸入。近年，食料品（肉類，果実）や衣類の輸入が増加している。

(2021年)（金額による百分比%）

| | 品名 | 第1位 | | 第2位 | | 第3位 | | 第4位 | |
|---|---|---|---|---|---|---|---|---|---|
| 原材料 | 原油 | サウジアラビア | 40.0 | アラブ首長国 | 34.8 | クウェート | 8.5 | カタール | 7.4 |
| | 石炭 | オーストラリア | 67.2 | インドネシア | 11.3 | ロシア | 10.2 | アメリカ合衆国 | 4.8 |
| | 鉄鉱石 | オーストラリア | 55.3 | ブラジル | 28.3 | カナダ | 7.0 | 南ア共和国 | 3.7 |
| | 銅鉱 | チリ | 35.0 | オーストラリア | 18.0 | インドネシア | 13.0 | ペルー | 9.9 |
| | 液化天然ガス | オーストラリア | 36.0 | マレーシア | 12.5 | アメリカ合衆国 | 11.0 | カタール | 11.0 |
| | 木材 | カナダ | 29.8 | アメリカ合衆国 | 17.0 | ロシア | 13.1 | | |
| 食料品 | 肉類 | アメリカ合衆国 | 29.1 | タイ | 13.4 | オーストラリア | 13.1 | カナダ | 11.0 |
| | 魚介類 | 中国 | 18.0 | チリ | 9.2 | ロシア | 9.1 | アメリカ合衆国 | 8.6 |
| | 小麦 | アメリカ合衆国 | 45.1 | カナダ | 35.5 | オーストラリア | 19.2 | | |
| | 野菜 | 中国 | 49.4 | アメリカ合衆国 | 15.0 | 韓国 | 5.4 | タイ | 4.0 |
| | 果実 | フィリピン | 18.9 | アメリカ合衆国 | 18.7 | 中国 | 14.1 | | |
| | 衣類 | 中国 | 55.8 | ベトナム | 14.1 | バングラデシュ | 4.6 | | |

(『日本国勢図会2023/24』より作成)

## 2 地球環境問題

(1) 環境問題

| | |
|---|---|
| **地球温暖化** | 石油・石炭などの化石燃料の大量消費により，二酸化炭素やメタンといった赤外線を吸収し再放出する気体（**温室効果ガス**）の濃度が増加し，地球の平均気温が上昇する現象。海面水位の上昇や異常気象など |
| **オゾン層破壊** | フロンによってオゾン層が破壊され，地上に到達する有害な紫外線の量が増加する現象。皮膚がん，白内障といった健康被害，農業収穫物の減少など |
| **酸性雨** | 自動車の排気ガス，工場の排煙に含まれる硫黄酸化物や窒素酸化物が大気中で化学反応を起こし，酸性の雨となって降る現象。湖沼や土壌の酸性化による魚類の死滅，森林の枯れ死，歴史的建造物の腐食など |

(2) 地球環境問題に関する国際会議

| | |
|---|---|
| **国連人間環境会議** | 1972年にスウェーデンのストックホルムで開催。「かけがえのない地球」がスローガン |
| **地球サミット(国連環境開発会議)** | 1992年にブラジルのリオデジャネイロで開催。「持続可能な開発」を基本理念とし，アジェンダ21を採択 |
| **環境開発サミット** | 「持続可能な開発に関する世界首脳会議」のことで，2002年に南アフリカ共和国のヨハネスブルクで開催 |
| **北海道洞爺湖サミット** | 2008年7月に北海道の洞爺湖で開催。2050年までに世界全体の温室効果ガスを半減する長期目標に合意 |
| **国連接続可能な開発会議(リオ＋20)** | 2012年6月にリオデジャネイロで開催。同地で開かれた地球サミットから20年後という意味の通称 |
| **G20持続可能な成長のためのエネルギー転換と地球環境に関する関係閣僚会合** | 2019年6月，長野県の軽井沢町で開催。①イノベーションの加速化による環境と成長の好循環，②資源効率性・海洋プラスチックごみ，③生態系を基盤とするアプローチを含む適応と強靱なインフラについて議論を行った。 |

(3) 地球環境問題に関する条約

| | |
|---|---|
| **世界遺産条約** | 世界的に重要な遺産を保護することを目的として，1972年にユネスコ（国連教育科学文化機関）総会で採択。日本から登録されている世界遺産は25件 |
| **ラムサール条約** | 正式名称は「特に水鳥の生息地として国際的に重要な湿地に関する条約」。日本の登録湿地は53か所 |

| ワシントン条約 | 正式名称は「絶滅のおそれのある野生動植物の種の国際取引に関する条約」 |
|---|---|
| 京都議定書 | 1997年に京都で開催された気候変動枠組条約締約国会議において採択され，2005年に発効。先進各国の温室効果ガスの排出量について数値目標を決定 |

## 例題 1〈日本の貿易〉

(1) 次の表は，2021年の日本の主要港別の輸出品上位4品目（数値は金額（円）による百分比）を表したものである。A～Cにあてはまる港名の正しい組合せをア～エから選び，記号で答えよ。

| 順位 | A | | B | | C | |
|---|---|---|---|---|---|---|
| 1位 | 自動車 | 23.1% | 半導体等製造装置 | 9.1% | 石油製品 | 30.6% |
| 2位 | 自動車部品 | 16.8% | 科学光学機器 | 5.8% | 鉄鋼 | 21.0% |
| 3位 | 内燃機関 | 4.1% | 金（非貨幣用） | 5.6% | 有機化合物 | 16.9% |
| 4位 | 電気計測機器 | 3.4% | 集積回路 | 3.9% | プラスチック | 6.7% |

(『日本国勢図会2023/24』より作成)

| | A | B | C |
|---|---|---|---|
| ア. | 成田国際空港 | 名古屋港 | 千葉港 |
| イ. | 名古屋港 | 成田国際空港 | 千葉港 |
| ウ. | 名古屋港 | 千葉港 | 成田国際空港 |
| エ. | 千葉港 | 成田国際空港 | 名古屋港 |

(2) 次の表は，2021年の日本の主な輸入品目別輸入相手国上位4国を表したものである。A～Eにあてはまる国名をア～カから選び，記号で答えよ。

| 順位 | プラスチック | 肉類 | 鉄鉱石 | 野菜 | 鉄鋼 |
|---|---|---|---|---|---|
| 1位 | D | A | E | D | C |
| 2位 | A | B | ブラジル | A | D |
| 3位 | 台湾 | E | カナダ | C | 台湾 |
| 4位 | C | カナダ | 南アフリカ共和国 | B | カザフスタン |

(『日本国勢図会2023/24』より作成)

ア．韓国　　イ．オーストラリア　　ウ．アルゼンチン
エ．アメリカ合衆国　　オ．中国　　カ．タイ

(3) 資源に乏しい日本では，加工貿易が行われてきた。これはどのような貿易か。「高い技術力」という語句を用いて説明せよ。

**解答** (1) イ　(2) A. エ　B. カ　C. ア　D. オ　E. イ
(3) 原料を輸入し，高い技術力で優れた工業製品をつくり，輸出する貿易。

**解説** (1) 成田国際空港は，集積回路などの付加価値の高い製品が特徴。　(3) 近年は製品輸入が増え，加工貿易の型はくずれてきている。

## 例題 2〈日本の貿易〉

2021年の日本の原油輸入相手国上位3国の組合せとして最も適当なものを，次の1～5から1つ選べ。

| | 1位 | 2位 | 3位 |
|---|---|---|---|
| 1 | サウジアラビア | アラブ首長国連邦 | クウェート |
| 2 | サウジアラビア | カタール | アラブ首長国連邦 |
| 3 | アラブ首長国連邦 | カタール | サウジアラビア |
| 4 | アラブ首長国連邦 | サウジアラビア | クウェート |
| 5 | サウジアラビア | アラブ首長国連邦 | カタール |

**解答** 1

**解説** 日本の輸入に関する出題である。今回は原油の輸入相手国上位3国というものであった。原油は，サウジアラビアとアラブ首長で，全体の4分の3を占めている。今回の原油の他に，石炭，鉄鉱石，木材なども問われる。また，輸入ではなく，「産出量」を問うてくる場合もある。同じように確認しておくとよい。

## 例題 3〈地球環境問題〉

次の文を読んで，各問いに答えよ。

> 18世紀後半に始まった産業革命により，石炭・石油などの（　①　）燃料の使用が増え，大量の$_{A}$<u>二酸化炭素が大気中に放出</u>された。大気中の二酸化炭素濃度が高まると，赤外線吸収作用が地表から放出される熱を逃がしにくくし，$_{B}$<u>地球の平均気温が上昇する</u>。このような作用をもたらす気体を総称して（　②　）という。1980年代以降，温暖化に関する研究が進み，温暖化防止のための対策が議論されてきた。近年，$_{C}$<u>地球規模での環境対策を論ずる国際会議</u>が開催されるようになり，その成果の1つとして$_{D}$<u>2005年に京都議定書が発効した</u>。

(1) 文中の（　①　）・（　②　）にあてはまる語句を答えよ。

(2) 下線部Aについて，二酸化炭素排出量が少ない発電方法としてあてはまらないものを選び，記号で答えよ。

ア．水力発電　　イ．火力発電　　ウ．風力発電　　エ．波力発電

(3) 下線部Bによって消滅の危機にさらされている国を選び，記号で答えよ。

ア．エクアドル　　イ．ガボン　　ウ．アイスランド

エ．ツバル

(4) 下線部Cについて，次のア～ウの会議を，開催された年代の古い順に並べ替えよ。

ア．環境開発サミット（ヨハネスブルク）

イ．地球温暖化防止京都会議（京都）

ウ．国連環境開発会議（リオデジャネイロ）

(5) 下線部Dについて，京都議定書は2004年にある国が批准したことにより2005年に発効することとなった。この国名を答えよ。

**解答**　(1) ①　化石　　②　温室効果ガス　　(2) イ　　(3) エ

(4) ウ→イ→ア　　(5) ロシア連邦

**解説**　(4) ア．2002年　イ．1997年　ウ．1992年

# 社会科 歴史【古代】

## ポイント

### 1 古代初期

(1) 縄文時代・弥生時代

| | | | |
|---|---|---|---|
| **縄文時代** | 約1万年前〜紀元前4世紀頃 | 厚手でもろい縄文土器，磨製石器，竪穴住居，貝塚，土偶 | 三内丸山遺跡（青森県） |
| **弥生時代** | 紀元前3世紀頃〜紀元3世紀頃 | 薄手でかたい弥生土器<br>銅剣・銅鐸・銅矛などの青銅器や鉄器<br>稲作の開始，高床倉庫 | 登呂遺跡（静岡県）<br>吉野ヶ里遺跡（佐賀県） |

(2) 小国家の分立

紀元前後に100余りの小国が分立（**『漢書』地理志**），57年，倭の奴国王が後漢に使いを送り，光武帝から金印を授かる（**『後漢書』東夷伝**）。

(3) **邪馬台国**

3世紀，女王卑弥呼は30余りの小国を従える（**『魏志』倭人伝**）。魏に使者を派遣し，「親魏倭王」の称号と金印などを授かる。

### 2 飛鳥時代

(1) **聖徳太子**

推古天皇の摂政となり，天皇中心の政治をめざす。

・**冠位十二階**（家柄より才能のある者を採用）
・**十七条憲法**（役人の心得を示したきまり）
・**遣隋使**（小野妹子ら）の派遣

> **〈十七条の憲法〉**
> 一に曰く，和を以て貴(たっと)しと為し，忤(さか)ふること無きを宗(むね)と為よ。
> 二に曰く，篤(あつ)く三宝(さんぽう)を敬へ。

(2) **大化の改新**（645年）

中大兄皇子（後の天智天皇）・中臣鎌足らが蘇我氏を倒して始めた，中央集権国家をめざす政治改革。公地公民の制。

(3) **壬申の乱**（672年）

天智天皇の死後に起こった皇位継承をめぐる争い。この戦いに勝利した大海人皇子は天武天皇になり，天皇中心の国づくりを推進。

(4) 律令政治

唐の律令にならい**大宝律令**を制定（701年）し，律令国家が完成。

・**班田収授法**…6歳以上の男女に口分田を与え，死ぬと返させる

・農民の負担・義務…**租・庸・調**の税や，雑徭，兵役（防人）

## 3 奈良時代

(1) 平城京遷都（710年）

唐の都長安にならい，碁盤目状（条坊制）の道路。和同開珎の使用。

(2) **墾田永年私財法**（743年）

口分田の荒廃や不足から，新たに開墾した土地の永久私有を認める。⇒私有地（後の荘園）が発生し，公地公民の原則が崩れはじめた。

(3) **聖武天皇**

仏教の力で国の平安を保とうとする（鎮護国家）。国ごとに国分寺・国分尼寺，平城京に東大寺・大仏を建立。大仏造営には**行基**が協力。

## 4 平安時代

(1) 平安京遷都（794年）

仏教勢力を断ち律令政治を再建するため，桓武天皇が都を移す。

坂上田村麻呂を征夷大将軍として派遣し，蝦夷を平定。

(2) 遣唐使の廃止（894年）

**菅原道真**の建議による。

(3) 摂関政治

藤原氏が摂政・関白となり，実権を握る。**道長・頼通**父子のとき全盛。

| **〈藤原道長が詠んだ歌〉**<br>この世をば　わが世とぞ思ふ<br>望月の　かけたることも<br>なしと思へば |
|---|

(4) 院政

天皇が位を譲ったあとも上皇として政治を行う。白河上皇が最初。

(5) 新しい仏教

| 最澄 | **天台宗** | 比叡山延暦寺 |
|---|---|---|
| 空海 | **真言宗** | 高野山金剛峰寺 |

(6) 平氏政権

保元の乱や平治の乱に勝利した**平清盛**が，武士として初めて太政大臣となり，政治の実権を握る。大輪田泊を改修し，**日宋貿易**を展開。

## 5 飛鳥・天平・国風文化

| 飛鳥文化 | 初の仏教文化 | 法隆寺，釈迦三尊像，玉虫厨子 |
|---|---|---|
| 天平文化 | 遣唐使の派遣により，唐の影響を受けた仏教文化 | 東大寺正倉院，唐招提寺（鑑真）<br>『古事記』，『日本書紀』，『万葉集』 |
| 国風文化 | 遣唐使の廃止で生まれた日本独自の文化 | 平等院鳳凰堂，中尊寺金色堂<br>『源氏物語』（紫式部），『枕草子』（清少納言），『土佐日記』（紀貫之） |

## 例題 1〈古代初期〉

(1)～(5)の「この地」が示す場所を，地図中のア～サからそれぞれ選び，記号で答えよ。また，空欄にあてはまる語句・人名を答えよ。

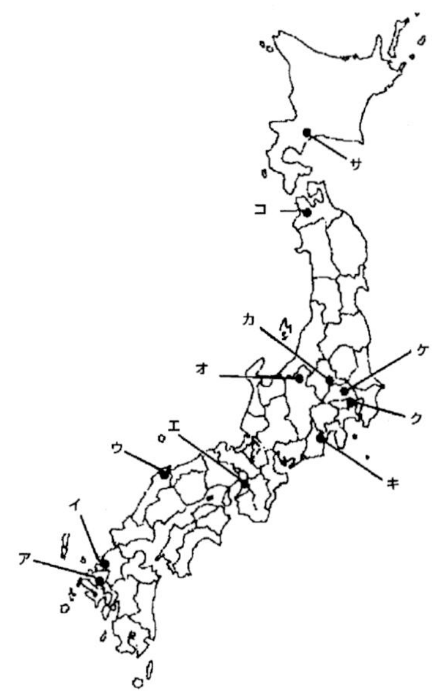


(1) 1784年にこの地で発見された金印は，後漢の光武帝が倭の（　　）に与えたものであると考えられている。

(2) 1877年，アメリカ人の動物学者（　　）はこの地で貝塚を発掘した。この調査は，日本の近代的考古学の出発点となった。

(3) 1946年，この地の火山灰でできた地層から発見された（　　）石器によって，日本に縄文文化以前の石器文化が存在したことが明らかになった。

(4) 1968年，この地の古墳群で発掘された（　　）に，当時の大王の名であるワカタケルを含む金象嵌（きんぞうがん）の銘文が彫られていた。

(5) 1986年からこの地で行われた発掘調査で，見張りのための（　　）などを備えた，防御的な性格が強い大規模な環濠集落跡が発見された。

**解答**　(1) イ，奴国王　(2) ク，モース　(3) カ，打製　(4) ケ，鉄剣　(5) ア，(物見) やぐら

**解説**　(1) は志賀島，(2) は大森貝塚，(3) は岩宿遺跡，(4) は埼玉古墳群内にある稲荷山古墳，(5) は吉野ヶ里遺跡。

## 例題 2〈飛鳥時代〉

(1) 次の史料の法令を定めた人物と最も関連の深い人物を選び，記号で答えよ。

| 一に曰く，和を以て貴(たっと)しと為(な)し，忤(さか)ふること無きを宗(むね)と為(せ)よ。<br>二に曰く，篤(あつ)く三宝を敬へ。三宝とは仏・法・僧なり。　…… |
|---|

ア．文武天皇　　イ．阿倍仲麻呂　　ウ．蘇我馬子
エ．中臣鎌足

(2) 7世紀後半のできごととして誤っているものを選び，記号で答えよ。

ア．中大兄皇子は近江大津宮に遷都し，即位して天智天皇となり，最初の全国的戸籍である庚午年籍を作成した。

イ．天智天皇の没後，弟の大友皇子は吉野で挙兵し，天皇の子である大海人皇子の勢力を倒し，飛鳥浄御原宮で即位した。

ウ．天武天皇は中央集権国家の建設を推進し，豪族を新しい身分秩序に再編成して，八色の姓を定めた。

エ．天武天皇は皇后の病気の治癒を願い，薬師寺の建立を発願した。天皇の没後は，持統天皇がその事業を引き継いだ。

(3) 7世紀後半，日本の朝廷は百済の求めに応じて朝鮮半島に援軍を送ったが，唐・新羅軍に大敗した。この戦いを何というか。

**解答**　(1) ウ　　(2) イ　　(3) 白村江の戦い

**解説**　(1) 十七条の憲法を定めた聖徳太子は，蘇我馬子と協力して政治を行った。　(2) イは，大友皇子と大海人皇子が逆である。

## 例題 3〈奈良時代〉

(1) 次の①～④にあてはまる人物名をそれぞれ答えよ。

① 苦難の末に来日を果たした唐の僧で，東大寺に戒壇を築いた後，私寺となる唐招提寺を開いた。

② 筑前守などの国司を歴任しながら多くの歌を詠んだ歌人で，農民

の生活を描いた「貧窮問答歌」などが『万葉集』に収められている。

③ 治水や架橋などの社会事業に活躍した僧で，当初は朝廷の弾圧を受けたが，後に東大寺の大仏造立に協力し，大僧正に任じられた。

④ 元正天皇より譲位されて即位した天皇で，鎮護国家という考え方によって国分寺建立の詔や大仏造立の詔を出した。

(2) 地方の国ごとに，自然，産物，伝説などを記した地誌を選び，記号で答えよ。

ア．風土記　　イ．古事記　　ウ．日本書紀　　エ．続日本紀

**解答** (1) ① 鑑真　② 山上憶良　③ 行基　④ 聖武天皇
(2) ア

**解説** (2) イ～エは歴史書である。

## 例題 4〈平安時代〉

右の年表を見て，各問いに答えよ。

(1) 次の①～④のできごとがあてはまる時期を，年表中のア～オからそれぞれ選び，記号で答えよ。

① 後三条天皇が荘園整理令を出す。

② 遣唐使の派遣が停止される。

③ 藤原道長が摂政となる。

④ 保元の乱が起こる。

| 西暦 | できごと |
| --- | --- |
| 794 | 平安京に遷都される |
| | ↓ア |
| 866 | 藤原良房が摂政となる |
| | ↓イ |
| 935 | 平将門の乱が起こる…A |
| | ↓ウ |
| 1053 | 平等院鳳凰堂ができる |
| | ↓エ |
| 1086 | 白河上皇が院政を始める |
| | ↓オ |
| 1167 | 平清盛が太政大臣となる |

(2) 年表中のAのころ，土佐の国からの帰京時のできごとや思いなどを日記に著した人物はだれか。

**解答** (1) ① エ　② イ　③ ウ　④ オ　(2) 紀貫之

**解説** (1) ① 1069年　② 894年　③ 1016年　④ 1156年

# 社会科 歴史【中世】

## ポイント

### 1 鎌倉時代

(1) 鎌倉幕府

・**壇ノ浦の戦い**で平氏一門が滅ぶ。

・源頼朝が国ごとに**守護**，荘園ごとに**地頭**を置く（1185年）。

・源頼朝が征夷大将軍に任じられ（1192年），鎌倉に幕府を開く。

・将軍と御家人は，土地を仲立ちにして**御恩**と**奉公**という主従関係で結ばれる（**封建制度**）。

(2) **執権政治**

頼朝の死後，その妻北条政子と政子の父北条時政が政治の実権を握り，北条氏が代々，執権（将軍を補佐する役）として政治を行う。

(3) **承久の乱**（1221年）

**後鳥羽上皇**が政権を朝廷に取り戻そうとして起こしたが，幕府軍に敗れる。西国の支配と朝廷の監視のため，京都に**六波羅探題**を設置。

(4) 御成敗式目（1232年）

**北条泰時**が制定。武家社会のしきたりや頼朝以来の裁判の基準など51か条からなる。その後長く武家政治の手本となった。

(5) **元寇**（**文永の役**（1274年），**弘安の役**（1281年））

二度にわたり元軍が襲来したが，武士の奮戦や暴風雨で元軍は退却。幕府は御家人に十分な恩賞を与えることができず，生活苦の御家人救済のため**徳政令**を出す。

▲元寇のようす「蒙古襲来絵詞」

(6) **鎌倉文化**

武士の気風を反映した素朴で力強い文化。

| | |
|---|---|
| 文　学 | 『新古今和歌集』（藤原定家編纂），**『徒然草』**（吉田兼好），**『方丈記』**（鴨長明），『平家物語』（軍記物，琵琶法師が広める） |
| 彫　刻 | 東大寺南大門の金剛力士像　（運慶・快慶） |
| 新仏教 | 浄土宗（法然），浄土真宗（親鸞），時宗（一遍）<br>日蓮宗（日蓮），臨済宗（栄西），曹洞宗（道元） |

## 2　室町時代

(1) 建武の新政（1334年）

**後醍醐天皇**が公家と武家を従えて始めるが，公家中心の政治であったことから，武士の不満が高まる。足利尊氏の挙兵により，新政は2年あまりで失敗。

(2) **南北朝時代**（1336～92年）

後醍醐天皇が吉野に逃れ南朝を開くと，足利尊氏は京都に別の天皇を立て北朝を開く。3代将軍足利義満のときに，南北朝が統一。

(3) **室町幕府**

足利尊氏が征夷大将軍に任命され，京都に幕府を開く。3代将軍足利義満が京都の室町に「花の御所」を造営し，最盛期を迎えた。

(4) **勘合貿易（日明貿易）**

足利義満が貿易の利益を目的に明との間で開始。倭寇と区別するために勘合という合い札を使用。

(5) **応仁の乱**（1467～77年）

将軍の後継ぎ争いに有力守護大名の勢力争いがからみ起こる。京都を中心として11年間争いが続き，その戦乱が全国に波及した。

(6) **戦国大名**

下剋上（下の身分の者が実力で上の身分の者を倒す）の風潮の中で，実力で領土を支配し勢力を広げていった大名。**分国法**で領国を支配。

(7) 代表的な一揆

| | | |
|---|---|---|
| **正長の土一揆** | **1428年** | 近江坂本の馬借に農民も加わり，借金の帳消しを求めて起こした |
| **山城の国一揆** | **1485年** | 山城国（今の京都府）の国人と農民が守護の畠山氏を国外に追放。8年間自治を行う |
| **加賀の一向一揆** | **1488年** | 加賀国の一向宗（浄土真宗）の信徒が守護を倒し，約100年間自治を行う |

(8) 室町文化

公家文化と武家文化が融合。禅宗の影響で簡素で深みのある文化。

| | |
|---|---|
| 建　築 | **鹿苑寺金閣**（足利義満），**慈照寺銀閣**（足利義政）<br>東求堂同仁斎（書院造） |
| その他 | **水墨画（雪舟）**，能楽（観阿弥・世阿弥）<br>御伽草子（『一寸法師』，『浦島太郎』など） |

## 例題 1〈鎌倉時代〉

史料Ⅰ～Ⅴを読んで，各問いに答えよ。

(1) 史料Ⅰは，何という戦乱に際して行われた演説か。

(2) 史料Ⅰの下線部Aに対して，御家人が将軍に忠誠を誓い，戦時の軍役などの役目を果たすことを何というか。

(3) 史料Ⅱの法令を定めた人物名を答えよ。

(4) 史料Ⅲの下線部Bについて，なぜこの時期，御家人は困窮していたのか，説明せよ。

(5) 史料Ⅳには，当時の農民が荘園領主と（　C　）の二重支配に苦し

Ⅰ　頼朝公が朝敵を征討して鎌倉幕府を開いて以来，皆が得た官位や俸禄などを考え合わせると，その_A恩は山よりも高く，海よりも深いものです。

Ⅱ　諸国の守護の職務は，頼朝公の時代に定められたように，京都の御所の警護と，謀反や殺人などの犯罪人の取り締まりに限る。

Ⅲ　質入れや売買された土地のこと。所領を質に入れ流したり，売買したりすることは，_B御家人の困窮のもとである。今後はやめるように。

んでいた様子が訴えられている。( C )にあてはまる語句を答えよ。

(6) 史料Ⅴの教えを説いた僧を選び，記号で答えよ。

ア．日蓮　　イ．法然

ウ．栄西　　エ．道元

Ⅳ　御材木の納入が遅れている件につきましては，( C )が京へ上る，京から帰るといって，人夫としてこき使われ，全く暇などありません。

Ⅴ　往生極楽のためには，南無阿弥陀仏と唱えれば疑いなく往生できる，と思って念仏を唱える。その他に別の手段はないのである。

**解答**　(1) 承久の乱　(2) 奉公　(3) 北条泰時　(4) 分割相続により領地が細分化したから。(元の襲来に備えるために費用がかかったから。)　(5) 地頭　(6) イ

**解説**　史料Ⅰは北条政子の演説。Ⅱは御成敗式目。Ⅲは永仁の徳政令。

## 例題２〈室町時代〉

(1) 次の①～③の文は，室町幕府の将軍に関するものである。空欄にあてはまる人名または語句を答えよ。

① 初代将軍(　　)は，夢窓疎石の勧めで天竜寺を建立しようとし，その造営費調達のために天竜寺船を元に派遣した。

② 3代将軍義満は，倭寇を禁じるとともに，正式の貿易船に(　　)という合い札の証明書を用いて，明との貿易を始めた。

③ 8代将軍義政のとき，東山山荘の造営などにより幕府財政が悪化する一方，将軍家の家督継承問題をめぐって(　　)が起きた。

(2) 次の①～③の文は，室町時代に起きた一揆に関するものである。それぞれの一揆の名称を答えよ。

① 国内で戦っていた畠山政長・義就の軍を国外に退去させ，8年間に及ぶ自治的支配を実現した。

② 近江坂本の馬借の蜂起を契機に起こり，農民も参加して畿内一帯に波及した。

③ 浄土真宗本願寺派の勢力を背景に加賀の門徒が国人と手を結び，

守護の富樫氏を倒した。

(3) 次の①～④に関係の深い人名・語句を，下のア～クから1つずつ選び，記号で答えよ。

① 鹿苑寺金閣　② 慈照寺銀閣　③ 水墨画　④ 能楽

ア．書院造　イ．運慶　ウ．風姿花伝　エ．狩野永徳

オ．千利休　カ．雪舟　キ．足利義満　ク．足利義昭

**解答** (1) ①（足利）尊氏　② 勘合　③ 応仁の乱

(2) ① 山城の国一揆　② 正長の土（徳政）一揆

③ 加賀の一向一揆　(3) ① キ　② ア　③ カ

④ ウ

**解説** (3) ウは世阿弥が著した能楽論書。なお，イは鎌倉時代。エ・オは安土桃山時代。クは室町幕府15代将軍。

# 社会科 歴史【近世】

## ポイント

**1 安土桃山時代**

(1) ヨーロッパ人の来航

・鉄砲の伝来…1543年，種子島に漂着したポルトガル人が伝える。

・キリスト教の伝来…1549年，イエズス会の宣教師**フランシスコ＝ザビエル**が鹿児島に来航して伝える。西日本を中心に信者を獲得。

(2) **織田信長**

・桶狭間の戦いで今川義元を破る。

・足利義昭を京都から追放して，室町幕府を滅ぼす。

・**長篠の戦い**で，徳川家康との連合軍が鉄砲隊を有効に使い武田勝頼軍を破る。

・**楽市・楽座**を安土城下で実施。

▲「長篠合戦図屏風」

(3) **豊臣秀吉**

・全国の田畑の面積やよしあしを調べ石高を検地帳に記録し年貢を徴収する**太閤検地**を実施。

・農民から武器を取り上げる**刀狩令**で，兵農分離を進める。

・1590年，大坂城を拠点に全国を統一。関白・太政大臣となる。

・朝鮮侵略を企て，1592年（文禄の役）と1597年（慶長の役）の2度にわたり出兵したが失敗。

> **〈刀狩令〉**
> 一，諸国百姓，刀，脇差，弓，やり，てつはう，其外武具のたぐい所持候事，堅御停止候。

(4) 桃山文化

大名や大商人の気風を反映した，豪華・雄大で活気にあふれた文化。

| 建　築 | 天守閣を備えた豪壮な城（安土城，大坂城，姫路城） |
|---|---|
| 障壁画 | 狩野永徳「唐獅子図屏風」 |
| 茶の湯 | 千利休が大成。茶器・茶室建築が発達 |
| 芸　能 | 出雲阿国が，かぶき踊りを始める |
| 工　芸 | 朝鮮の陶工によって有田焼，萩焼，薩摩焼などが誕生 |

## 2 江戸時代

(1) 江戸幕府

・関ヶ原の戦い⇒**徳川家康**が征夷大将軍に⇒江戸幕府成立（1603年）
・**武家諸法度**により，大名を統制。
・3代将軍徳川家光のときに**参勤交代**を制度化。大名の経済的負担大。
・親藩（徳川氏の一門），譜代大名（関ヶ原の戦い以前からの家臣）と外様大名（関ヶ原の戦い以降の家臣）に分けて配置。
・年貢の納入や犯罪の取り締まりで共同責任を負わせる**五人組**で農民や町人を統制。

> **〈武家諸法度〉**
> 一，文武弓馬の道，専ら相嗜むべき事。
> 一，諸国の居城，修補をなすと雖も，必ず言上すべし。
> 一，私に婚姻を締(むす)ぶべからざる事。

(2) **鎖国**（1639年完成）

キリスト教禁止の徹底と幕府による貿易の独占が目的。ポルトガル船の来航が禁止され，海外との交易はオランダ，清，朝鮮に限られた。

(3) 幕府政治の改革

| | | | |
|---|---|---|---|
| **享保の改革** | 1716<br>〜45 | 〔8代将軍〕<br>**徳川吉宗** | 目安箱の設置，公事方御定書の制定，新田開発の奨励，上げ米の制 |
| **田沼意次の政治** | 1767<br>〜86 | 〔老中〕<br>**田沼意次** | 株仲間の奨励，印旛沼の干拓による新田開発，長崎貿易の奨励 |
| **寛政の改革** | 1787<br>〜93 | 〔老中〕<br>**松平定信** | 囲い米，棄捐令（旗本や御家人の借金帳消し），昌平坂学問所 |
| **天保の改革** | 1841<br>〜43 | 〔老中〕<br>**水野忠邦** | 株仲間の解散，人返しの法（農民の出稼ぎ禁止），上知令（天領化構想） |

(4) 元禄文化と化政文化

| **元禄文化** | | **化政文化** |
|---|---|---|
| **上方**（京都・大坂）を中心とした，はなやかな町人文化 | 特色 | **江戸**を中心とした，庶民性の強い成熟した文化 |
| 井原西鶴『日本永代蔵』（浮世草子）<br>松尾芭蕉『奥の細道』（俳諧）<br>近松門左衛門『曽根崎心中』（人形浄瑠璃） | 文学 | 十返舎一九『東海道中膝栗毛』<br>滝沢馬琴『南総里見八犬伝』<br>与謝蕪村，小林一茶（俳諧） |
| 俵屋宗達「風神雷神図屏風」<br>尾形光琳「紅白梅図屏風」<br>菱川師宣「見返り美人図」 | 絵画 | 喜多川歌麿「婦女人相十品」（美人画）<br>葛飾北斎「富嶽三十六景」<br>歌川(安藤)広重「東海道五十三次」 |

## 例題 1〈安土桃山時代〉

右の年表を見て，各問いに答えよ。

| 西暦 | できごと |
|---|---|
| 1543 | ポルトガル人が漂着する…………A |
| | ↓ア |
| 1550 | ポルトガル船が平戸に来航する |
| | ↓イ |
| 1563 | ルイス＝フロイスが来日する ……B |
| | ↓ウ |
| 1582 | 天正遣欧使節が出発する…………C |
| | ↓エ |
| 1587 | バテレン追放令が出される |
| | ↓オ |
| 1600 | オランダ船リーフデ号が漂着する |

(1) 次の①〜③のできごとがあてはまる時期を，年表中のア〜オからそれぞれ選び，記号で答えよ。

① 室町幕府が滅びる。

② フランシスコ＝ザビエルによってキリスト教が伝えられる。

③ 慶長の役が起こる。

(2) 年表中のAのとき，日本にもたらされたものを選び，記号で答えよ。

ア．活版印刷術　　イ．絹織物　　ウ．ガラス製品　　エ．鉄砲

(3) 織田信長は年表中のBのころ，各地の関所を廃止した。これと同じ目的で信長が行った政策を選び，記号で答えよ。

ア．指出検地　　イ．刀狩　　ウ．楽市・楽座　　エ．身分統制令

(4) 年表中のBのころ，織田信長に屈服した自治都市はどこか。

(5) 年表中のCのころ，豊臣秀吉は全国の田畑の広さや土地の良し悪しを調べ，予想される生産量を石高で表した。この政策が行われた結果を，「土地の権利」という語句を用いて説明せよ。

**解答** (1) ① ウ　② ア　③ オ　(2) エ　(3) ウ
(4) 堺　(5) 荘園領主などが持っていた複雑な土地の権利が否定され，直接耕作する農民に土地の権利が認められた。

**解説** (1) ①は1573年，②は1549年，③は1597年。

## 例題 2〈江戸時代〉

(1) 次の文を読んで，各問いに答えよ。

a徳川家康は，関ヶ原の戦いで（　A　）を破り，江戸幕府を開き，その孫の（　B　）の時代には，幕府の職制が整備された。政務統括の職としては（　C　）があり，それを補佐する職として若年寄が設けられた。その他，一般政務にはb寺社奉行・町奉行・（　D　）奉行の三奉行があたった。c1635年には幕府の最高司法機関として評定所が定められた。地方では，京都所司代が朝廷や西国大名の監視を行った。

① 文中の空欄にあてはまる語句・人名を答えよ。

② 下線部aについて，家康はある国との国交の実務を対馬藩に担当させるとともに貿易を許した。この国はどこか。

③ 下線部bには，1万石以上の譜代大名が任命されていた。譜代大名に関する説明を選び，記号で答えよ。

ア．徳川氏一門の大名

イ．関ヶ原の戦い以前から徳川氏の家臣であった大名

ウ．関ヶ原の戦い以後に徳川氏に臣従した大名

④ 下線部cの年に実施された外交政策を1つ選び，記号で答えよ。

ア．平戸のオランダ商館を長崎の出島に移した。

イ．ポルトガル船の来航を禁止した。

ウ．日本人の海外渡航と海外からの帰国を全面禁止した。

エ．スペイン船の来航を禁止した。

(2) 次の①・②の下線部ア～ウから誤っている語句・人名をそれぞれ選び，その記号および正しい語句・人名を答えよ。

① 幕府の財政を支えたのは，ア水呑百姓とよばれる自営農民が耕作する田畑の収穫に課せられたイ年貢であったので，幕府は1643年にウ田畑永代売買の禁令を出し，自営農民の没落を防いだ。

② 幕府や藩はア新田開発を積極的に進めた。それとともに耕作具としてイ備中ぐわなどが普及し，福岡藩士ウ安藤昌益の著した『農業全書』による農業技術の普及などが農業生産の向上をもたらした。

(3) 江戸時代の文化について，次の①～④の説明にあたる人物を選び，記号で答えよ。

① 「風神雷神図屏風」などで装飾画への道を開いた。

ア．菱川師宣　　イ．尾形光琳　　ウ．俵屋宗達　　エ．狩野探幽

② 『猿蓑』などの句集で正風（蕉風）を打ち立てた。

ア．井原西鶴　　イ．与謝蕪村　　ウ．松尾芭蕉　　エ．西山宗因

③ 風景画に優れ，「富嶽三十六景」などの名作を残した。

ア．鈴木春信　　イ．葛飾北斎　　ウ．安藤広重

エ．喜多川歌麿

④ 勧善懲悪的な読本の『南総里見八犬伝』を著した。

ア．十返舎一九　　イ．為永春水　　ウ．式亭三馬

エ．滝沢馬琴

(4) 次のA～Dの史料に関連の深い人物を，下のア～クからそれぞれ選び，記号で答えよ。また，A～Dを年代の古い順に並べよ。

A.「株仲間成員証の鑑札行使はもちろん，その他総て問屋仲間や問屋組合の名称を使うことを禁止する。」

B.「日本人に対して犯罪を犯したアメリカ人は，アメリカの領事裁判所において取り調べのうえ，アメリカの法律によって罰する。」

C.「必ず門下生の異学修得を禁止し，朱子学の講義や研究をして，人材を養育するように心がけなさい。」

D.「持高1万石当たり米100石の率で提出しなさい。これにより，参勤交代の江戸在府期間を半年ずつ免除する。」

ア．新井白石　　イ．徳川吉宗　　ウ．徳川慶喜　　エ．松平定信

オ．井伊直弼　　カ．徳川綱吉　　キ．水野忠邦　　ク．田沼意次

**解答**　(1) ①　A．石田三成　　B．（徳川）家光　　C．老中

D．勘定　　②　朝鮮（国）　　③　イ　　④　ウ

(2) ①　ア，本百姓　　②　ウ，宮崎安貞

(3) ①　ウ　　②　ウ　　③　イ　　④　エ　　(4) A．キ

B．オ　　C．エ　　D．イ　　D→C→A→B

**解説**　(4) Bは日米修好通商条約，Cは寛政異学の禁，Dは上げ米の制。

# 社会科 歴史【近代・現代】

## ポイント

### 1 近代

(1) 日本の開国

・アメリカ使節**ペリー**が浦賀に来航し，開国を要求（1853年）。

・**日米和親条約**（1854年）で**下田・箱館**を開港（事実上の開国）。

・**日米修好通商条約**（1858年）を大老井伊直弼と総領事ハリスが締結。**箱館・神奈川・長崎・新潟・兵庫**の5港を開き貿易を開始。アメリカの**治外法権（領事裁判権）**を認め，**関税自主権**のない不平等条約。

(2) 新政府の政策

| | | |
|---|---|---|
| **五箇条の御誓文** | 1868 | 新政府の政治の基本方針 |
| **版籍奉還** | 1869 | 大名が所有する土地と人民を天皇に返上 |
| **廃藩置県** | 1871 | 藩を廃止して府・県をおき，中央から府知事・県令（のちの知事）を派遣 |
| **学制** | 1872 | 6歳以上の男女すべてが小学校教育を受ける |
| **徴兵令** | 1873 | 富国強兵の考えに沿って**満20歳以上の男子**に兵役の義務 |
| **地租改正** | 1873 | 土地の所有者と地価を定め，地券を発行し，所有者に税金として**地価の3%**を現金で納めさせる |

(3) **自由民権運動**

・新政府に不満をもつ士族が西郷隆盛を中心として**西南戦争**を起こす。

・板垣退助らが**民撰議院設立の建白書**を政府に提出。

・自由民権派が国会開設に備えて政党を結成。

| | | |
|---|---|---|
| **自由党** | **板垣退助** | フランス流の民権思想（急進的） |
| **立憲改進党** | **大隈重信** | イギリス流の立憲思想（穏健的） |

(4) 大日本帝国憲法と帝国議会

・内閣制度を創設し，**伊藤博文**が**初代内閣総理大臣**に就任。

・君主権の強いドイツ憲法を手本に天皇主権の**大日本帝国憲法**を制定。
・第1回衆議院議員総選挙の有権者は，**直接国税15円以上**を納める**25歳以上の男子**に限られ，総人口の約1.1％にすぎなかった。

(5) 条約改正
・1894年，**陸奥宗光**が**治外法権（領事裁判権）**の撤廃に成功。
・1911年，**小村寿太郎**が**関税自主権の回復**に成功。

(6) 日清戦争と日露戦争

| 戦争 | 背景 | 講和条約 | 講和条約の内容 |
|---|---|---|---|
| **日清戦争**（1894～95年） | **甲午農民戦争**がきっかけ | **下関条約** | ・清は朝鮮の独立を認める<br>・清は遼東半島・台湾を日本に譲る<br>・清は2億両の賠償金を日本に支払う |
| **日露戦争**（1904～05年） | ロシアの南下に対抗し，**日英同盟**締結 | **ポーツマス条約** | ・樺太の南半分を日本に割譲<br>・南満州鉄道の権利を日本に譲る<br>・朝鮮における日本の優越権を認める<br>・旅順・大連の租借権を日本に譲る |

・**三国干渉…ロシア，ドイツ，フランス**が日本に遼東半島返還を要求。

(7) 第一次世界大戦と日本

三国協商（イギリス，フランス，ロシア）と三国同盟（ドイツ，オーストリア，イタリア）がバルカン半島で対立。**サラエボ事件**をきっかけに世界大戦となる。日本は日英同盟を理由に参戦し，その後中国に**二十一か条の要求**を認めさせる。ベルサイユ条約で終戦となり，**国際連盟**が成立。

(8) **大正デモクラシー**

護憲運動や**民本主義**（吉野作造）。原敬が初の本格的な**政党内閣**を組織。加藤高明内閣のとき**普通選挙法**により25歳以上のすべての男子に選挙権を付与。

(9) 日本の大陸侵略
・柳条湖事件をきっかけとする**満州事変**で国際連盟脱退。盧溝橋事件から**日中戦争**に突入し南京を占領。国家総動員法で戦時体制強化。
・政党政治が終わり，軍部が政治を支配。

| 五・一五事件 | 1932年 | 海軍将校が**犬養毅首相ら**を暗殺 |
|---|---|---|
| 二・二六事件 | 1936年 | 陸軍将校が首相官邸などを襲撃 |

## 2 現代

(1) 日本の民主化

・マッカーサーを最高司令官とする連合国軍最高司令官総司令部（GHQ）が，**ポツダム宣言**に基づき民主化政策を進める。

・普通選挙法改正により**満20歳以上のすべての男女**に選挙権を付与。

・**財閥解体**（独占禁止法制定など），農地改革，日本国憲法制定。

(2) 日本の独立

・**サンフランシスコ平和条約**で独立を回復。日米安全保障条約も調印。

・**日ソ共同宣言**によりソ連と国交を回復。**国際連合**への加盟が実現。

### 例題 1〈明治維新〉

(1) 次の史料を読んで，各問いに答えよ。

| | |
|---|---|
| ア | A広ク会議ヲ興シ，万機公論ニ決スヘシ |
| イ | 上下心ヲ一ニシテ盛ニ経綸ヲ行ナフヘシ |
| ウ | 切支丹邪宗門ハ旧ニ仍(よ)リテ之ヲ厳禁ス |
| エ | 旧来ノ陋習(ろうしゅう)ヲ破リ，天地ノ公道ニ基クヘシ |
| オ | B知識ヲ世界ニ求メ，大ニ皇基ヲ振起スヘシ |

① 下線部Aについて，後に国民の政治参加を求めて民撰議院設立の建白書を提出し，立志社を設立した人物名を答えよ。

② 下線部Bについて，岩倉具視を全権大使として欧米に派遣された使節団に参加しなかった人物を選び，記号で答えよ。

ア．大久保利通　　イ．西郷隆盛　　ウ．木戸孝允

エ．伊藤博文

③ 史料中のア～オのうち，五箇条の御誓文の内容としてあてはまらないものを選び，記号で答えよ。

(2) 中津藩（大分県）の出身で，後に慶應義塾を創設して人材の育成にあたり，「天は人の上に人を造らず，人の下に人を造らずと云へり」の書き出しで始まる書物を著した人物名とその書物名を答えよ。

(3) 次の文A・Bを読んで，各問いに答えよ。

A. 日本は1875年の$_{ア}$<u>江華島事件</u>を契機に，$_{イ}$<u>日朝修好条規</u>を結び，朝鮮を開国させた。これにより清と日本の緊張は高まったが，朝鮮国内でも親清派と親日派の争いが生じた。日本は親日派の$_{ウ}$<u>独立党</u>に加勢して勢力の伸長をはかった。1894年に$_{エ}$<u>義和団</u>が蜂起して甲午農民戦争が起こると，日清両国は出兵し，$_{a}$<u>日清戦争</u>が始まった。

B. $_{b}$<u>ポーツマス条約</u>の結果，日本は$_{カ}$<u>山東半島</u>の一部の租借権や$_{キ}$<u>南満州鉄道</u>の利権を得た。韓国に対する保護権が認められた日本は，$_{ク}$<u>統監府</u>を置き，韓国の軍隊を解散させ，韓国国内の義兵運動を弾圧した。韓国統監$_{ケ}$<u>伊藤博文</u>がハルビンで暗殺されると，それを口実に韓国併合を行い，朝鮮総督府を設置した。

① 文Aの下線部ア～エ，文Bの下線部カ～ケから，誤っている語句をそれぞれ1つずつ選び，記号で答えよ。

② 下線部aの結果，清から得た賠償金をもとに，北九州に建設された官営工場を何というか。

③ 下線部bの条約は，何という戦争の講和条約か。

④ 文Aの時期と文Bの時期の間に起きたできごとを選び，記号で答えよ。

ア．日清修好条規の締結　　イ．徴兵令の布告

ウ．関税自主権の回復　　エ．日英同盟の締結

**解答** (1) ① 板垣退助　② イ　③ ウ　(2) 福沢諭吉，学問のすゝめ　(3) ① A．エ　B．カ　② 八幡製鉄所　③ 日露戦争　④ エ

**解説** (1) ③ 資料中のウは五榜の掲示の第三札。 (3) ① Aのエは東学党，Bのカは遼東半島（日本は遼東半島南部の港市，旅順と大連の租借権を得た）が正しい。 ④ ア．1871年 イ．1873年 ウ．1911年 エ．1902年

## 例題 2〈近現代〉

(1) 次の①～③の説明にあてはまる内閣総理大臣の名前を答えよ。

① 立憲政友会の創設に参加し，1918年に米騒動で寺内正毅内閣が倒れた後，内閣総理大臣に就任した。ほとんどの大臣が政党出身者で構成される，日本で初めての本格的な政党内閣を組閣した。

② 首相に就任すると，協調外交の方針を復活させ，ロンドン海軍軍縮条約の調印に踏み切り，補助艦の保有量を取り決めた。この外交が統帥権干犯だと非難され，東京駅で狙撃されて重傷を負った。

③ 第三次近衛文麿内閣崩壊後，現役の陸軍大将として内閣総理大臣に就任し，太平洋戦争を開始した。国内では大政翼賛選挙を実施し，国民の思想取り締まりを強化した。

(2) 次の文章中の空欄にあてはまる語句を答えよ。

敗戦後の日本では，（　A　）最高司令官総司令部（GHQ）の指令・勧告に基づいて財閥解体，農地改革などの民主化政策が実施された。冷戦と東アジアにおける社会主義勢力の伸張により，GHQは占領政策を転換し始め，（　B　）戦争が始まると日本を早期に独立させ西側の一員としようとした。

1951年，サンフランシスコ平和条約の締結により独立を回復した日本は，同時にアメリカと（　C　）を結び，アメリカの軍の駐留を認めた。アメリカ軍がベトナム北爆を開始した1965年には，日本は（　D　）との国交を正常化し，東アジアにおける資本主義陣営の結束を強めた。その後まもなく小笠原諸島が日本に返還され，祖国復帰運動が続けられた（　E　）も1972年に復帰を果たした。

ベトナム戦争の長期化で財政的に苦しんだアメリカの経済は，1973年の（　F　）でさらに打撃を受けた。一方，アフガニスタン侵攻に失

敗したソ連は，ゴルバチョフのもとで改革を行うが混乱は収まらず，構成共和国の離脱により解体に追い込まれた。米ソ間の冷戦は1980年代に終結するが，以後，民族紛争や宗教紛争が噴出し始めた。1990年代には日本の自衛隊も国際連合の（　G　）に参加するようになり，カンボジアや東ティモールなどに派遣され，国際貢献を行ってきた。

**解答** (1) ①　原敬　②　浜口雄幸　③　東条英機　(2) A. 連合国軍　B. 朝鮮　C. 日米安全保障条約　D. 大韓民国（韓国）　E. 沖縄　F. 石油危機（石油ショック）　G. 平和維持活動（PKO）

**解説** (1) ①　華族の爵位のない最初の首相で，平民宰相と呼ばれた。
②「ライオン宰相」と呼ばれ，庶民の人気が高かった。
③　戦後，A級戦犯として絞首刑となった。

# 社会科 公民【日本国憲法】

## ポイント

### 1 日本国憲法の内容

(1) **三大原理**

・**国民主権**…天皇は日本国と日本国民統合の**象徴**。内閣総理大臣の任命などの**天皇の国事行為**は，内閣の助言と承認が必要

・**基本的人権の尊重**…「侵すことのできない永久の権利」として保障

・**平和主義**…非核三原則「持たず，作らず，持ち込ませず」

(2) 国民の三大義務

子女に教育を受けさせる義務，勤労の義務，納税の義務

### 2 基本的人権

(1) 基本的人権の分類

| | | |
|---|---|---|
| **自由権** | **精神的自由** | 思想・良心の自由，集会・結社の自由　など |
| | **経済的自由** | 居住・移転・職業選択の自由，財産権の保障 |
| | **人身の自由** | 奴隷的拘束・苦役からの自由，住居の不可侵　など |
| **社会権** | 生存権，教育を受ける権利<br>勤労の権利，労働三権（団結権・団体交渉権・団体行動権） | |
| **平等権** | 法の下の平等，両性の本質的平等<br>選挙の平等 | |
| **参政権** | 選挙権・被選挙権，公務員の選定・罷免権<br>最高裁判所裁判官国民審査，憲法改正の国民投票　など | |
| **受益権（請求権）** | 裁判を受ける権利，刑事補償請求権<br>国家賠償請求権，請願権 | |

(2) **新しい人権**

日本国憲法に明文規定はないが，人権に対する考え方の深まりや社会・経済の変革に伴い新たに主張されるようになった人権。

| | |
|---|---|
| **プライバシーの権利** | 私事・私生活をみだりに公開されず，かつ自己に関する情報を自分でコントロールする権利 |
| **環境権** | 健康で快適な環境の回復・保全を求める権利 |
| **知る権利** | 国民が国家に対し政府情報などの公開を求める権利 |
| **アクセス権** | 国民がマス・メディアに対し，自己の意見について発表の場を提供することを要求する権利 |

## 3 地方自治

(1) 地方自治の構成

| | |
|---|---|
| 首長<br>(任期**4**年) | 被選挙権は**知事が満30歳以上，市町村長は満25歳以上。**議会の議決に対しては拒否権，**不信任決議には議会の解散権**を有する。 |
| 地方議会議員<br>(任期**4**年) | 被選挙権は**満25歳以上。条例**の制定・改廃，予算の議決，首長に対する不信任決議などを行う。 |

※**条例**…憲法・法律の範囲内で地方議会の議決によって制定されるきまり。その地方公共団体のみに適用される。

(2) **直接請求権**

地方自治法によって住民に認められた，地方自治に直接参加する権利。

| 分類 | 請求の種類 | 必要署名数 | 請求先 | 処理手続 |
|---|---|---|---|---|
| **イニシアティブ** | **条例の制定・改廃** | 有権者の50分の１以上 | **首長** | 議会の過半数で議決 |
| | **監査請求** | | **監査委員** | 監査結果を公表 |
| **リコール** | **議会の解散** | 有権者の３分の１以上 | **選挙管理委員会** | 住民投票で過半数の賛成で解散（解職） |
| | **議員・首長の解職** | | | |
| | **主要公務員の解職** | | **首長** | 議会で総議員の３分の２以上出席，その４分の３以上の賛成で解職 |

(3) 地方財政

| | |
|---|---|
| **地方交付税交付金** | 地方公共団体間の財政格差の是正を目的として，国が交付。**使途に制限はない**。 |
| **国庫支出金** | **国が使途を限定**して地方公共団体に支出。義務教育費や生活保護費の国家負担金などがある。 |

(4) **オンブズマン制度**

行政に対する住民の苦情を処理したり，行政が適正に行われているかどうかを監視したりする行政監察官を置く制度。

4 **憲法改正**

日本国憲法は，法律改正手続きよりも厳格な手続きが必要な**硬性憲法**。

> 各議院の総議員の**3分の2以上**の賛成で**国会が発議⇒国民投票**で**過半数**の賛成⇒天皇により国民の名で公布

## 例題 1〈三大原理〉

(1) 次の①～③で示した日本国憲法の三大原理は，ア～ウのような理念で表すことができる。①～③にあてはまる理念をア～ウからそれぞれ選び，記号で答えよ。

① 国民主権　② 基本的人権の尊重　③ 平和主義

ア．国民のための政治　イ．国際協調　ウ．国民による政治

(2) 日本国憲法では，国民がなすべき義務として，子女に（ A ）を受けさせる義務,（ B ）の義務,（ C ）の義務の3つをあげている。このうち,（ A ）と（ B ）の義務は，同時に国民の権利でもある。空欄にあてはまる語句を答えよ。

**解答** (1) ① ウ　② ア　③ イ　(2) A．教育　B．勤労　C．納税

**解説** (2) 子女に教育を受けさせる義務は第26条第2項，勤労の義務は第27条，納税の義務は第30条。

## 例題 2〈基本的人権〉

(1) 次の日本国憲法条文中の空欄にあてはまる語句を答えよ。

第11条　国民は，すべての基本的人権の享有を妨げられない。この憲法が国民に保障する基本的人権は，侵すことのできない（　　）の権利として，現在及び将来の国民に与へられる。

(2) 次の日本国憲法条文のうち，社会権に含まれるものをすべて選び，記号で答えよ。

ア．何人も，外国に移住し，又は国籍を離脱する自由を侵されない。

イ．何人も，いかなる奴隷的拘束も受けない。

ウ．すべて国民は，健康で文化的な最低限度の生活を営む権利を有する。

エ．何人も，裁判所において裁判を受ける権利を奪はれない。

オ．勤労者の団結する権利及び団体交渉その他の団体行動をする権利は，これを保障する。

(3) 次の事例において問題となった人権を，下のア～エから選び，記号で答えよ。

小説の主人公のモデルが実在の人物であることが明らかとなり，作家は損害賠償と謝罪広告を求める訴えをおこされた。

ア．プライバシーの権利　　イ．知る権利

ウ．環境権　　エ．アクセス権

(4) 男女差別を人権侵害として禁止し，家事や育児などへの男性の参加を促した，1999年施行の法律を何というか。

**解答** (1) 永久　(2) ウ・オ　(3) ア　(4) 男女共同参画社会基本法

**解説** (2) ア・イ．自由権　エ．受益権（請求権） (3) イ．国民は必要な情報を自由に知ることができるという権利。　ウ．きれいな水や空気，日照など，人間の生存にとって必要な生活環境を享受する権利。　エ．国民の言論の自由を実現するため，国民がマスメディアに参入し利用する権利。

## 例題 3〈地方自治〉

(1) 次の文章を読んで，各問いに答えよ。

> A民主政治を実現するために，地方自治は重要な役割を持っている。地方公共団体の運営について定めた地方自治法では，さまざまなB直接請求権を認めている。地方自治を進めていくためには，住民がC自分たちの手で地域をつくり，自ら支えていくという自覚が必要である。1999年には地方自治法など数百の法律改正案からなる（　D　）一括法が成立し，E中央政府と地方政府の関係は対等の関係に変わりつつある。

① 下線部Aについて，「地方自治は民主主義の（　　）」とよばれている。空欄にあてはまる語句を答えよ。

② 下線部Bについて，有権者の3分の1以上の署名を必要とし，選挙管理委員会に対して請求するものを選び，記号で答えよ。

ア．条例の制定　　　　　イ．首長や議員の解職
ウ．条例の改正・廃止　　エ．事務の監査

③ 下線部Cについて，行政に対する住民の苦情を処理したり，行政が適正に行われているかどうかを監視する人を何というか。

④ 文中の（　D　）にあてはまる語句を答えよ。

⑤ 下線部Eについて，地方公共団体ごとの財政の不均衡を正すため国から支給されているものをア～エから選び，記号で答えよ。

ア．地方税　　イ．地方交付税　　ウ．地方債　　エ．国庫支出金

(2) 現在の選挙は，普通選挙，一人一票の平等選挙，議員を直接選出する直接選挙，無記名で投票を行う（　　）の4原則で行われている。空欄にあてはまる語句を答えよ。

(3) 日本の選挙制度についての記述として誤っているものを選び，記号で答えよ。

ア．衆議院議員選挙は小選挙区比例代表並立制で行われる。

イ．都道府県知事の選挙権は18歳以上，被選挙権は30歳以上である。

ウ．参議院議員は都道府県を選挙区とする選挙区選出議員選挙と，全

国を11のブロックに分けた比例代表選挙で行われている。

エ．都道府県および市町村議会の議員の選挙権は18歳以上，被選挙権は25歳以上である。

**解答** (1) ① 学校 ② イ ③ オンブズマン（オンブズパーソン） ④ 地方分権 ⑤ イ (2) 秘密選挙 (3) ウ

**解説** (1) ② ア・ウ．有権者の50分の1以上の署名により首長に請求する。 エ．有権者の50分の1以上の署名により監査委員に請求。 ⑤ ア．地方公共団体が徴収する租税で，地方財政の本来の財源。 ウ．地方公共団体が発行する債券。 エ．国が使途を限定して地方公共団体に支給するもの。 (3) ウ．全国を11ブロックに分けるのは衆議院議員の選挙方法。参議院議員選挙では全国を1つの選挙区として政党名か名簿に掲載されている候補者個人名のどちらかに投票する。

# 社会科 公民【国会・内閣・裁判所】

## ポイント

1 三権分立

**立法権（国会）・行政権（内閣）・司法権（裁判所）**という3つの権力が互いに抑制し合い均衡を図るもので，権力の濫用を防ぎ，国民の権利をできる限り保障しようとするしくみ。

フランスの思想家**モンテスキュー**が，その著書『**法の精神**』の中で唱えた。

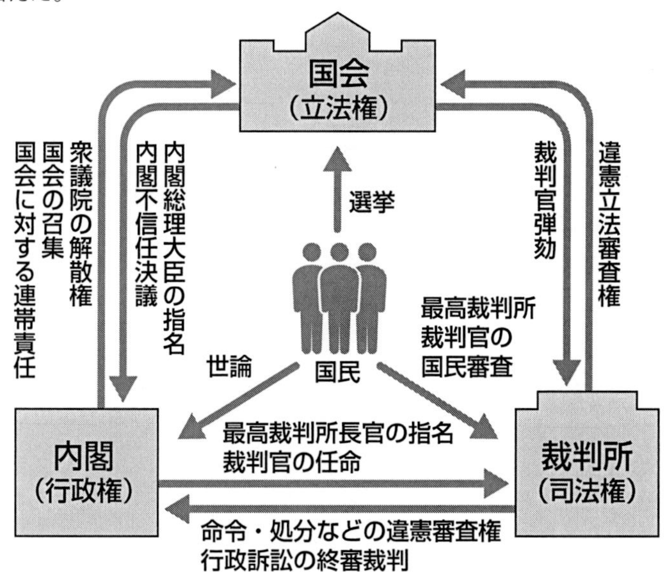

## 2 国会

国会の地位…国権の最高機関，国の唯一の立法機関

(1) 二院制

| | 衆議院 | | 参議院 | |
|---|---|---|---|---|
| 議員定数 | 465人 | | 248人 | |
| | 289人 | 176人 | 148人 | 100人 |
| 選挙制度 | 小選挙区選出 | 比例代表選出（全国11ブロック） | 選挙区選出 | 比例代表選出（全国1単位） |
| | **小選挙区比例代表並立制** | | | |
| 任期 | **4年**（解散あり） | | **6年**（3年ごとに半数改選） | |
| 被選挙権 | **満25歳以上** | | **満30歳以上** | |

(2) 国会の権能

○法律案の議決　○予算案の議決　○条約の承認
○憲法改正の発議　○内閣総理大臣の指名
○弾劾裁判所の設置　○国政調査権（両議院がそれぞれ有する権限）

(3) 衆議院の優越

| | |
|---|---|
| **法律案の議決** | 両議院の議決が異なる⇒衆議院が**出席議員の３分の2以上の多数で再可決**⇒衆議院の議決のみで成立 |
| **予算**<br>**条約の承認**<br>**内閣総理大臣の指名** | 両議院の議決が異なる⇒**両院協議会**でも不一致。または，参議院が30日（内閣総理大臣の指名では10日）以内に議決せず⇒衆議院の議決が国会の議決 |

※**予算の先議権**と**内閣不信任決議**の権限は，衆議院のみに認められる。

## 3 内閣

(1) **議院内閣制**

国会の信任に基づいて内閣が存立するしくみ。内閣は，行政権の行使について，国会に対し連帯して責任を負う。

(2) 内閣の組織

**内閣総理大臣**と内閣総理大臣の任命する**国務大臣**で構成される。内閣総理大臣とその他の国務大臣は，**文民**でなければならない。

(3) 内閣の権能

| | |
|---|---|
| ○法律の執行と国務の総理 | ○外交関係の処理 |
| ○条約の締結 | ○官吏に関する事務の掌理 |
| ○予算の作成と国会への提出 | ○恩赦の決定 |
| ○政令（法律の規定を実施するための命令）の制定 | |

(4) 内閣の総辞職

内閣は任意に総辞職できるが，次の場合には総辞職する必要がある。

| |
|---|
| 衆議院で内閣不信任決議案を可決，または信任決議案を否決したとき，内閣が**10日以内に衆議院を解散しない**場合 |
| 内閣総理大臣が欠けた場合 |
| 衆議院議員総選挙後，**初めて国会が召集**された場合 |

4 **裁判所**

**最高裁判所**と**下級裁判所**（高等・地方・家庭・簡易裁判所）で構成。

(1) **違憲立法**（法令）**審査権**

国会で制定された法律や，内閣の政令や命令などが，憲法に適合しているかどうかを審査する権限。最高裁判所はこの権限の最終的な判断を下すことから「**憲法の番人**」と呼ばれる。

(2) **三審制**

裁判を慎重に行うことによって誤審を防ぎ，人権保障を確実にするためのしくみ。**控訴**と**上告**により**3回まで裁判**が受けられる。

**【裁判官が罷免される場合】**

| |
|---|
| 公の弾劾で罷免を可とされた場合 |
| 裁判により，心身の故障のために職務を執ることができないと決定された場合 |
| 最高裁判所裁判官のみ，国民審査により罷免が可とされた場合 |

## 例題１〈三権分立〉

次の図を見て，各問いに答えよ。

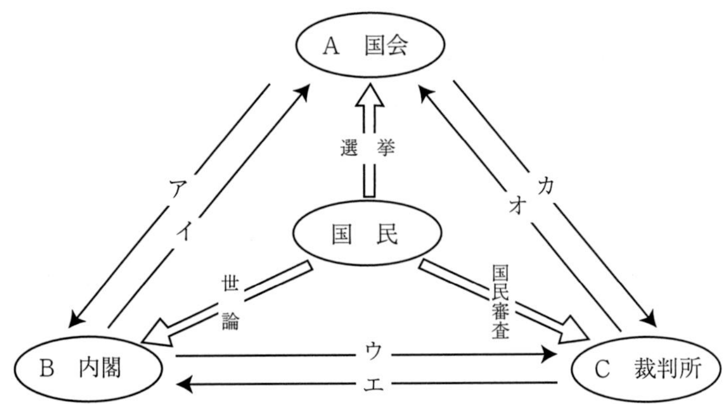


(1) 図のような権力分立のしくみを著書『法の精神』の中で主張した人物はだれか。

(2) 図中のA～Cにあてはまる権限の正しい組み合わせを次のア～エから選び，記号で答えよ。

ア．A－行政権　　B－立法権　　C－司法権
イ．A－司法権　　B－行政権　　C－立法権
ウ．A－立法権　　B－司法権　　C－行政権
エ．A－立法権　　B－行政権　　C－司法権

(3) 次の①～④のはたらきかけを表す矢印はどれか。図中のア～カからそれぞれ選び，記号で答えよ。

①　裁判官の弾劾裁判　　　②　国会召集の決定
③　最高裁判所長官の指名　④　内閣不信任の決議

**解答**　(1) モンテスキュー　(2) エ　(3) ①　カ　②　イ　③　ウ　④　ア

**解説**　(3) エ　行政処分などの違憲・違法審査。　オ　違憲立法の審査。

## 例題 2〈国会〉

(1) 国会議員の任期や定数について，次の文中の下線部ア～エから誤っているものを選び，記号で答えよ。

衆議院議員の任期は$_{ア}$4年で，解散の場合は期間満了前に終了する。参議院議員の任期は$_{イ}$8年で4年ごとに半数が改選される。両議院はそれぞれ総議員の$_{ウ}$3分の1以上の出席がなければ議事を開くことができない。議事は原則として出席議員の$_{エ}$過半数により議決される。

(2) 国会の仕事としてあてはまるものを選び，記号で答えよ。

ア．予算を作成する。　イ．条約を締結する。

ウ．裁判官を任命する。　エ．国政調査権を行使する。

(3) 国会における審議について，予算をはじめとする重要案件においては，関係者や学識経験者などに意見を求めることがある。このとき開かれる会議を何というか。

**解答**　(1) イ　(2) エ　(3) 公聴会

**解説**　(1) 任期6年で3年ごとに改選。　(2) ア・イ・ウ　内閣の仕事。

## 例題 3〈内閣〉

(1) 衆議院の解散による総選挙後に開かれる，内閣総理大臣の指名を主な議題とする国会を何というか。ア～エから選び，記号で答えよ。

ア．臨時会　イ．常会　ウ．特別会　エ．緊急集会

(2) 次のア～エのうち，内閣の権能にあてはまらないものを選び，記号で答えよ。

ア．最高裁判所長官の指名　イ．政令の制定

ウ．法律案の作成　エ．条約の承認

(3) 内閣が国会の信任のもとに成り立ち，国会に対して連帯して責任を負う制度を何というか。

**解答**　(1) ウ　(2) エ　(3) 議院内閣制

**解説** (1) ア．内閣が必要と認めたときか，いずれかの議院の総議員の4分の1以上の要求があったときに召集される。　イ．年1回，定期的に召集される。　エ．衆議院の解散中に必要が生じた場合，内閣が召集する参議院の集会。　(2) エ．国会の権能。

## 例題 4〈裁判所〉

(1) 日本の裁判官に関する記述として誤っているものを選び，記号で答えよ。

ア．裁判官は，公の弾劾裁判または心身の故障のためでなければ罷免されない。

イ．裁判官は，国会や内閣などの機関から広く意見を聞いて，職務にあたらなければならない。

ウ．最高裁判所の裁判官は，衆議院議員総選挙の際に国民審査を受ける。

エ．下級裁判所の裁判官は，最高裁判所が指名した者の名簿によって，内閣が任命する。

(2) 民事裁判において，簡易裁判所で第一審が行われた訴訟の控訴は，どの裁判所に対して行われるか。

(3) 裁判員制度について正しく説明したものを選び，記号で答えよ。

ア．民事裁判と刑事裁判の双方で実施される。

イ．裁判員は20歳以上の日本国民の中から選ばれる。

ウ．裁判員6名と裁判官3人が1つの事件を担当する。

エ　裁判員に選ばれた者は，辞退することはできない。

**解答** (1) イ　　(2) 地方裁判所　　(3) ウ

**解説** (1) イ　国会や内閣などの干渉で裁判がゆがめられないように，裁判官は自らの良心と憲法および法律のみに従って裁判を行う。
(3) ア　刑事裁判のみ。　イ　民法の改正により，令和4年4月1日から，裁判員になることができる年齢が20歳から18歳以上になった。　エ　裁判官の判断により辞退が認められることがある。

# 社会科　公民【経済】

## ポイント

### 1　金融の役割

(1) 日本銀行の三大業務

発券銀行，銀行の銀行，政府の銀行

(2) 三大金融政策

| 金融政策 | 好況期 | 不況期 |
|---|---|---|
| | 過熱抑制策（金融引締め） | 景気刺激策（金融緩和） |
| 公開市場操作 | 売りオペレーション⇒金融市場からの資金回収 | 買いオペレーション⇒金融市場への資金供給 |
| 預金(支払)準備率操作 | 預金準備率の引上げ⇒市中銀行の貸付額を減らす | 預金準備率の引下げ⇒市中銀行の貸付額を増やす |
| 基準割引率及び基準貸付利率(かつての公定歩合)の変更 | 基準割引率及び基準貸付利率（公定歩合）の引上げ⇒企業への貸出金利を引上げる | 基準割引率及び基準貸付利率（公定歩合）の引下げ⇒企業への貸出金利を引下げる |

### 2　財政の役割

(1) 歳出・歳入

・歳出…社会保障関係費，国債費（国債の償還や利払いなどの費用），地方交付税交付金の順に多い。

・歳入…租税と公債金（国債発行によるもの）が中心。

(2) 租税の種類

| | | 直接税 | 間接税 |
|---|---|---|---|
| 国　税 | | 所得税，法人税，相続税，贈与税 | 消費税，酒税，関税，揮発油税，たばこ税 |
| 地方税 | 都道府県税 | 都道府県民税，事業税，自動車税 | 都道府県たばこ税，ゴルフ場利用税 |
| 地方税 | 市(区)町村税 | 市(区)町村民税，固定資産税 | 市(区)町村たばこ税 |

※**累進課税制度**…所得が多いほど税率が高くなる制度。所得税など。

(3) 補整的財政政策（フィスカル＝ポリシー）

| 好況期 | 増税 | 財政支出削減(公共投資の中止) |
|---|---|---|
| 不況期 | 減税 | 財政支出拡大 |

### 3 社会保障

日本国憲法第25条の生存権を理念として，第二次世界大戦後，本格的に整備されるようになった。次の4つの部門がその柱となっている。

| 社会保険 | 医療保険，年金保険，介護保険，雇用保険，労働者災害補償保険　など |
|---|---|
| 公的扶助 | 生活保護（生活・住宅・教育・医療などの扶助） |
| 社会福祉 | 障害者福祉，高齢者福祉，児童福祉，母子福祉　など |
| 公衆衛生 | 医療，感染症予防，精神衛生対策，環境衛生予防　など |

### 4 公害対策

(1) 四大公害病

高度経済成長期に発生した4つの公害。裁判ではいずれも被害住民が勝訴。

| 公害病 | 被害地域 | 原因物質 |
|---|---|---|
| 水俣病 | 熊本県水俣湾周辺 | 工場から排出された有機水銀 |
| 新潟水俣病 | 新潟県阿賀野川流域 | |
| イタイイタイ病 | 富山県神通川流域 | 鉱山から排出されたカドミウム |
| 四日市ぜんそく | 三重県四日市市 | 工場から排出された亜硫酸ガス |

(2) 公害対策

1993年に**環境基本法**が，公害対策基本法（1967年）に代わるものとして新たに制定された。1971年には環境庁が設置され，2001年に環境省へ昇格。

(3) 主な環境保護法制

| 循環型社会形成推進基本法 | 資源を循環させて環境への負荷を減らす社会システムを構築していくことが目的。 |
|---|---|

| | |
|---|---|
| **家電リサイクル法** | 不要となった家電製品について，製造業者にリサイクル，小売店に引取り，消費者に費用負担を義務付ける。対象品目はエアコン，洗濯機など。 |
| **容器包装リサイクル法** | 容器包装廃棄物について，消費者に分別排出，自治体に分別回収，事業者にリサイクルを求める。 |
| **環境アセスメント法 (環境影響評価法)** | 大規模な開発を行う際，周辺の環境に及ぼす影響について事前に調査，予測，評価をする。 |

## 例題 1〈金融の役割〉

(1) 政府や日本銀行が，日本経済全体の状況を考えて通貨の発行量を決定・管理している制度を何というか。

(2) 金融機関を仲立ちとして行われる資金の貸し借りにおいては，借り手は貸し手に対して一定期間後に借入額(元金)を返済するだけでなく，(　　)を支払わなければならない。空欄にあてはまる語句を答えよ。

(3) 景気が過熱したときに日本銀行が行う政策を選び，記号で答えよ。

ア．国債や手形を市中銀行に売却する。

イ．増税を行う。

ウ．預金準備率を引き下げる。

エ．公共事業を増やす。

**解答**　(1) 管理通貨制度　(2) 利子（利息）　(3) ア

**解説**　(3) イ．政府が行う政策。　ウ．景気後退時に行う政策。

エ．政府が，景気後退時に行う政策。

## 例題 2〈財政の役割〉

(1) 次のグラフは，2023年度一般会計歳出（当初予算）の主要経費別割合を表したものである。A・Bにあてはまる経費を答えよ。

| 社会保障関係費<br>32.3% | （ A ）<br>22.1% | （ B ）<br>14.1% | | その他<br>25.1% |
|---|---|---|---|---|

└公共事業関係費　5.3%

(2) 次のうち国税かつ直接税である租税をすべて選び，記号で答えよ。

ア．法人税　イ．消費税　ウ．関税　エ．所得税

オ．相続税　カ．事業税　キ．酒税　ク．固定資産税

(3) 財政法第4条で発行が認められている国債のことを何というか。

**解答**　(1) A．国債費　B．地方交付税交付金　(2) ア・エ・オ
(3) 建設国債

**解説**　(2) イ・ウ・キ　国税だが間接税である。　カ・ク　直接税だが地方税である。

## 例題3〈社会保障〉

次の文章を読んで，各問いに答えよ。

> 日本の社会保障制度は$_{A}$日本国憲法第25条の生存権の規定によって確立され，$_{B}$社会保険，（ C ），社会福祉，公衆衛生・環境衛生の4つの柱からなる。近年は，社会福祉の制度のもとで，$_{D}$高齢者や障害者が普通の市民と同じ生活ができるような環境づくりが進められている。

(1) 下線部Aには，「すべて国民は，健康で文化的な（　　）の生活を営む権利を有する。」と規定されている。空欄にあてはまる語句を答えよ。

(2) 下線部Bについて，民間企業に勤めるサラリーマンが加入する制度の正しい組み合わせを選び，記号で答えよ。

ア．健康保険，厚生年金保険　イ．健康保険，国民年金

ウ．国民健康保険，厚生年金保険　エ．国民健康保険，国民年金

(3) 文中の（ C ）にあてはまる語句を答えよ。

(4) 下線部Dのような試みを何というか，カタカナで答えよ。

**解答** (1) 最低限度　(2) ア　(3) 公的扶助（生活保護）
(4) ノーマライゼーション

**解説** (2) 国民健康保険は，自営業者や主婦が加入する。

## 例題4〈公害対策〉

(1) 1990年代に日本政府が行った公害対策としてあてはまるものを選び，記号で答えよ。

ア．環境基本法の制定　イ．公害対策基本法の制定
ウ．自然環境保全法の制定　エ．環境庁の設置

(2) 地球規模での環境保全に関する記述として正しいものを選び，記号で答えよ。

ア．有害廃棄物の越境移動およびその処分を規制するため，ワシントン条約が結ばれた。

イ．1997年の京都議定書で，地球温暖化を防止するため二酸化炭素排出量の削減目標を定めた。

ウ．オゾン層破壊の原因は温室効果ガスの排出が主原因であるので，各国はその排出を規制した。

エ．アフリカなどで進行している砂漠化を防止するため，1987年にモントリオール議定書が採択された。

(3) 水鳥の生息地としての湿地の生態系を保全し，適正な利用を進めるために定められた条約を選び，記号で答えよ。

ア．生物多様性条約　イ．バーゼル条約　ウ．ラムサール条約
エ．ウィーン条約

**解答** (1) ア　(2) イ　(3) ウ

**解説** (1) ア　1993年　イ　1967年　ウ　1972年　エ　1971年
(2) ア「ワシントン条約」ではなく，「バーゼル条約」。
ウ「温室効果ガス」ではなく，フロンなどの「オゾン層破壊物質」。　エ「1987年にモントリオール議定書」ではなく，「1994年に砂漠化対処条約」。

# 社会科 公民【国際社会】

## ポイント

### 1 国際連合

(1) 設立

サンフランシスコ会議で調印された**国際連合憲章**に基づき，1945年に発足。**本部はニューヨーク**。加盟は193カ国（2022年5月16日現在）。

(2) 主要機関

| | |
|---|---|
| **総会** | 国連の中心機関で，すべての加盟国によって構成される。議決に際しては，一国一票制の原則が採られる。 |
| **安全保障理事会** | 国際平和と安全の維持に関する主要な責任を負う機関。**アメリカ，ロシア，イギリス，フランス，中国の5常任理事国**と，任期2年の10非常任理事国の計15ヵ国で構成される。常任理事国には**拒否権**が与えられ，一国でも反対すると議決ができない。 |
| **経済社会理事会** | 経済・社会・文化・教育・保健などの分野で，研究・報告・勧告などを行う。国連専門機関や NGO（非政府組織）などと連携して広範な活動を行っている。 |
| **国際司法裁判所** | 加盟国間における紛争の法律的処理に当たる機関。訴えを提起できるのは国家に限られ，当事国はその判決に従う義務がある。 |

(3) 国連NGO

人権問題や地球環境問題など地球規模の問題に取り組む民間の国際的な非政府組織。赤十字社，国境なき医師団，国際アムネスティなどがある。

(4) **PKO（国連平和維持活動）**

加盟国から自発的に提供された要員を安全保障理事会が編成し，停戦合意後の紛争現地などに派遣して，**PKF（国連平和維持軍）**による停戦や軍の撤退の監視，選挙監視，難民帰還支援などを行う活動。

日本は1992年に成立したPKO協力法（国際連合平和維持活動等に対

する協力に関する法律）により，カンボジアやイラクなどに自衛隊を派遣。

## 2 国連機関

| | | |
|---|---|---|
| 専門機関 | 国際労働機関（ILO） | 世界の労働者の労働条件や生活水準の改善を目的として，労働問題や社会保障などを取り扱う。 |
| | 国際通貨基金（IMF） | 国際通貨の安定を図ることを目的とし，国際収支赤字国に対する短期融資が主な業務。 |
| | 国際復興開発銀行（IBRD） | 発展途上国の経済構造改革を目的とし，発展途上国に対する長期融資が主な業務。 |
| | 国連教育科学文化機関（UNESCO） | 一般教育の普及，世界遺産の保存などの国際協力の促進により，世界の平和と人類の福祉に寄与。 |
| | 世界保健機関（WHO） | 諸国民の健康の保持と増進を目的とし，伝染病・風土病の撲滅や公衆衛生の向上などを図る。 |
| 計画と基金 | 国連児童基金（UNICEF） | 発展途上国や災害被災地の児童に対し，保健，栄養，教育などの支援事業を実施。 |
| 関連機関 | 世界貿易機関（WTO） | **GATT（関税及び貿易に関する一般協定）**を発展解消し発足。国際ルールの確立により自由貿易を促進。 |
| | 国際原子力機関（IAEA） | 原子力の平和利用の促進や原子力安全の確保を目的とする。 |
| その他の国連機関 | 国連難民高等弁務官事務所（UNHCR） | 難民の自発的帰還や新しい国の社会への同化を促進させ，難民問題の恒久的な解決を図る。 |
| | 国連貿易開発会議（UNCTAD） | 南北問題を解決することを目的とし，発展途上国の開発と貿易の促進を図る。 |

### 3 地域的統合

| | |
|---|---|
| 東南アジア諸国連合（ASEAN） | 東南アジア諸国における経済・社会・政治分野にわたる地域協力機構。10か国が加盟。 |
| アジア太平洋経済協力会議（APEC） | アジア太平洋地域における経済協力のための会議。貿易・投資の自由化，技術協力を実施。 |
| 北米自由貿易協定（NAFTA） | アメリカ，カナダ，メキシコ間における包括的自由貿易協定。 |
| 南米南部共同市場（MERCOSUR） | ブラジル，アルゼンチン，ウルグアイ，パラグアイ，ベネズエラ間における関税同盟。 |
| 欧州連合（EU） | 政治的・経済的統合を推進するヨーロッパの地域統合で，27カ国が加盟。2002年より単一通貨ユーロの紙幣・硬貨の市場流通開始。 |
| 環太平洋戦略的経済連携協定（TPP） | 環太平洋地域の国々による経済の自由化を目的とした経済連携協定。2006年に4カ国で締約されたTPSEP（環太平洋戦略的経済連携協定）を拡大していく形で交渉開始。2016年に日本を含む12カ国が署名し，のちにアメリカが離脱した。2021年に入って，中国と台湾が加盟の申請をしたことで注目されている。 |
| 地域的な包括的経済連携（RCEP）協定 | ASEAN10カ国，日本，中国，韓国，オーストラリア，ニュージーランドの15カ国が参加する協定で，2020年11月に署名された。世界のGDP，貿易総額及び人口の約3割，我が国の貿易総額のうち約5割を占める地域の経済連携協定である。 |

## 例題 1〈国際連合〉

(1) 国際連合の中心機関である国連総会における議決方法を選び，記号で答えよ。

ア．全加盟国が平等の投票権を持ち，全会一致制をとっている。
イ．全加盟国が平等の投票権を持ち，多数決制をとっている。
ウ．先進工業国が投票権を持ち，多数決制をとっている。
エ．全加盟国が投票権を持ち，原則多数決制をとっているが，拒否権を持つ国が5カ国ある。

(2) 1960年代に多くの国々が国際連合に加盟した地域を選び，記号で答えよ。

ア．旧ソ連　　イ．アフリカ　　ウ．南アメリカ　　エ．東南アジア

**解答** (1) イ　(2) イ

**解説** (1) エ　拒否権の制度があるのは総会ではなく，安全保障理事会。 (2) ア　ソ連崩壊後の1990年代のこと。

## 例題 2〈国際機関〉

次の表の空欄にあてはまる語句を答えよ。

| 正式名称 | 略称 | 内　容 |
|---|---|---|
| 国際通貨基金 | IMF | 国際通貨の安定を図ることを目的とし，国際収支赤字国へは（　A　）を行う。 |
| （　B　） | FAO | 食糧の増産や各国民の栄養の向上などを目的とする。 |
| 国際労働機関 | （　C　） | 労働条件の改善を国際的に実現することを目標とする。 |
| （　D　） | UNEP | 国連人間環境会議の決議に基づいて設立された。環境保護を目的とする。 |
| 国際原子力機関 | IAEA | 原子力の（　E　）に関して，促進・援助・監視活動などを行う。 |

**解答** A 短期融資　B 国連食糧農業機関　C ILO　D 国連環境計画　E 平和利用

**解説** 正式名称と略称，その内容はセットにして覚えておくこと。

## 例題3〈地域的統合〉

(1) 次の地図中の■■■■で示された国・地域が参加し，当該地域内における貿易投資の自由化・円滑化，経済・技術協力などを主要な活動とするフォーラムを何というか。アルファベット4文字で答えよ。

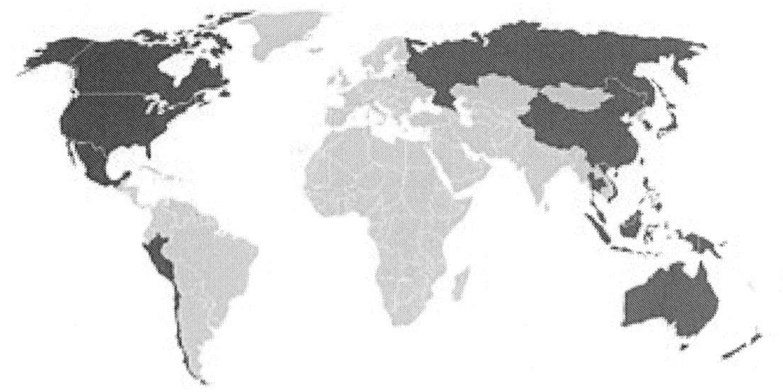

(2) リージョナリズムの動きに関して，経済ブロックと地域名が正しく組み合わされているものを選び，記号で答えよ。

ア．ASEAN：中央アジア　イ．AU：南アメリカ
ウ．SAARC：南アジア　エ．MERCOSUR：アフリカ

(3) 1995年，世界に自由貿易を進めてきたGATTを改組して，国家間の貿易に関する争いを解決する機能を強化した機関が設立された。この機関を何というか。

**解答** (1) APEC　(2) ウ　(3) 世界貿易機関（WTO）

**解説** (1) 日本語の名称はアジア太平洋経済協力（アジア太平洋経済協力会議ともいう）。　(2) ア　東南アジア諸国連合　イ　アフリカ連合　ウ　南アジア地域協力連合　エ　南米南部共同市場

# 社会科 学習指導要領

## ポイント

### 平成29年改訂の要点

1 目標の改善について

(1) 教科の目標

社会科において育成を目指す資質・能力については，中央教育審議会答申（平成28年12月21日）にて「公民としての資質・能力」を育成することを目指すとされ，「知識・技能」，「思考力・判断力・表現力等」，「学びに向かう力・人間性等」の三つの柱に沿った整理が行われた。これを受け，教科の目標は次のように示された。

社会的な見方・考え方を働かせ，課題を追究したり解決したりする活動を通して，グローバル化する国際社会を主体的に生きる平和で民主的な国家及び社会の形成者に必要な公民としての資質・能力の基礎を次のとおり育成することを目指す。

(1) 地域や我が国の国土の地理的環境，現代社会の仕組みや働き，地域や我が国の歴史や伝統と文化を通して社会生活について理解するとともに，様々な資料や調査活動を通して情報を適切に調べまとめる技能を身に付けるようにする。

(2) 社会的事象の特色や相互の関連，意味を多角的に考えたり，社会に見られる課題を把握して，その解決に向けて社会への関わり方を選択・判断したりする力，考えたことや選択・判断したことを適切に表現する力を養う。

(3) 社会的事象について，よりよい社会を考え主体的に問題解決しようとする態度を養うとともに，多角的な思考や理解を通して，地域社会に対する誇りと愛情，地域社会の一員としての自覚，我が国の国土と歴史に対する愛情，我が国の将来を担う国民としての自覚，世界の国々の人々と共に生きていくことの大切さについての自覚などを養う。

従前より示し方が変更され，先述の3つの柱に対応して(1)～(3)の目標が示された。それぞれ(1)が「知識・技能」，(2)が「思考力・判断力・表現力等」，(3)が「学びに向かう力・人間性等」による。

### (2) 各学年の目標

〔第3学年〕

社会的事象の見方・考え方を働かせ，学習の問題を追究・解決する活動を通して，次のとおり資質・能力を育成することを目指す。

(1) 身近な地域や市区町村の地理的環境，地域の安全を守るための諸活動や地域の産業と消費生活の様子，地域の様子の移り変わりについて，人々の生活との関連を踏まえて理解するとともに，調査活動，地図帳や各種の具体的資料を通して，必要な情報を調べまとめる技能を身に付けるようにする。

(2) 社会的事象の特色や相互の関連，意味を考える力，社会に見られる課題を把握して，その解決に向けて社会への関わり方を選択・判断する力，考えたことや選択・判断したことを表現する力を養う。

(3) 社会的事象について，主体的に学習の問題を解決しようとする態度や，よりよい社会を考え学習したことを社会生活に生かそうとする態度を養うとともに，思考や理解を通して，地域社会に対する誇りと愛情，地域社会の一員としての自覚を養う。

〔第4学年〕

社会的事象の見方・考え方を働かせ，学習の問題を追究・解決する活動を通して，次のとおり資質・能力を育成することを目指す。

(1) 自分たちの都道府県の地理的環境の特色，地域の人々の健康と生活環境を支える働きや自然災害から地域の安全を守るための諸活動，地域の伝統と文化や地域の発展に尽くした先人の働きなどについて，人々の生活との関連を踏まえて理解するとともに，調査活動，地図帳や各種の具体的資料を通して，必要な情報を調べまとめる技能を身に付けるようにする。

(2) 社会的事象の特色や相互の関連，意味を考える力，社会に見られる課題を把握して，その解決に向けて社会への関わり方を選択・判断する力，考えたことや選択・判断したことを表現する力を養う。

(3) 社会的事象について，主体的に学習の問題を解決しようとする態度や，よりよい社会を考え学習したことを社会生活に生かそうとする態度を養うとともに，思考や理解を通して，地域社会に対する誇りと愛情，地域社会の一員としての自覚を養う。

〔第5学年〕

社会的事象の見方・考え方を働かせ，学習の問題を追究・解決する活動を通して，次のとおり資質・能力を育成することを目指す。

(1) 我が国の国土の地理的環境の特色や産業の現状，社会の情報化と産業の関わりについて，国民生活との関連を踏まえて理解するとともに，地図帳や地球儀，統計などの各種の基礎的資料を通して，情報を適切に調べまとめる技能を身に付けるようにする。

(2) 社会的事象の特色や相互の関連，意味を多角的に考える力，社会に見られる課題を把握して，その解決に向けて社会への関わり方を選択・判断する力，考えたことや選択・判断したことを説明したり，それらを基に議論したりする力を養う。

(3) 社会的事象について，主体的に学習の問題を解決しようとする態度や，よりよい社会を考え学習したことを社会生活に生かそうとする態度を養うとともに，多角的な思考や理解を通して，我が国の国土に対する愛情，我が国の産業の発展を願い我が国の将来を担う国民としての自覚を養う。

〔第6学年〕

社会的事象の見方・考え方を働かせ，学習の問題を追究・解決する活動を通して，次のとおり資質・能力を育成することを目指す。

(1) 我が国の政治の考え方と仕組みや働き，国家及び社会の発展に大きな働きをした先人の業績や優れた文化遺産，我が国と関係の深い国の生活やグローバル化する国際社会における我が国の役割について理解するとともに，地図帳や地球儀，統計や年表などの各種の基礎的資料を通して，情報を適切に調べまとめる技能を身に付けるようにする。

(2) 社会的事象の特色や相互の関連，意味を多角的に考える力，社会に見られる課題を把握して，その解決に向けて社会への関わり方を選択・判断する力，考えたことや選択・判断したことを説明したり，それらを基に議論したりする力を養う。

(3) 社会的事象について，主体的に学習の問題を解決しようとする態度や，よりよい社会を考え学習したことを社会生活に生かそうとする態度を養うとともに，多角的な思考や理解を通して，我が国の歴史や伝統を大切にして国を愛する心情，我が国の将来を担う国民としての自覚や平和を願う日本人として世界の国々の人々と共に生きることの大切さについての自覚を養う。

冒頭の「社会的事象の見方・考え方～を目指す。」は全学年共通の文章である。各学年の (1) は答申で示された「知識・技能」の内容を，同様に各学年の (2) は「思考力・判断力・表現力等」の内容を，(3) は「学びに向かう力・人間性等」の内容を反映している。また，従前の学習指導要領では第3学年と第4学年の目標及び内容は共通で述べられていたが，現行の学習指導要領では個別に目標及び内容が示された。

### 2 内容の改善について

各学年について3～5つの領域が設定され，領域ごとに〔知識及び技能〕及び〔思考力・判断力・表現力等〕に関する指導事項を示す構成となっている。

## 例題 1〈学習指導要領〉

小学校学習指導要領（平成29年3月告示）「社会」について，次の各問いに答えよ。

(1) 次の文は，社会科の目標である。文中の各空欄に適する語句の組合せを下のア～エから1つ選び，記号で答えよ。

社会的事象について，よりよい社会を考え主体的に問題解決しようとする態度を養うとともに，多角的な思考や理解を通して，地域社会に対する誇りと愛情，地域社会の一員としての自覚，我が国の（　①　）に対する愛情，我が国の将来を担う（　②　）の自覚，世界の国々の人々と共に生きていくことの大切さについての自覚などを養う。

ア．①　地理と歴史　　②　国民として
イ．①　地理と歴史　　②　公民として
ウ．①　国土と歴史　　②　国民として
エ．①　国土と歴史　　②　公民として

(2) 次の文は，各学年の目標の一部である。文中の各空欄に適する語句をあとのア～コから1つずつ選び，記号で答えよ。

〔第3学年〕

(1) 身近な地域や市区町村の地理的環境，地域の安全を守るための諸活動や地域の産業と消費生活の様子，地域の様子の移り変わりについて，人々の生活との関連を踏まえて理解するとともに，調査活動，（　①　）や各種の具体的資料を通して，必要な情報を調べまとめる技能を身に付けるようにする。

〔第4学年〕

(3) 社会的事象について，主体的に学習の問題を解決しようとする態度や，よりよい社会を考え学習したことを社会生活に生かそうとする態度を養うとともに，思考や理解を通して，地域社会に対する（　②　），地域社会の一員としての自覚を養う。

〔第5学年〕

(1) 我が国の国土の地理的環境の特色や産業の現状，社会の（　③　）と産業の関わりについて，国民生活との関連を踏まえて理解するとともに，地図帳や地球儀，統計などの各種の基礎的資料を通して，情報を適切に調べまとめる技能を身に付けるようにする。

〔第6学年〕

(1) 我が国の政治の考え方と仕組みや働き，国家及び社会の発展に大きな働きをした先人の業績や優れた文化遺産，我が国と関係の深い国の生活やグローバル化する国際社会における我が国の役割について理解するとともに，地図帳や地球儀，統計や年表などの各種の基礎的資料を通して，情報を適切に調べ（　④　）を身に付けるようにする。

ア．表現する技能　　イ．理解と敬愛　　ウ．地図帳
エ．国際化　　オ．情報化　　カ．まとめる技能
キ．敬意と愛着　　ク．地球儀　　ケ．発表する技能
コ．誇りと愛情

**解答**　(1) ウ　(2) ① ウ　② コ　③ オ　④ カ

**解説**　(2) ①　現行の学習指導要領では，第3学年から地図帳を取り扱うことが目標に示されている。なお地図帳は従前では第4学年から配布されていたが，グローバル化などへの対応を図る目的で繰り上げられた。　②「地域社会に対する誇りと愛情を養う」とは，現在及び過去の地域の人々の工夫や努力によって生み出された，地域社会の特色やよさへの理解に基づいて，自分たちの住んでいる地域社会に対する誇りと愛情を育てるようにすることである。　③　中央教育審議会答申にて，教育内容の見直しの一例として「情報化等による産業構造の変化やその中での起業」が挙げられている。従前の第5学年の目標には「我が国の産業の発展や社会の情報化の進展に関心をもつようにする」とあったが，今回は「産業の現状，社会の情報化と産業の関わりについて国民生活との関連を踏まえて理解する」と改訂されていることから，社会の情報化についてより深い学習を求められていると考えられる。④　図表を適切に用い分かりやすさに留意してまとめることや，基礎的資料を目的に応じて分類・整理してまとめることが重要である。

## 例題 2〈学習指導要領〉

次のA～Dは，小学校学習指導要領「社会」の「各学年の目標及び内容」における「内容の取扱い」の一部である。下の各問いに答えよ。

A 「主な国」については，名称についても扱うようにし，近隣の諸国を含めて取り上げること。その際，我が国や諸外国には（ ① ）があることを理解し，それを尊重する態度を養うよう配慮すること。

B 児童の興味・関心を重視し，取り上げる人物や（ ② ）の重点の置き方に工夫を加えるなど，精選して具体的に理解できるようにすること。

C 「公共施設」については，市が公共施設の整備を進めてきたことを取り上げること。その際，（ ③ ）の役割に触れること。

D 「関係機関」については，県庁や市役所の働きなどを中心に取り上げ，（ ④ ）情報の発信，（ ⑤ ）体制の確保などの働き，自衛隊など国の機関との関わりを取り上げること。

(1) （ ① ）～（ ⑤ ）にあてはまる語句を次のa～jから1つずつ選び，記号で答えよ。

| a 防災 | b 地域社会 | c 救助 | d 領土 | e 国旗 |
|---|---|---|---|---|
| f 災害 | g 行政 | h 避難 | i 文化遺産 | j 租税 |

(2) A～Dは，それぞれ何学年のものか，あてはまる学年を次のア～エから選び，記号で答えよ。

ア．第3学年　イ．第4学年　ウ．第5学年　エ．第6学年

**解答** (1) ① e　② i　③ j　④ a　⑤ h
(2) A ウ　B エ　C ア　D イ

**解説** 小学校社会科の特徴の1つとして，学年ごとで学習内容が異なる点があげられる。それぞれの特徴を踏まえながら，学習したい。

## 例題 3〈学習指導要領〉

小学校学習指導要領「社会」の「第3　指導計画の作成と内容の取扱い」における指導計画上の配慮事項には，身近な地域及び国土の遺跡や文化財などの観察や調査を取り入れるようにすることが示されている。次の各問いに答えよ。

(1) 国宝・重要文化財をあわせて一番多く有する都道府県を①～⑤から1つ選べ。

① 東京　② 京都　③ 大阪　④ 奈良　⑤ 愛知

(2) 京都市・宇治市では，古都京都の世界文化遺産として17件が登録されている。次の中から，世界文化遺産に登録されていないものを①～⑤から1つ選べ。

① 賀茂別雷神社　② 三十三間堂　③ 清水寺

④ 教王護国寺　⑤ 高山寺

(3) 世界文化遺産に登録されている枯山水で有名な龍安寺を創立したのは誰か。①～⑤から1つ選べ。

① 足利義政　② 山名持豊　③ 足利義満　④ 畠山政長

⑤ 細川勝元

**解答**　(1) ①　(2) ②　(3) ⑤

**解説**　(1) 1位：東京2834件，2位：京都2201件となる。(2023年6月現在)　(2) 京都市東山区にある蓮華王院本堂の別称。　(3) 京都市右京区にある臨済宗妙心寺派の寺院。

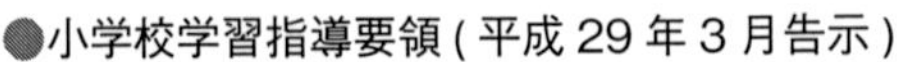
●小学校学習指導要領(平成29年3月告示)

# 社会科 学習指導法

## ポイント

指導法に関する設問に対しては，各学年に応じた具体的な指導法や学習への配慮を答えることが求められる。それには，各学年の指導目標及び指導内容を正確に把握しておく必要がある。

小学校の社会科では，学年によって指導目標・指導内容がかなり異なる。そのため，各学年の指導目標・指導内容に応じて，指導法を工夫することが求められる。例えば第3学年では，生活科の学習を踏まえ，具体的な体験的学習や活動を取り入れる必要がある。なお現行の学習指導要領から第3学年から地図帳を使用することとなった点には留意したい。第4学年においては，従前では第3学年と共通して指導目標・指導内容が示されていたが，現行の学習指導要領から個別に示されるようになったことに注意する。第3学年の内容と第4学年の内容の接続について自分なりに確認しておくとよい。第5学年の産業学習においては，児童の生活に密着していながらも，その生産過程が見えにくい産業の問題をいかに身近なものとしてとらえさせるかがポイントとなる。第6学年の歴史学習においては，網羅的な歴史的事象の取り上げを避け，人物や文化遺産を精選して具体的に理解させる必要がある。また政治学習では，政治の制度や機構に深入りすることのないように配慮し，政治の動きを国民生活と関連させて具体的に指導するようにしたい。また国際理解学習では，観念的・抽象的な指導にならないように留意し，具体的に2，3カ国を取り上げ，正しい国際理解と世界平和への努力が大切であることを理解させるように配慮したい。

小学校社会科では，各学年に応じた具体的な指導法に応えることが求められるが，学年を通しての児童の発達段階を考慮して，社会的事象を公正に判断できるようにするとともに，個々の児童に社会的なものの見方や考え方が現れるようにしたい。具体的な方法としては，博物館・郷土資料館の活用，地域や国の遺跡・文化財の観察・調査及び，内容に関わる専門家や関係者・関係の諸機関との連携，地図の活用などが行われるよう配慮する必要がある。

## 例題1〈学習指導法〉

小学校学習指導要領(平成29年3月告示)「社会」の第6学年の内容(2)「我が国の歴史上の主な事象」について指導を行うとき，身に付けさせるべき知識及び技能について2つ書け。

**解答** ・狩猟・採集や農耕の生活，古墳，大和朝廷（大和政権）による統一の様子を手掛かりに，むらからくにへと変化したことを理解すること。　・大陸文化の摂取，大化の改新，大仏造営の様子を手掛かりに，天皇を中心とした政治が確立されたことを理解すること。

**解説** 歴史上の主な事象における「知識及び技能」については（ア）～(シ)の12項目が挙げられている。また，それらの内容を総括して，「我が国の歴史上の主な事象を手掛かりに，大まかな歴史を理解するとともに，関連する先人の業績，優れた文化遺産を理解すること。」と示されていることにも留意する。

## 例題 2〈学習指導法〉

第4学年の「廃棄物の処理」の学習について，次の（1），（2）の問いに答えよ。

(1) この学習で扱う廃棄物の例を2つ書け。

(2) この学習では，地域の人々が法やきまりを守って生活していることを取り上げる。その際に児童に気付かせたいことは何か，書け。

**解答** (1) ごみ，下水　(2) 法や自分たちが決めたきまりを守ることが，地域の健康な生活や良好な生活環境の維持と向上を図る上で大切であること。

**解説** (1) ごみ，下水のいずれかを選択して取り扱う旨が，「3　内容の取扱い」に示されている。なお従前では「ごみ，下水のいずれかを選択して取り上げ，廃棄物を資源として活用していることについても扱うこと。」とされていたが，改訂後では廃棄物に関する資源活用について削除されている。これは，「2　内容」の中で廃棄物の資源活用について触れることを明記したためで，取り扱わなくなったということではない。 (2) ここでいう法には地方自治体が決める条例などが含まれる。また，「自分たちが決めたきまり」には町内会や管理組合が決めたルール等がある。

## 例題 3〈学習指導法〉

地図帳を問題解決のための教材として必要に応じて活用できるようにするために，日常の指導の中で何について指導し，どのような力を身に付けさせることが大切か書け。

**解答**　自分たちの住んでいる県（都・道・府）だけでなく，様々な県が出てくるたびに，その都度その県などの位置を確認させる。まずは，自分たちの住んでいる都道府県の市町村等を調べさせ，親しみを覚えさせる。次に，47都道府県についての構成を理解させる。その際に，地図記号を成り立ちから教え，それらを覚えさせる。そして，資料活用能力を培う。

**解説**　現行の学習指導要領から，第3学年から地図帳を扱うこととなったため，同学年で方位や主な地図記号について取り扱うこととされている。方位や地図記号，地図帳の引き方についての知識を身に付けさせることで，各種の資料と組み合わせて必要な情報を調べる学習が可能になる。

●小学校学習指導要領 ( 平成 29 年告示 ) 解説「社会編」( 平成 29 年 7 月 )

# 第 3 章

# 算数科

# 算数科 数と式

## ポイント

### 1 分数式

(1) 乗法・除法

$$\frac{A}{B} \times \frac{C}{D} = \frac{AC}{BD} \qquad \frac{A}{B} \div \frac{C}{D} = \frac{A}{B} \times \frac{D}{C} = \frac{AD}{BC}$$

(2) 加法・減法

$$\frac{A}{B} + \frac{C}{D} = \frac{AD+BC}{BD} \qquad \frac{A}{B} - \frac{C}{D} = \frac{AD-BC}{BD}$$

### 2 因数分解

(1) 共通因数をくくり出す

$ma + mb = m(a+b)$

(2) 乗法公式

① $a^2 + 2ab + b^2 = (a+b)^2$

② $a^2 - 2ab + b^2 = (a-b)^2$

③ $a^2 - b^2 = (a+b)(a-b)$

④ $x^2 + (a+b)x + ab = (x+a)(x+b)$

⑤ $acx^2 + (ad+bc)x + bd = (ax+b)(cx+d)$

(3) 因数分解の手順

共通因数でくくる

↓

置き換えができないか

↓

乗法公式が利用できないか

↓

まだ因数分解できないか

| | |
|---|---|
| 例 $2x^5+6x^3-8x$ | 共通因数 $2x$ でくくる |
| $=2x(x^4+3x^2-4)$ | $x^2=A$に置きかえ |
| $=2x(\underline{A^2+3A-4})$ | 乗法公式④を利用 |
| $=2x(A+4)(A-1)$ | $A=x^2$に戻す |
| $=2x(x^2+4)(x^2-1)$ | 因数分解する |
| $=2x(x^2+4)(x+1)(x-1)$ | |

## 3 平方根

(1) 平方根の乗法・除法

$$\sqrt{a}\times\sqrt{b}=\sqrt{ab} \qquad \frac{\sqrt{b}}{\sqrt{a}}=\sqrt{\frac{b}{a}} \qquad (a>0,\ b>0)$$

(2) $a\sqrt{b}$の形への変形

$$\sqrt{a^2b}=a\sqrt{b} \qquad (a>0,\ b>0)$$

(3) 分母の有理化

$$\frac{a}{\sqrt{b}}=\frac{a\sqrt{b}}{\sqrt{b}\times\sqrt{b}}=\frac{a\sqrt{b}}{b} \qquad (b>0)$$

$$\frac{c}{\sqrt{a}\pm\sqrt{b}}=\frac{c}{\sqrt{a}\pm\sqrt{b}}\times\frac{\sqrt{a}\mp\sqrt{b}}{\sqrt{a}\mp\sqrt{b}}=\frac{c(\sqrt{a}\mp\sqrt{b})}{a-b} \qquad (a>0,\ b>0)$$

(4) 根号を含む式の計算のポイント

① $\sqrt{\phantom{a}}$ の中をできるだけ簡単な数にする。

例 $\sqrt{48}=\sqrt{16\times3}=\sqrt{4^2\times3}=4\sqrt{3}$

② 分母に$\sqrt{\phantom{a}}$を含まない形にする。

例 $\dfrac{\sqrt{3}}{\sqrt{5}}=\dfrac{\sqrt{3}\times\sqrt{5}}{\sqrt{5}\times\sqrt{5}}=\dfrac{\sqrt{15}}{5}$

③ 分配法則や乗法の公式を使って（　　）をはずし，整理する。

例 $\sqrt{3}(\sqrt{3}-2)=\sqrt{3}\times\sqrt{3}-2\sqrt{3}=3-2\sqrt{3}$

例 $(\sqrt{2}+\sqrt{3})^2=(\sqrt{2})^2+2\times\sqrt{2}\times\sqrt{3}+(\sqrt{3})^2$

$=2+2\sqrt{6}+3=5+2\sqrt{6}$

## 4 数の性質

(1) 素因数分解

整数を素数の積に分解する。

例 $60=2^2\times3\times5$

(2) 最大公約数と最小公倍数

ある2つの整数$a$，$b$の最大公約数を$G$，最小公倍数を$L$とすると，

$ab=GL$

例 $12=2^2\times3$と$18=2\times3^2$の最大公約数は$2\times3=6$，最小公倍数は$2^2\times3^2=36$で，$12\times18=6\times36$ が成り立つ。

## 例題 1〈四則混合計算〉

$(-2x)^3\div(-4x^2y)\times(-3xy^2)$ を計算せよ。

**解答** $-6x^2y$

**解説** $(-2x)^3\div(-4x^2y)\times(-3xy^2)$

$=(-8x^3)\div(-4x^2y)\times(-3xy^2)$

$=-\dfrac{8x^3\times3xy^2}{4x^2y}$

$=-6x^2y$

## 例題 2〈分数式〉

$\dfrac{1}{x}+\dfrac{1}{y}=2$のとき，$\dfrac{5x+2xy+5y}{x+y}$の値を求めよ。

**解答** 6

**解説** $\dfrac{1}{x}+\dfrac{1}{y}=2 \Leftrightarrow \dfrac{x+y}{xy}=2 \Leftrightarrow x+y=2xy$ のとき，

$$\frac{5x+2xy+5y}{x+y}=\frac{5(x+y)+2xy}{x+y}$$

$$=\frac{5\times2xy+2xy}{2xy}$$

$$=\frac{12xy}{2xy}$$

$$=6$$

## 例題 3〈因数分解〉

$ax^2-axy-6ay^2$を因数分解せよ。

**解答** $a(x+2y)(x-3y)$

**解説** 共通因数をくくり出し，因数分解の公式を利用する。

$ax^2-axy-6ay^2$

$=a(x^2-xy-6y^2)$

$=a(x+2y)(x-3y)$

## 例題 4〈平方根〉

$\sqrt{7}$の小数部分を$a$とするとき，$a^2+4a+5$の値を求めよ。

**解答** 8

**解説** $2^2<7<3^2$だから　$\sqrt{7}$の整数部分は2

よって　$a=\sqrt{7}-2$

このとき

$a^2+4a+5=(a+2)^2+1$

$=(\sqrt{7}-2+2)^2+1$

$=8$

# 算数科　方程式・不等式

## ポイント

### 1　方程式の応用

(1) 速さの問題

道のり＝速さ×時間

(2) 濃度の問題

食塩水の濃度〔%〕$=\dfrac{\text{食塩の重さ}}{\text{食塩水の重さ}}\times 100$

⇒$a$%の食塩水$x$〔g〕に含まれている食塩の量…$x\times\dfrac{a}{100}$〔g〕

(3) 比率の問題

$x$の$a$割増　…　$\left(1+\dfrac{a}{10}\right)x$

$x$の$a$%減　…　$(1-0.01a)x$

(4) 整数の問題

2けたの自然数　…　$10x+y$（$x$は1から9まで，$y$は0から9までの整数）

(5) 仕事算

① 1人で仕事をするとき

仕上げるのにかかる日数＝全仕事量÷1日の仕事量

② A，Bの2人で仕事をするとき

2人で仕上げるのにかかる日数

$=1\div\left(\dfrac{1}{\text{A1人の場合にかかる日数}}+\dfrac{1}{\text{B1人の場合にかかる日数}}\right)$

### 2　不等式

$ax>b$において，$\begin{cases} a>0\text{のとき，}x>\dfrac{b}{a} \\ a<0\text{のとき，}x<\dfrac{b}{a} \end{cases}$

例
$2x-3<4x+7$
$2x-4x<7+3$ 移項する
$-2x<10$ 両辺を$-2$で割る
$x>-5$ 負の数で割ると，不等号の向きが変わる

③ **連立方程式**

(1) 代入法 … 一方の方程式を他方の方程式に代入して文字を消去

例
$\begin{cases} -x+y=1 & \cdots\cdots ① \\ x+2y=5 & \cdots\cdots ② \end{cases}$
①を$y=x+1$に変形して，これを②に代入
$x+2(x+1)=5$
$3x=3$　$x=1$
①より，$y=2$

(2) 加減法 … 2つの方程式の辺々を加減して文字を消去

例
$\begin{cases} 2x+3y=1 & \cdots\cdots ① \\ 3x-y=7 & \cdots\cdots ② \end{cases}$
① 　$2x+3y=1$
②×3 　$+)\ 9x-3y=21$
　$11x=22$　$x=2$
①より，$4+3y=1$　$y=-1$

④ **2次方程式の解き方**

(1) 完全平方式の利用

$(x+m)^2=n$ … $x+m$を1つのものとみる。
$x+m=\pm\sqrt{n}$
$x=-m\pm\sqrt{n}$

(2) 因数分解の利用

$x^2+px+q=0$の左辺を，$(x-a)(x-b)$の形に因数分解する。

> 例 $x^2-6x+8=0$
> $(x-2)(x-4)=0$
> $x=2,\ 4$

(3) 式の変形

$x^2+px+q=0$ … 式を変形して，$(x+m)^2=n$の形にする。

> 例 $x^2+6x+3=0$
> $x^2+6x=-3$ 数の項を右辺に移項
> $x^2+6x+3^2=-3+3^2$ $x$の係数の半分の2乗を両辺に加える
> $(x+3)^2=6$
> $x+3=\pm\sqrt{6}$ $x=-3\pm\sqrt{6}$

(4) 解の公式の利用

$ax^2+bx+c=0$の解 $x=\dfrac{-b\pm\sqrt{b^2-4ac}}{2a}$ $(a\neq0)$

## 例題 1〈1次方程式の応用①—速さの問題〉

弟が家を出発して駅に向かった。その5分後に，姉が家を出発して自転車で弟を追いかけた。弟の歩く速さを毎分60m，姉の自転車の速さを毎分210mとする。姉は家を出発してから何分後に弟に追いつくか。

**解答** 2分後

**解説** 姉が出発してから$x$分後に弟に追いつくとすると

$60(5+x)=210x$

これを解くと

$300+60x=210x$

$-150x=-300$

$x=2$

姉が弟に追いつくのは，弟の進んだ道のりと姉の進んだ道のりが等しくなるときである。

### 例題 2〈1次方程式の応用②—比率の問題〉

ある商品に原価の3割の利益を見込んで定価をつけたが売れなかったので，定価の2割引きで売ったら売れて1200円の利益を得た。この商品の原価は何円か。

**解答** 30000円

**解説** この商品の原価を$x$円とすると

$1.3x \times 0.8 - x = 1200$

これを解くと

$$\begin{aligned} 104x - 100x &= 120000 \\ 4x &= 120000 \\ x &= 30000 \end{aligned}$$

定価は$x \times (1 + 0.3) = 1.3x$〔円〕

売価は$1.3x \times (1 - 0.2) = 1.04x$〔円〕

### 例題 3〈1次方程式の応用③—整数の問題〉

画用紙を何人かの子どもに配るのに，1人に5枚ずつ配るには10枚足りない。また，1人に4枚ずつ配ると3枚余る。画用紙の枚数は何枚か。

**解答** 55枚

**解説** 子どもの人数を$x$人とすると

$5x - 10 = 4x + 3$

これを解くと

$x = 13$

よって，画用紙の枚数は

$5 \times 13 - 10 = 55$〔枚〕

子どもの人数を$x$人として，画用紙の枚数を2通りに表す。

別解　画用紙の枚数を$x$枚として子どもの人数を2通りに表すと

$$\frac{x+10}{5}=\frac{x-3}{4}$$

これを解くと　$x=55$

## 例題 4〈1次方程式の応用④—不等式の問題〉

1個140円のりんごと1個80円のみかんを合わせて20個買って箱につめてもらい，代金は箱代210円を含めて2500円以下にしたい。りんごをできるだけ多く買うことにすると，りんごは何個まで買うことができるか。

**解答**　11個まで

**解説**　りんごを$x$個買うとすると

$$140x+80(20-x)+210\leqq 2500$$

これを解くと

$$140x-80x\leqq 2500-1600-210$$

$$60x\leqq 690$$

$$x\leqq 11\frac{1}{2}$$

これを満たす最大の整数 $x$ は11

よって，りんごは11個まで買える。

りんごを$x$個買うとすると，みかんは$(20-x)$個買うことになる。

## 例題 5〈連立方程式〉

4％の食塩水と7％の食塩水を混ぜ合わせて，5％の食塩水を600gつくりたい。それぞれ何gずつ混ぜ合わせればよいか。

**解答**　4％の食塩水400g，7％の食塩水200g

**解説** 4%の食塩水を$x$〔g〕，7%の食塩水を$y$〔g〕混ぜ合わせるとすると

$$\begin{cases} x+y=600 & \cdots\cdots① \\ \dfrac{4}{100}x+\dfrac{7}{100}y=\dfrac{5}{100}\times600 & \cdots\cdots② \end{cases}$$

②を整理すると　$4x+7y=3000$　……③

③－①×4より　$3y=600$

$y=200$

これを①に代入すると　$x=400$

4%の食塩水$x$〔g〕，7%の食塩水$y$〔g〕に含まれる食塩の重さはそれぞれ$\dfrac{4}{100}x$〔g〕，$\dfrac{7}{100}y$〔g〕である。

## 例題 6〈連立方程式の応用〉

A町から峠をこえて26km離れたB町まで行くのに，A町から峠までは時速4km，峠からB町までは時速5kmで歩いて合計で6時間かかった。A町から峠までの道のり，峠からB町までの道のりはそれぞれ何kmか。

**解答** A町から峠まで16km，峠からB町まで10km

**解説** A町から峠までの道のりを$x$〔km〕，峠からB町までの道のりを$y$〔km〕とすると

$$\begin{cases} x+y=26 & \cdots\cdots① \\ \dfrac{x}{4}+\dfrac{y}{5}=6 & \cdots\cdots② \end{cases}$$

②の両辺を20倍すると　$5x+4y=120$　……③

①×5－③より　$y=10$

これを①に代入すると　$x=16$

A町から峠まで，峠からB町まで行くのにかかった時間はそれぞれ$\dfrac{x}{4}$時間，$\dfrac{y}{5}$時間である。

## 例題 7〈2次方程式〉

連続する2つの奇数があり，小さい方の奇数を2乗して24を加えた数は，大きい方の奇数を7倍した数に等しい。小さい方の奇数を求めよ。

**解答** 5

**解説** 小さい方の奇数を$x$とすると

$x^2+24=7(x+2)$

これを解くと

$x^2-7x+10=0$

$(x-2)(x-5)=0$

$x=2$または$x=5$

$x$は奇数だから，$x=2$は適さないが，$x=5$は適する。

## 例題 8〈2次方程式の応用〉

縦の長さが横の長さより短い長方形の土地がある。この長方形の周の長さが26m，面積が36m$^2$であるとき，縦の長さは何mか。

**解答** 4m

**解説** 縦の長さを$x$〔m〕とすると

$0<x<\frac{13}{2}$ ……①

であり

$x(13-x)=36$

これを解くと

$x^2-13x+36=0$

$(x-4)(x-9)=0$

$x=4$または$x=9$

$x=4$は①を満たすが，$x=9$は①を満たさない。

# 算数科 関数

## ポイント

### 1 1次関数

(1) 1次関数　$y=ax+b$のグラフ

① 傾き$a$，切片$b$の直線

$a>0$のとき

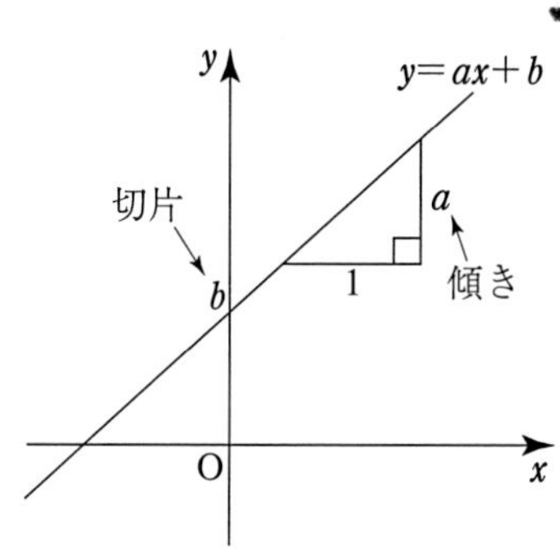


② $a>0$のとき，右上がり（傾き正）

$a<0$のとき，右下がり（傾き負）

③ 変化の割合＝$\dfrac{y\text{の増加量}}{x\text{の増加量}}=a$（一定）

(2) 直線の式の決定

① 傾き$a$で，点$(x_1,\ y_1)$を通る直線

$$y-y_1=a(x-x_1)$$

> 例　傾き2で点(5，3)を通る直線
>
> $y-3=2(x-5)$
>
> $y=2x-7$

② 2点$(x_1,\ y_1)$，$(x_2,\ y_2)$を通る直線

$$y-y_1=\frac{y_2-y_1}{x_2-x_1}(x-x_1)$$

例　2点（1，1），（3，5）を通る直線

$$y-1=\frac{5-1}{3-1}(x-1)$$
$$y=2(x-1)+1$$
$$y=2x-1$$

・直線の式を$y=ax+b$とおき，連立方程式により求める。

(3) 2直線の関係

2直線　$y=mx+n$，$y=m'x+n'$

① 2直線が平行

$m=m'$（傾きが同じ）

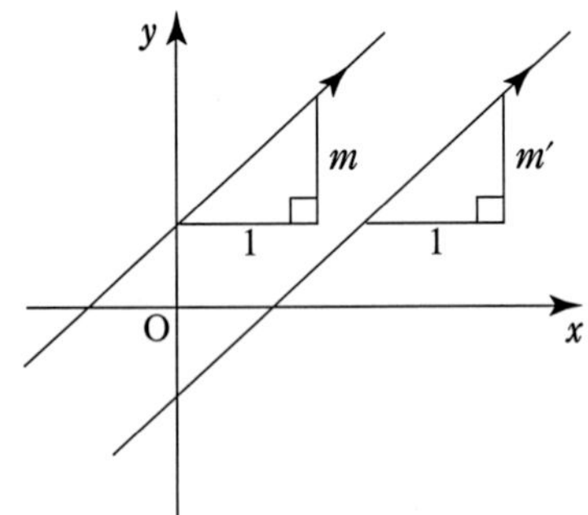


② 2直線が垂直

$mm'=-1$

③ 2直線の交点

2直線の交点の$x$座標は，$y$を消去した

$mx+n=m'x+n'$を解くことで求まる。

## 2　2次関数のグラフ

(1) $y=ax^2$のグラフ

① 原点を通る放物線（原点は頂点）

② $y$軸に対して対称

③ $a>0$のとき，下に凸（$y=0$が最小値）

$a<0$のとき，上に凸（$y=0$が最大値）

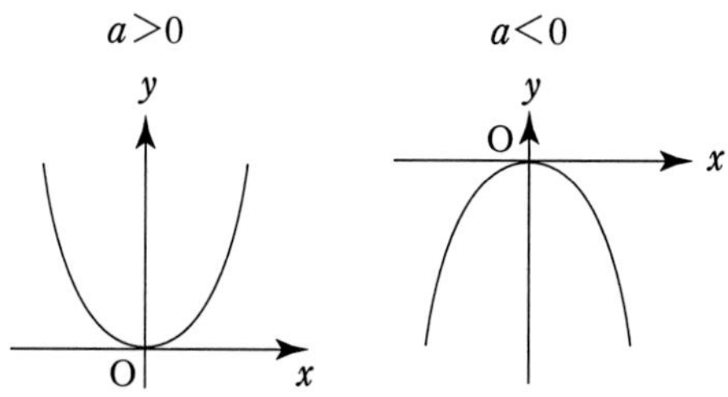


(2) $y=a(x-p)^2+q$のグラフ

① $y=ax^2$のグラフを，$x$軸方向に$p$，$y$軸方向に$q$平行移動した放物線

② $a>0$のとき下に凸なので，頂点において最小

$a<0$のとき上に凸なので，頂点において最大

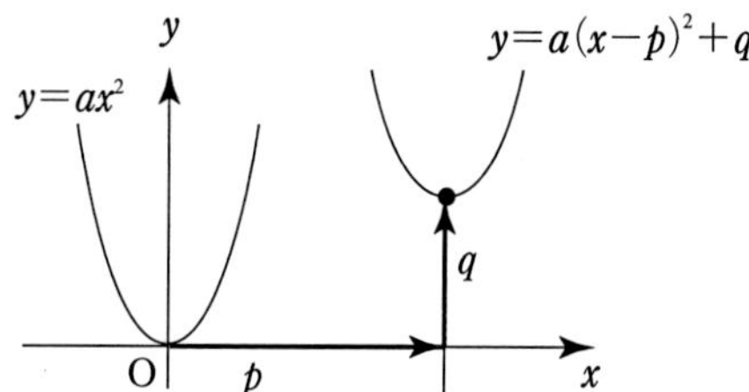


(3) 変化の割合

$y=ax^2$で，$x$の値が$p$から$q$まで変化したときの割合は，

$$変化の割合=\frac{yの増加量}{xの増加量}$$

$$=\frac{aq^2-ap^2}{q-p}=\frac{a(q-p)(q+p)}{q-p}=a(q+p)$$

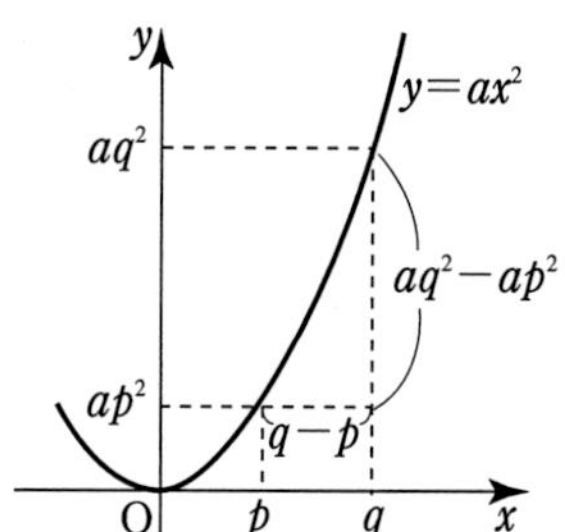

(4) 2次関数と直線の交点

$y=ax^2$と$y=mx+n$の2つのグラフの交点は，$y$を消去した$ax^2=mx+n$を解くことで求まる。

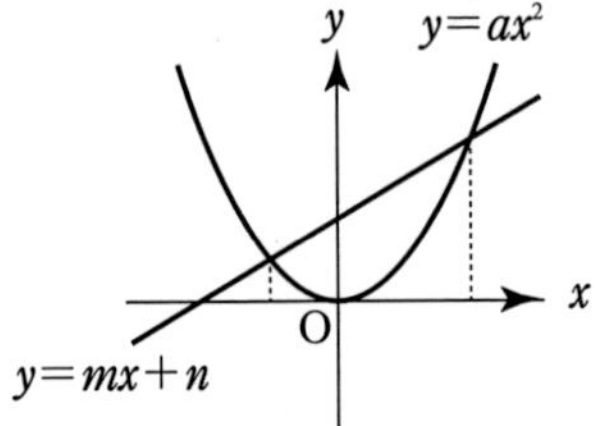


(5) 図形との融合

① 平行線との融合

例 次図で，AB//OPならば，△OAB＝△PAB

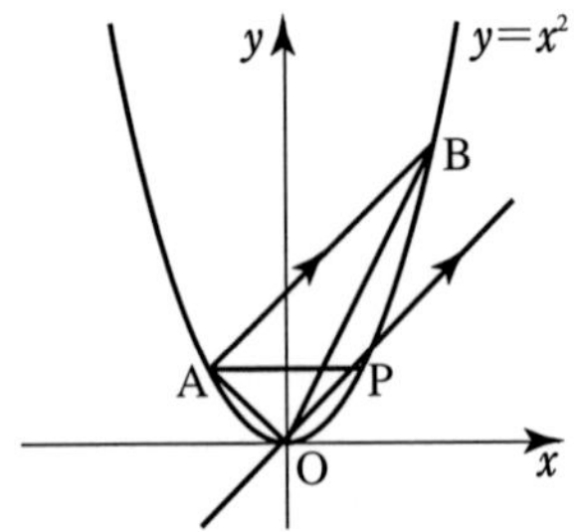


② 三平方の定理との融合

例 次図で，△OABが正三角形となるのは，OC：OB：BC＝1：2：$\sqrt{3}$

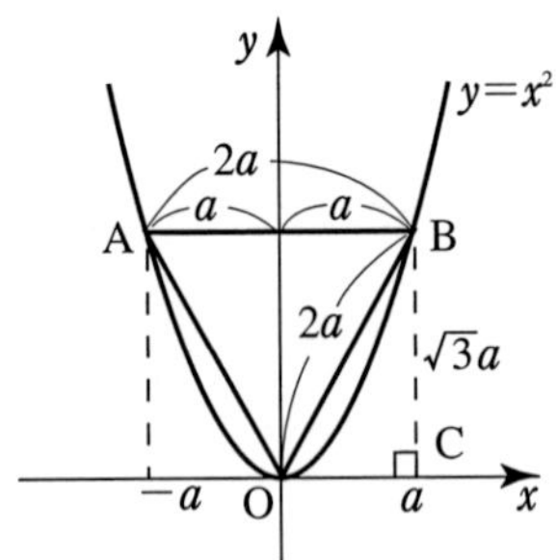

## 例題 1〈1次関数―直線の式〉

点（−5, 7）を通り，直線$y=-2x+5$に平行な直線の式を求めよ。

**解答**　$y=-2x-3$

**解説**　直線$y=-2x+5$に平行な直線の傾きは−2だから，求める直線の式を$y=-2x+n$とする。

直線$y=-2x+n$は点（−5, 7）を通るから

$$7=-2\times(-5)+n$$

が成り立つ。

これを解くと　$n=-3$

したがって，求める直線の式は　$y=-2x-3$

## 例題 2〈1次関数―直線で囲まれた三角形の面積〉

次の図のように，直線$l$上に点A（2, 4），B（6, 2）がある。原点をOとするとき，△OABの面積を求めよ。

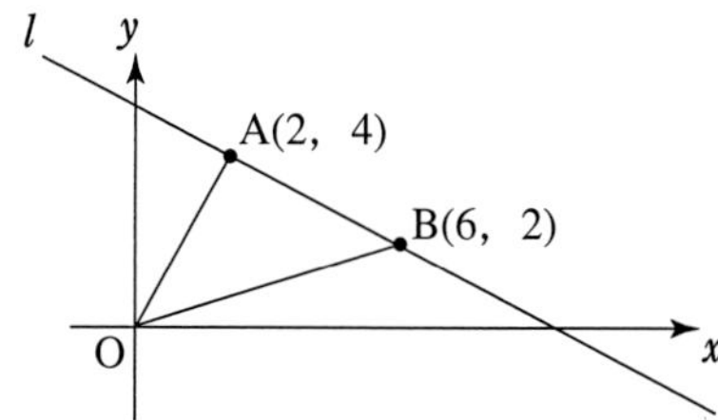


**解答**　10

**解説**　直線$l$の式は

$$y-4=\frac{2-4}{6-2}(x-2)$$

すなわち　$y=-\frac{1}{2}x+5$

直線$l$と$y$軸との交点をCとすると　C（0, 5）

△OAB＝△OCB−△OCA

$=\dfrac{1}{2}\times5\times6-\dfrac{1}{2}\times5\times2$
$=15-5=10$

## 例題 3〈関数と変域〉

$a>0$とする。関数$y=ax^2$について，$x$の変域が$-2\leqq x\leqq4$のとき，$y$の変域は$b\leqq y\leqq32$である。$a$，$b$の値をそれぞれ求めよ。

**解答**　$a=2$，$b=0$

**解説**　$a>0$であり，$x$の変域に$x=0$が含まれるので，関数$y=ax^2$の最大値は$x=4$のとき$y=32$だから

$a\times4^2=32$

これを解くと　$a=2$

また，関数$y=ax^2$の最小値は$x=0$のとき$y=0$である。

よって，$b=0$

## 例題 4〈グラフと三角形の面積〉

次の図のように，関数$y=\dfrac{1}{2}x^2$のグラフ上に2点A，Bがあり，A，Bの$x$座標はそれぞれ$-2$，4である。直線ABと$x$軸との交点をCとするとき，点Cを通り，△OBCの面積を2等分する直線の式を求めよ。

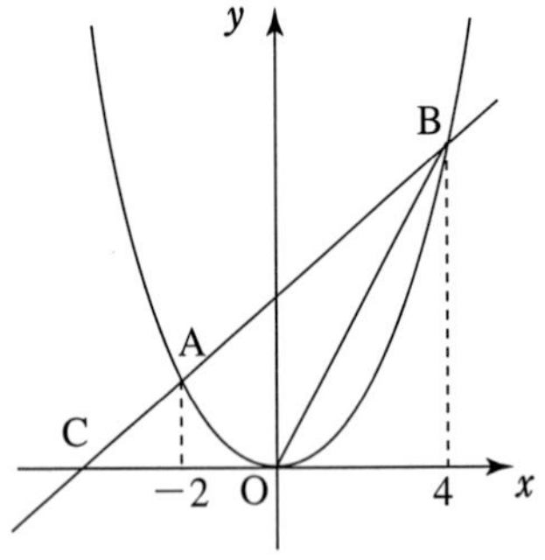

**解答** $y=\frac{2}{3}x+\frac{8}{3}$

**解説** 2点A，Bは関数$y=\frac{1}{2}x^2$のグラフ上にあり，$x$座標がそれぞれ$-2$，4だから，$y$座標はそれぞれ

$$\frac{1}{2}\times(-2)^2=2,\ \frac{1}{2}\times4^2=8$$

2点A$(-2,\ 2)$，B$(4,\ 8)$を通る直線の式は

$$y-2=\frac{8-2}{4-(-2)}(x+2)$$

すなわち　$y=x+4$

これに$y=0$を代入すると　$x=-4$

よって，直線ABと$x$軸の交点Cの座標は$(-4,\ 0)$

点Cを通り，△OBCの面積を2等分する直線は，線分OBの中点を通る。

線分OBの中点の座標は$(2,\ 4)$

したがって，点Cを通り，△OBCの面積を2等分する直線の式は

$$y-0=\frac{4-0}{2-(-4)}(x+4)\qquad \text{すなわち}\quad y=\frac{2}{3}x+\frac{8}{3}$$

# 算数科　図形

## ポイント

### 1　角と平行線

(1) 平行線と角

2つの直線 $l$, $m$が平行なとき,

$\angle a = \angle c$（同位角は等しい）

$\angle b = \angle c$（錯角は等しい）

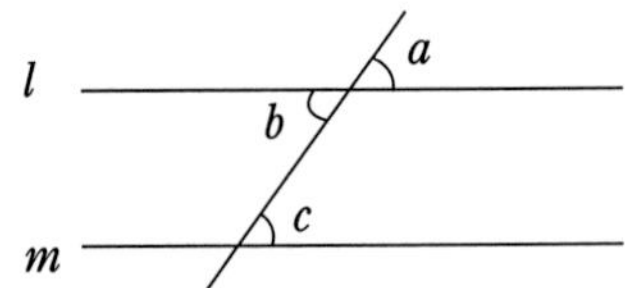


(2) 三角形と角

① 内角の和は180°

② 外角は，他の内角の和に等しい。

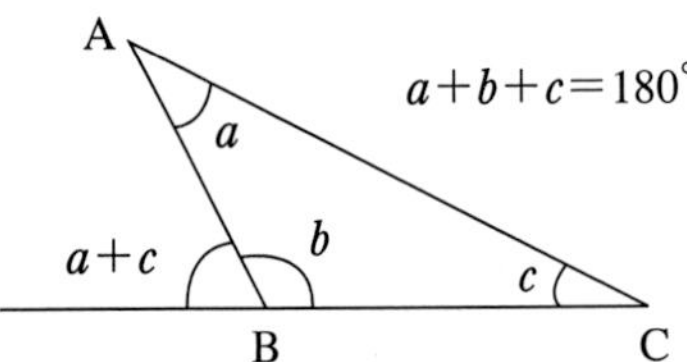


(3) 多角形

① $n$角形の内角の和　…　$180° \times (n-2)$

② $n$角形の外角の和　…　360°

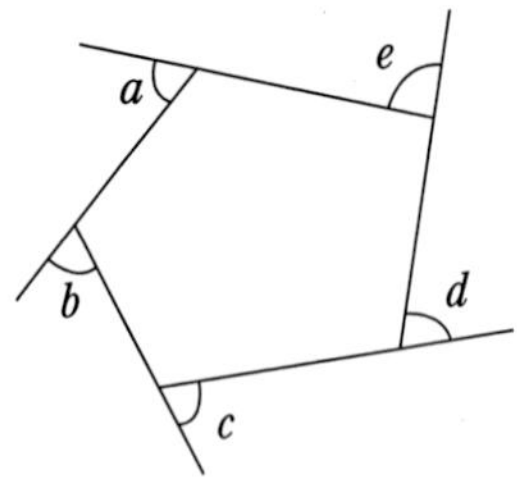


$a+b+c+d+e=360°$

## 2 三角形の性質

(1) 三角形と線分の比

△ABCにおいて，点D，Eを辺AB，AC上にとるとき，DE//BCならば，△ABC∽△ADEで，

$$\frac{AD}{AB}=\frac{AE}{AC}=\frac{DE}{BC},\quad \frac{AD}{DB}=\frac{AE}{EC}$$

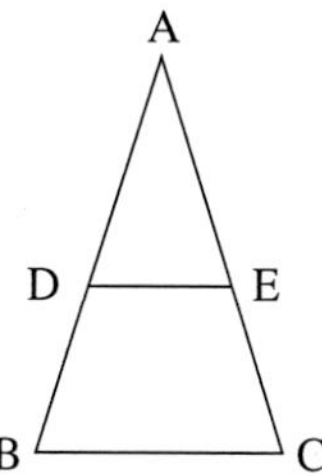


(2) 中点連結定理

三角形の2辺の中点をそれぞれM，Nとすると，

MN//BC　　$MN=\frac{1}{2}BC$

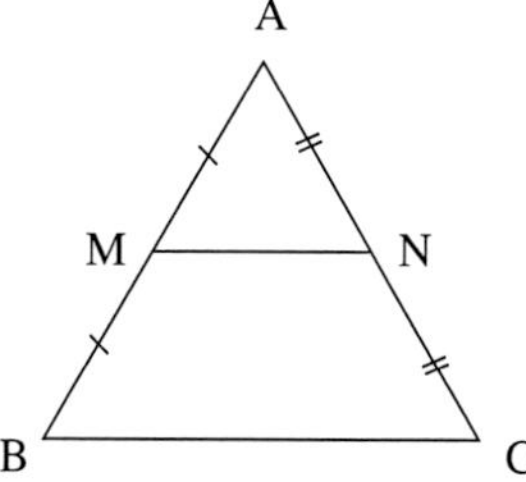


(3) 三角形と面積の比

三角形において高さが等しいとき，面積の比は，底辺の比に等しい。

△ABC：△ACD：△ABD＝BC：CD：BD

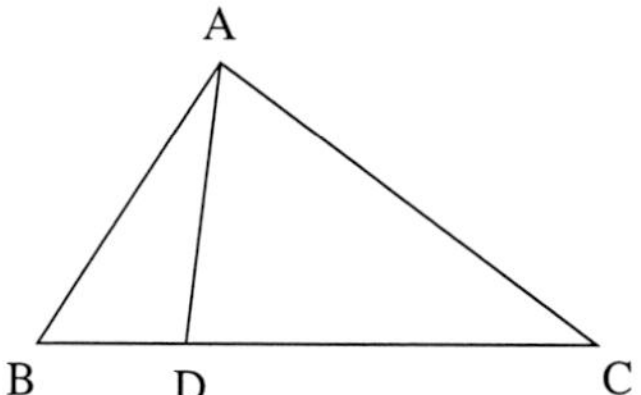

(4) 三平方の定理

直角三角形の直角をはさむ2辺の長さを$a$, $b$, 斜辺の長さを$c$とすると,

$a^2+b^2=c^2$

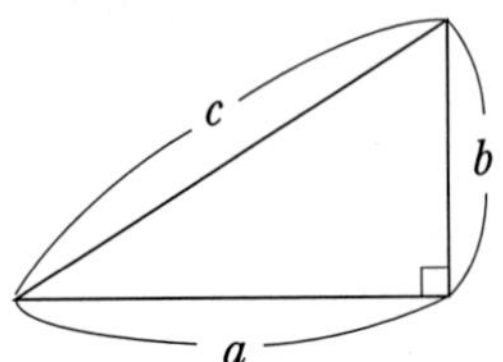


## 3 円の性質

(1) 円周角と中心角

① 円周角は中心角の半分に等しい。

$\angle \mathrm{APB}=\frac{1}{2}\angle \mathrm{AOB}$

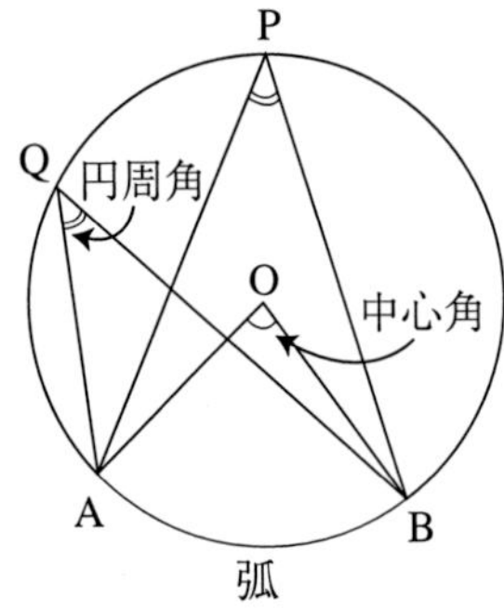


② 同じ弧に対する円周角は等しい。

$\angle \mathrm{APB}=\angle \mathrm{AQB}$

③ 直径に対する円周角は90°

(2) 円と接線

① 接線は，接点を通る半径に垂直。

② 1点から引いた2本の接線の長さは等しい。

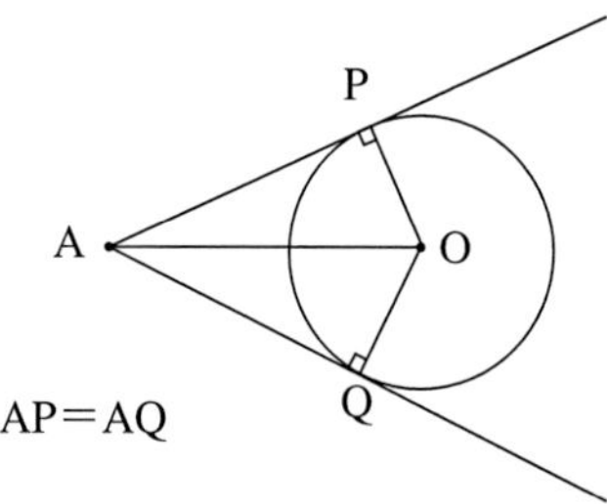


## 4 求積

(1) 扇形の弧の長さと面積

半径 $r$, 中心角$a°$の扇形の弧の長さを$l$, 面積を$S$, 円周率を$\pi$とすると,

$l=2\pi r\times\frac{a}{360}$

$S=\pi r^2\times\frac{a}{360}=\frac{1}{2}lr$

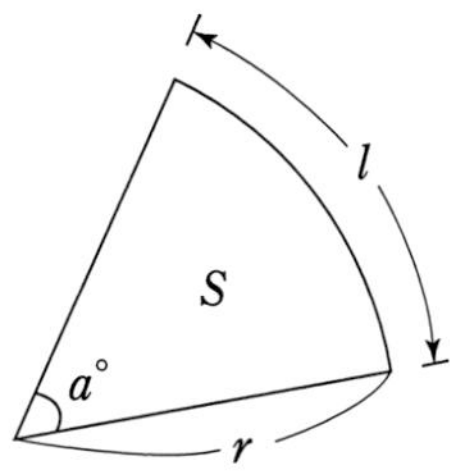


(2) 立体図形の求積

体積を$V$, 表面積を$A$, 底面積を$S$とする。

① 円すい（高さ$h$, 半径$r$, 母線$l$）

$V=\frac{1}{3}Sh=\frac{1}{3}\pi r^2h$

$\text{側面積}=\pi l^2\times\frac{\text{中心角}}{360}=\pi rl$

$A=\pi r^2+\pi rl$

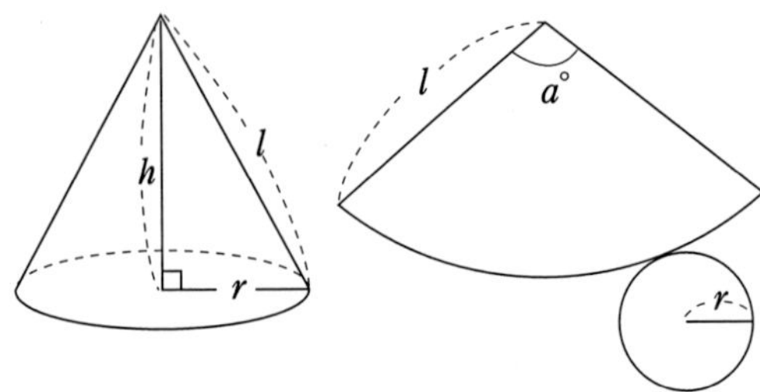


$l : r = 360 : a$
(中心角$a$)

② 角すい（底面が長方形のとき）

$$V = \frac{1}{3}Sh = \frac{1}{3}abh$$

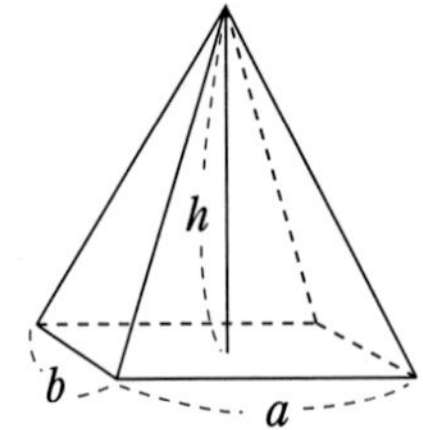


(3) 相似な図形の面積比・体積比

辺の比が$m : n$の相似な図形のとき，

面積比$= m^2 : n^2$

体積比$= m^3 : n^3$

## 例題 1〈平行線と角〉

次の図において，2直線 $l$，$m$は平行であり，△ABCは正三角形である。このとき，$\angle x$の大きさを求めよ。

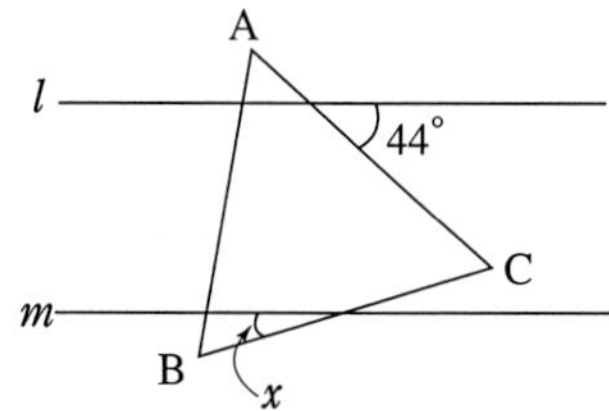


**解答**　16°

**解説**　右の図のように，点Cを通り，直線$l$に平行な直線 $n$をひき，点D～Hを定める。

平行線の錯角は等しいから，

$l//n$より

$\angle DCF = \angle EDC = 44°$

平行線の同位角は等しいから，

$n//m$より

$\angle GCF = \angle BGH = \angle x$

正三角形の内角は60°だから

$\angle DCF + \angle GCF = 60°$

$44° + \angle x = 60°$

したがって　$\angle x = 60° - 44° = 16°$

## 例題２〈多角形〉

1つの内角が135°である正多角形は正何角形か。

**解答**　正八角形

**解説**　正$n$角形であるとすると，1つの内角が135°だから

$180° \times (n-2) = 135° \times n$

これを解くと　$n=8$　　よって　正八角形

## 例題 3〈三角形と線分の比〉

次の図で，AB//PQ//CDであるとき，線分PQの長さを求めよ。

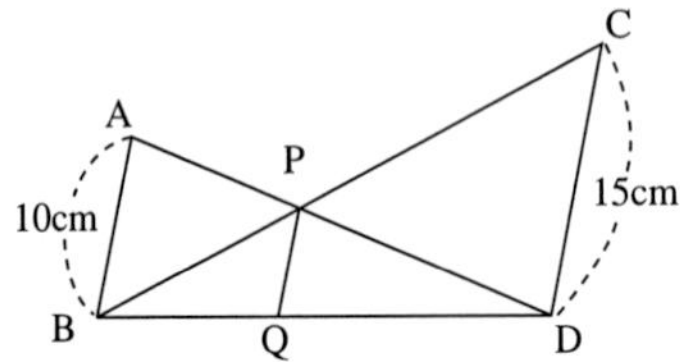


**解答** 6cm

**解説** AB//CDだから

AP：DP＝AB：DC

＝10：15＝2：3

PQ//ABだから

PQ：AB＝DP：DA

＝3：(3＋2)＝3：5

PQ＝$x$〔cm〕とすると

$x$：10＝3：5

これを解くと　$x$＝6

したがって　PQ＝6〔cm〕

## 例題 4〈中点連結定理〉

次の図の四角形ABCDは，AD//BCの台形であり，AD＝6cm，BC＝10cmである。辺ABの中点をEとし，Eから辺BCに平行な直線をひき，対角線DB，AC，辺DCとの交点をそれぞれF，G，Hとするとき，FGの長さを求めよ。

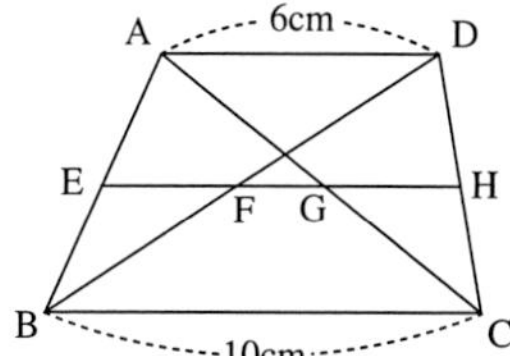


**解答**　2cm

**解説**　△BADにおいて，EF//ADより

　BE：EA＝BF：FD

BE＝EAだから　BF＝FD

よって，点E，FはBA，BDの中点だから，中点連結定理より

$$EF=\frac{1}{2}AD=\frac{1}{2}\times 6=3\ 〔cm〕\quad \cdots\cdots①$$

△ABCにおいて，EG//BCより

　AE：EB＝AG：GC

AE＝EBだから　AG＝GC

よって，点E，GはAB，ACの中点だから，中点連結定理より

$$EG=\frac{1}{2}BC=\frac{1}{2}\times 10=5\ 〔cm〕\quad \cdots\cdots②$$

①，②より

$$FG=EG-EF=5-3=2\ 〔cm〕$$

〈別解〉台形の中点連結定理より

$$EH=\frac{10+6}{2}=8\ 〔cm〕$$

$$FG=\frac{10-6}{2}=2\ 〔cm〕$$

## 例題 5〈相似な三角形の面積の比〉

次の図の△ABCで，点D，Eはそれぞれ辺AB，AC上の点であり，AD＝6cm，DB＝8cm，AE＝7cm，EC＝5cmである。△ADEの面積が19cm$^2$であるとき，△ABCの面積を求めよ。

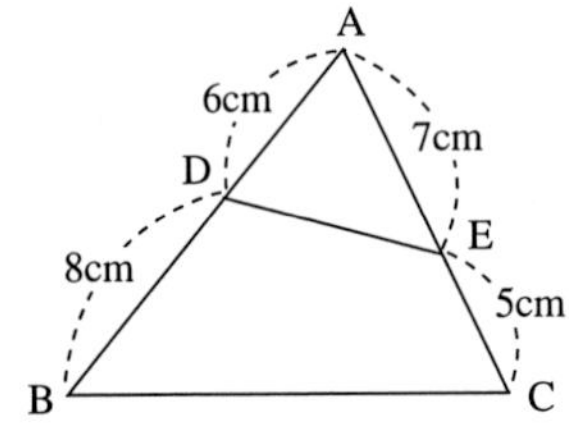


**解答** $76\text{cm}^2$

**解説** △ABCと△AEDにおいて

AB：AE＝AC：AD＝2：1　……①

∠BAC＝∠EAD　……②

①，②より，2組の辺の比が等しく，その間の角が等しいから

△ABC∽△AED

であり，相似比は2：1である。

したがって

$\triangle ABC : \triangle AED = 2^2 : 1^2 = 4 : 1$

△AEDの面積が$19\text{cm}^2$のとき

$\triangle ABC = 4\triangle AED = 4 \times 19 = 76$〔$\text{cm}^2$〕

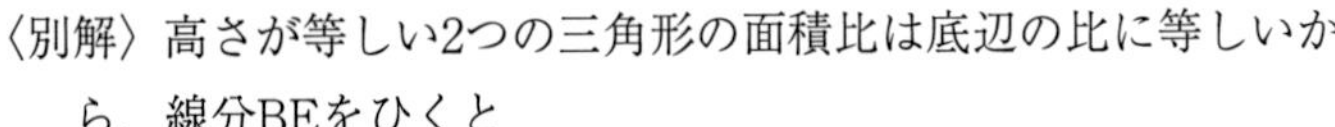

〈別解〉高さが等しい2つの三角形の面積比は底辺の比に等しいから，線分BEをひくと

$$\triangle ABE = \frac{6+8}{6}\triangle ADE$$

$$\triangle ABC = \frac{7+5}{7}\triangle ABE$$

したがって

$$\triangle ABC = \frac{7+5}{7} \times \frac{6+8}{6}\triangle ADE = 4 \times 19 = 76 \text{〔cm}^2\text{〕}$$

## 例題 6〈三平方の定理〉

次の図の平行四辺形ABCDで，AB＝6cm，BC＝7cm，∠C＝120°である。平行四辺形ABCDの面積を求めよ。

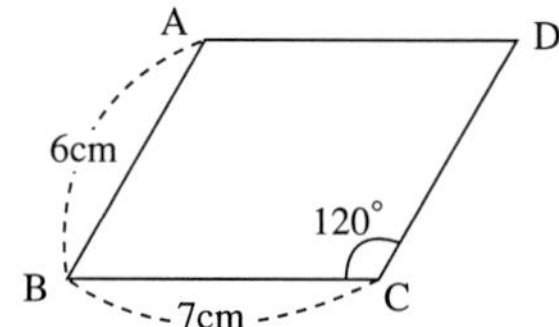


**解答** $21\sqrt{3}\text{cm}^2$

**解説** 次の図のように，頂点Dから辺BCの延長に垂線をひき，その交点をHとすると，△DCHは∠DCH＝180°－120°＝60°，∠DHC＝90°の直角三角形である。

よって　$DH = \dfrac{\sqrt{3}}{2}DC = 3\sqrt{3}$〔cm〕

したがって，平行四辺形ABCDの面積は

$BC \times DH = 7 \times 3\sqrt{3} = 21\sqrt{3}$〔$\text{cm}^2$〕

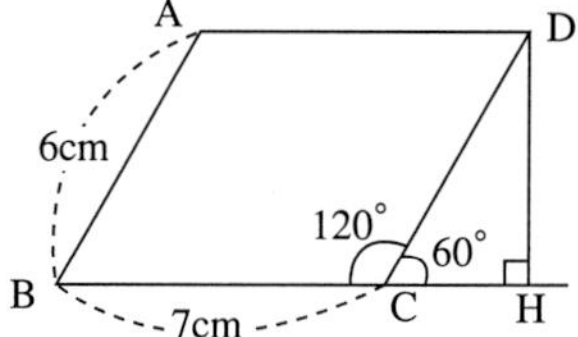


## 例題７〈円に内接する四角形〉

次の図の円Oで，4点A，B，C，Dは円周上の点であり，点Eは線分BCの延長上の点である。∠BAC＝56°，∠CBD＝41°のとき，∠DCEの大きさを求めよ。

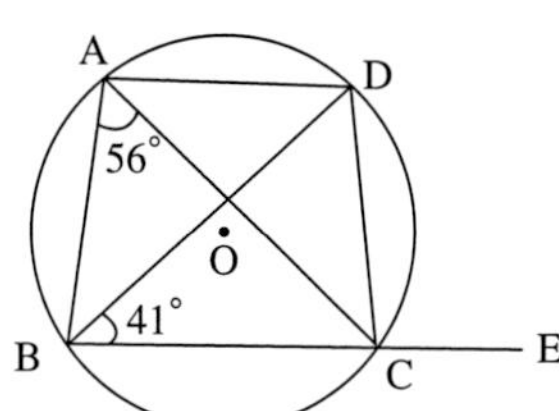

**解答** 97°

**解説** ∠CAD，∠CBDはいずれも$\overset{\frown}{DC}$に対する円周角だから

∠CAD＝∠CBD＝41°

したがって

∠BAD＝∠BAC＋∠CAD

＝56°＋41°＝97°

四角形ABCDは円に内接しているので，円に内接する四角形の外角はそれととなり合う内角の対角に等しいことより

∠DCE＝∠BAD＝97°

## 例題 8〈円と接線〉

次の図のように，円Oが∠A＝90°の直角三角形ABCの辺AB，BC，CAそれぞれに点P，Q，Rで接している。AB＝12cm，CA＝5cmであるとき，円Oの半径を求めよ。

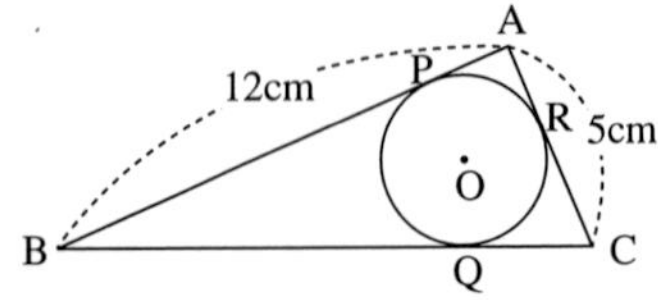


**解答** 2cm

**解説** △ABCは∠A＝90°の直角三角形だから，三平方の定理より

$BC=\sqrt{AB^2+CA^2}$

$=\sqrt{12^2+5^2}=13$〔cm〕

内接円の中心OとA，B，Cをそれぞれ結ぶ。

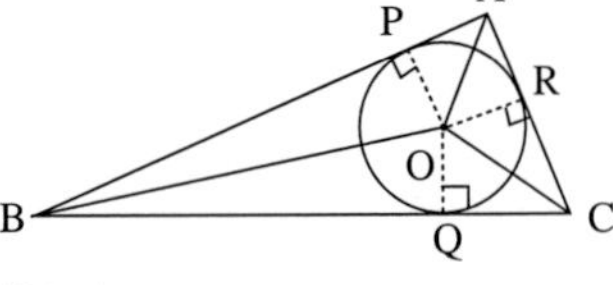


円の接線は接点を通る半径に垂直だから

△OAB＋△OBC＋△OCA＝△ABC

円Oの半径を$r$〔cm〕とすると

$$\frac{1}{2}r\times 12+\frac{1}{2}r\times 13+\frac{1}{2}r\times 5=\frac{1}{2}\times 12\times 5$$

これを解くと　$r=2$

したがって，円Oの半径は2cm

## 例題 9〈円すい〉

次の図は，円すいの展開図であり，側面は半径9cm，中心角240°の扇形である。これを組み立ててできる円すいの体積を求めよ。

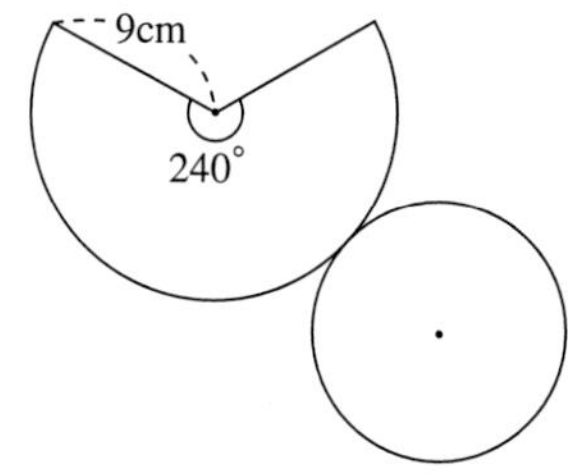


**解答**　$36\sqrt{5}\pi$〔cm³〕

**解説**　側面の扇形の弧の長さと底面の円周の長さは等しいから，底面の半径を$r$〔cm〕とすると

$$2\pi\times9\times\frac{240}{360}=2\pi\times r$$

これを解くと　$r=6$

組み立ててできる円すいの高さを$h$〔cm〕とすると，三平方の定理より

$$h=\sqrt{9^2-6^2}=3\sqrt{5}\text{〔cm〕}$$

したがって，円すいの体積は

$$\frac{1}{3}\pi\times6^2\times3\sqrt{5}=36\sqrt{5}\pi\text{〔cm}^3\text{〕}$$

## 例題 10〈角すい〉

次の図の正四角すいOABCDにおいて，底面は1辺が6cmの正方形であり，4つの側面は面積が18cm²の合同な二等辺三角形である。正四角すい

OABCDの体積を求めよ。

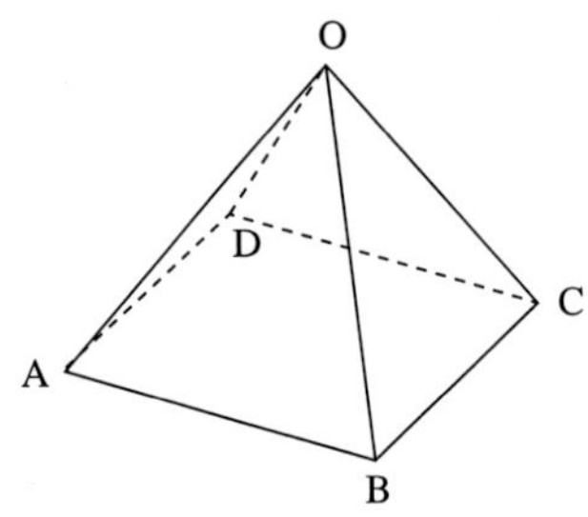


**解答** $36\sqrt{3}$ cm³

**解説** 辺ABの中点をMとすると，二等辺三角形OABの面積が18cm²だから

$$OM=\frac{2\times18}{AB}=\frac{2\times18}{6}=6\ \text{〔cm〕}$$

底面の正方形ABCDの対角線の交点をHとすると，△OMHは∠OHM＝90°の直角三角形だから，三平方の定理より

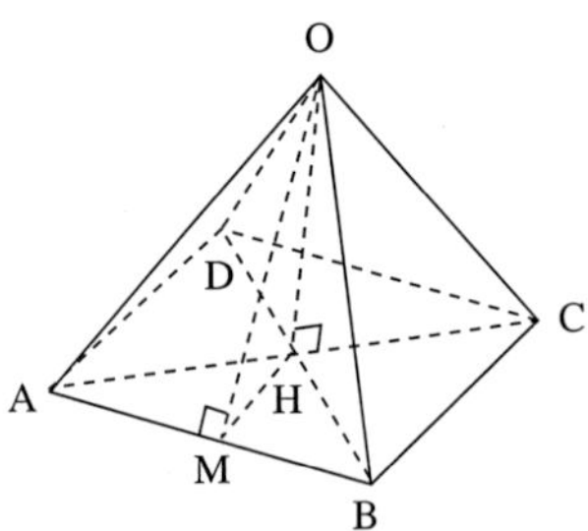


$$OH=\sqrt{OM^2-MH^2}$$
$$=\sqrt{6^2-3^2}=3\sqrt{3}\ \text{〔cm〕}$$

正四角すいOABCDの体積は

$$\frac{1}{3}\times AB^2\times OH=\frac{1}{3}\times6^2\times3\sqrt{3}=36\sqrt{3}\ \text{〔cm}^3\text{〕}$$

## 例題 11〈回転体の体積〉

次の図のようなAD//BCである台形ABCDを，直線$l$を軸として1回転させてできる円すい台の体積を求めよ。

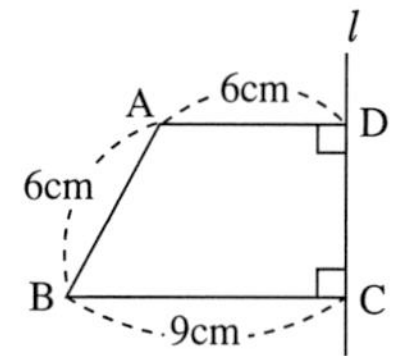


**解答** $171\sqrt{3}\,\pi$〔$cm^3$〕

**解説** 次の図のように，頂点Aから辺BCに垂線AHをひくと，△ABHは辺の比が

AB：BH＝6：(9－6)＝2：1 の直角三角形だから

$AH=\sqrt{3}\,BH=\sqrt{3}\times 3$

$=3\sqrt{3}$〔cm〕

辺BAの延長とCDの延長との交点をEとすると，

AD//BCだから

△EAD∽△EBC

よって　ED：EC＝AD：BC

EC＝$x$〔cm〕とすると

$(x-3\sqrt{3}):x=2:3$

これを解くと　$x=9\sqrt{3}$

求める円すい台の体積は

$\frac{1}{3}\pi\times 9^2\times 9\sqrt{3}-\frac{1}{3}\pi\times 6^2\times 6\sqrt{3}$

$=171\sqrt{3}\,\pi$〔$cm^3$〕

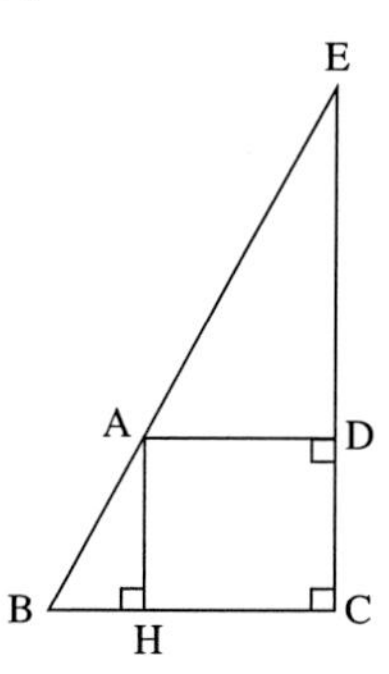


## 例題 12〈相似な図形の面積比〉

次の図のように，平行四辺形ABCDの辺BCの延長上に点Eをとり，線分AEと辺DCとの交点をFとする。さらに，点DとEを結ぶ。△DEFの面積が$6cm^2$，△CEFの面積が$4cm^2$であるとき，平行四辺形ABCDの面積を求めよ。

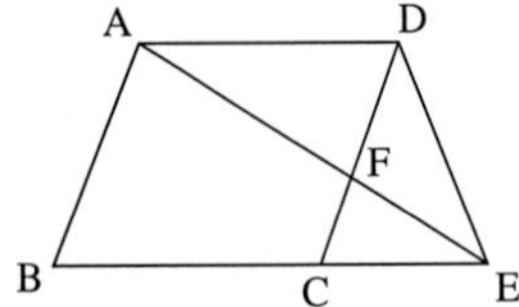


**解答** $30\text{cm}^2$

**解説** 高さが等しい2つの三角形の面積比は底辺の比に等しいから

　DF：CF＝△DEF：△CEF＝6：4＝3：2

△DAFと△CEFにおいて

対頂角は等しいから　∠DFA＝∠CFE　……①

AD//CEだから　∠FDA＝∠FCE　……②

①，②より，2組の角がそれぞれ等しいから

　△DAF∽△CEF

で，相似比は

　DF：CF＝3：2

よって　△DAF：△CEF＝$3^2$：$2^2$＝9：4

ゆえに　△DAF＝$\frac{9}{4}$△CEF＝$\frac{9}{4}\times 4=9$〔$\text{cm}^2$〕

△BEAと△CEFにおいて

共通な角だから　∠BEA＝∠CEF　……③

AB//FCだから　∠BAE＝∠CFE　……④

③，④より，2組の角がそれぞれ等しいから

　△BEA∽△CEF

で，相似比は

　BA：CF＝(2＋3)：2＝5：2

よって　△BEA：△CEF＝$5^2$：$2^2$＝25：4

ゆえに　△BEA＝$\frac{25}{4}$△CEF＝$\frac{25}{4}\times 4=25$〔$\text{cm}^2$〕

したがって ▱ABCD＝△DAF＋四角形ABCF

　　　　　　＝9＋(25－4)＝30〔$\text{cm}^2$〕

# 算数科 確率・数列

## ポイント

### 1 場合の数

(1) 数えあげの原則

① 和の法則

ことがら$A$, $B$があって，$A$, $B$が同時に起こることはないとき，$A$の起こり方が$m$通り，$B$の起こり方が$n$通りあるとき，$A$または$B$の起こる場合の数は，

$m+n$〔通り〕

例　大小2個のサイコロを投げるとき，出る目の数の和が5の倍数の場合の数

和が5になる場合は，(1, 4), (2, 3), (3, 2), (4, 1) の4通り

和が10になる場合は，(4, 6), (5, 5), (6, 4) の3通り

和の法則により，$4+3=7$〔通り〕

② 積の法則

ことがら$A$, $B$について，$A$の起こり方が$m$通りで，その各々の起こり方に対して，$B$の起こり方が$n$通りあるとき，$A$, $B$がともに起こる場合の数は，

$m\times n$〔通り〕

例　大小2個のサイコロを投げるとき，出る目の数の積が奇数となる場合の数

積が奇数となるのは，目の数がともに奇数の場合である。

奇数の目の出方はそれぞれ3通り

積の法則により，$3\times3=9$〔通り〕

(2) 順列

① 順列

異なる$n$個のものから$r$個取り出して1列に並べたものの総数は，

$$ {}_nP_r = n(n-1)(n-2) \cdots (n-r+1) = \frac{n!}{(n-r)!} $$

└─　　$r$個の積　　─┘

特に異なる$n$個のものすべてを並べる順列の総数は，

$$ {}_nP_n = n! = n(n-1)(n-2) \cdots 3 \cdot 2 \cdot 1 $$

例　${}_5P_3 = 5 \times 4 \times 3 = 60$
${}_4P_4 = 4! = 4 \times 3 \times 2 \times 1 = 24$

② 円順列

$n$個の異なるものの円順列の総数は，

$$ (n-1)! $$

(3) 組合せ

$n$個の異なるものから$r$個取った組合せの総数は，

$$ {}_nC_r = \frac{{}_nP_r}{r!} = \frac{n(n-1)(n-2)\cdots\cdots(n-r+1)}{r(r-1)(r-2)\cdots\cdots 3 \cdot 2 \cdot 1} = \frac{n!}{(n-r)!r!} $$

例　${}_6C_3 = \frac{{}_6P_3}{3!} = \frac{6 \cdot 5 \cdot 4}{3 \cdot 2 \cdot 1} = 20$

(4) 同じものを含む順列

$n$個のもののうち，同じものがそれぞれ，$p$個，$q$個，$r$個，……あるとき，これらを一列に並べる総数は，

$$ \frac{n!}{p!q!r!\cdots\cdots} $$

## 2 確率

(1) 確率の定義

起こりうるすべての場合の数が$N$で，どの場合の起こることも同様に確からしいとする。そのうち，事象$A$の起こる場合の数が$a$ならば，$A$の起こる確率は，

$$P(A) = \frac{a}{N}\ (0 \leqq P(A) \leqq 1)$$

> 例　1個のサイコロを投げるとき，偶数の目が出る確率
> $\frac{3}{6} = \frac{1}{2}$

(2) 余事象の確率

$A$の余事象 $\overline{A}$（事象$A$の起こらない事象）の確率は，

$$P(\overline{A}) = 1 - P(A)$$

### 3　規則性（自然数の列）

(1) 三角数

1から$n$までの自然数の和

（自然数の列1，2，3，4，……の第1番目から第$n$番目までの和）

$$1+2+3+\cdots\cdots+n = \frac{1}{2}n(n+1)$$

> 例　5番目の三角数
> $= 1+2+3+4+5 = \frac{1}{2} \times 5 \times (5+1) = 15$

(2) 四角数

1から$2n-1$までの奇数の和

（奇数の列1，3，5，7，……の第1番目から第$n$番目までの和）

$$1+3+5+\cdots\cdots+(2n-1) = n^2$$

## 例題 1〈和の法則〉

1～9のカードがそれぞれ1枚ずつある。2枚以上選ぶ場合に，数の和が9になるカードの選び方は何通りあるか。

**解答**　7通り

**解説** (i) 2枚選ぶときは (1, 8) (2, 7) (3, 6) (4, 5) の4通り。
(ii) 3枚選ぶときは (1, 2, 6) (1, 3, 5) (2, 3, 4) の3通り。
(i) (ii) より4+3=7〔通り〕

## 例題 2〈積の法則〉

大小2個のサイコロを同時に投げるとき，出る目の積が奇数になる場合は何通りあるか。

**解答** 9通り

**解説** 大小2個のサイコロを同時に投げるとき，出る目の積が奇数になるのは，大小両方のサイコロの出る目が奇数1，3，5の場合だから，求める場合の数は，積の法則より，
3×3=9〔通り〕

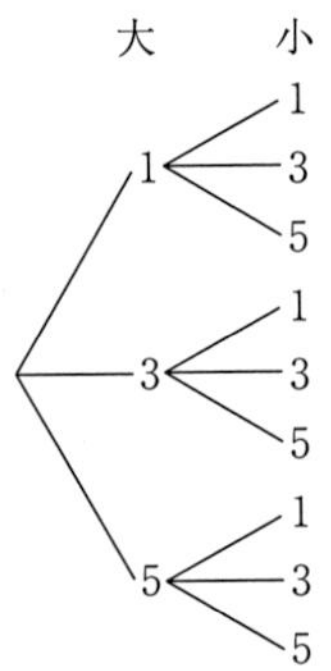


## 例題 3〈順列〉

0，1，2，3，4，5の6個の数字のなかから，異なる4個の数字を用いてつくられる4けたの偶数は全部で何個あるか。

**解答** 156個

**解説** 偶数の一の位の数字は偶数である。よって，題意の4けたの偶数の一の位の数字は0，2，4の場合がある。

(i) 一の位が0の場合

千, 百, 十の位は，0を除く1～5の5個のなかから3個を選んで1列に並べればよい。その個数は

$_5P_3=5\times4\times3=60$〔個〕

（ii）一の位が2または4の場合

一の位は2，4の2通りあり，その各々に対して，千の位は，0と一の位の数字を除く4通りある。百，十の位は，千，一の位の数字を除く4個のなかから2個を選んで1列に並べればよい。その個数は，$2\times4\times{}_4P_2=2\times4\times(4\times3)=96$〔個〕

（i），（ii）より，求める個数は

$60+96=156$〔個〕

## 例題4〈組合せ〉

男子5人と女子7人の合計12人のなかから4人の代表を選ぶとき，次の選び方は何通りあるか。

(1) 男子1人と女子3人が選ばれる

(2) 男子が少なくとも1人選ばれる

**解答** (1) 175通り　(2) 460通り

**解説** (1) 男子5人から1人を選ぶ方法は　${}_5C_1$通り

その各々に対して，女子7人から3人を選ぶ方法は　${}_7C_3$通り

したがって，求める選び方の総数は

$${}_5C_1\times{}_7C_3=5\cdot\frac{7\cdot6\cdot5}{3\cdot2\cdot1}=175\text{〔通り〕}$$

(2) 男女12人から4人を選ぶ方法は　${}_{12}C_4$通り

男子が1人も選ばれない場合は，4人とも女子が選ばれる場合で，その方法は　${}_7C_4$通り

したがって，求める選び方の総数は

$${}_{12}C_4-{}_7C_4=\frac{12\cdot11\cdot10\cdot9}{4\cdot3\cdot2\cdot1}-\frac{7\cdot6\cdot5\cdot4}{4\cdot3\cdot2\cdot1}=460\text{〔通り〕}$$

## 例題 5〈確率〉

袋の中に赤球が3個，白球が4個，青球が5個入っている。この袋の中から3個の球を同時に取り出すとき，次の確率を求めよ。

(1) 赤球が2個，白球が1個取り出される確率

(2) 全部同じ色の球が取り出される確率

**解答** (1) $\frac{3}{55}$　(2) $\frac{3}{44}$

**解説** 合計12個の球のなかから3個を取り出す場合の数は全部で

$${}_{12}C_3=\frac{12\cdot 11\cdot 10}{3\cdot 2\cdot 1}=220〔通り〕$$

(1) 赤球が2個，白球が1個取り出される場合の数は

$${}_3C_2\times{}_4C_1={}_3C_1\times{}_4C_1=3\cdot 4=12〔通り〕$$

したがって，求める確率は

$$\frac{12}{220}=\frac{3}{55}$$

(2) 全部同じ色の球が取り出される場合は，全部が赤球，全部が白球，全部が青球の場合があり，その場合の数は

$${}_3C_3+{}_4C_3+{}_5C_3=1+4+\frac{5\cdot 4}{2\cdot 1}=15〔通り〕$$

したがって，求める確率は

$$\frac{15}{220}=\frac{3}{44}$$

## 例題 6〈余事象の確率〉

15本のくじのなかに当たりくじが5本ある。このなかから2本のくじを同時に引くとき，少なくとも1本が当たる確率を求めよ。

**解答** $\frac{4}{7}$

**解説** 「少なくとも1本が当たる」という事象は，「2本ともはずれる」という事象の余事象である。2本ともはずれる確率は

$$\frac{{}_{10}C_2}{{}_{15}C_2}=\frac{10\cdot 9}{2\cdot 1}\cdot\frac{2\cdot 1}{15\cdot 14}=\frac{3}{7}$$

したがって，求める確率は

$$1-\frac{3}{7}=\frac{4}{7}$$

## 例題 7〈自然数の列〉

1から99までの連続する奇数の和を求めよ。

**解答** 2500

**解説** 1から99までの連続する奇数を並べると

1，3，5，……，99

となる。ここで，$99=2\times 50-1$だから，奇数の列の第1番目から第50番目までの和となるので，

$$50^2=2500$$

## 例題 8〈規則性〉

次の図は，自然数を1から順に，ある規則にしたがって並べたものである。たとえば，上から2行目，左から3列目にある数は8で，数18は上から5行目，左から2列目にある。この規則にしたがって自然数を並べていくとき，次の問いに答えよ。

(1) 上から1行目，左から8列目にある数を求めよ。

(2) 1000は上から何行目，左から何列目にあるか。

| | 1列目 | 2列目 | 3列目 | 4列目 | 5列目 | 6列目 | …… |
|---|---|---|---|---|---|---|---|
| 1行目 | 1 | 4 | 9 | 16 | | | |
| 2行目 | 2 | 3 | 8 | 15 | 24 | | |
| 3行目 | 5 | 6 | 7 | 14 | 23 | | |
| 4行目 | 10 | 11 | 12 | 13 | 22 | | |
| 5行目 | 17 | 18 | 19 | 20 | 21 | | |
| 6行目 | | | | | | | |
| ⋮ | | | | | | | |

**解答** (1) 64　　(2) 上から25行目，左から32列目

**解説** (1) 1行目にある数を並べると

1列目は$1=1^2$，2列目は$4=2^2$，3列目は$9=3^2$，4列目は$16=4^2$，……

だから，上から1行目，左から8列目の数は

$8^2=64$

(2) 1行目の$n$列目にある数は$n^2$だから，$n$行目の$n$列目にある数は

$n^2-n+1$

である。

$31^2=961$，$32^2=1024$であり，$32^2-32+1=993$だから，1000は上から$1024-1000+1=25$（行目），左から32列目にある。

# 算数科　データの活用

## ポイント

### 1　データの整理

(1) 変量とデータ

・変量：ある集団を構成する人やものの特性を数量的に表したもの。

・データ：変量の観測値や測定値の集まりのこと。

(2) 資料

・階級：データの値の範囲を区切った区間のこと。

・階級の幅：区間の幅のこと。

・階級値：階級の真ん中の値。

・度数：各階級に入るデータの個数。

・度数分布表：各階級に階級値を対応させて整理した表。

・相対度数：各階級の度数の全体に占める割合。

・相対度数分布表：度数を相対度数で表した分布表。各段階の相対度数の総和は1となる。

・累積度数：各階級の度数を，最初の階級からある階級まで合計したもの。

・累積度数分布表：階級とその累積度数を表にしたもの。

・ヒストグラム：階級の幅を横，度数を縦として度数分布表の値を柱状グラフで表したもの。

度数分布表

| 階級 | | | 度数 |
|---|---|---|---|
| 以上 | | 未満 | |
| 0 | ～ | 10 | 3 |
| 10 | ～ | 20 | 4 |
| 20 | ～ | 30 | 6 |
| 30 | ～ | 40 | 18 |
| 40 | ～ | 50 | 10 |
| 50 | ～ | 60 | 3 |
| 60 | ～ | 70 | 1 |
| 合計 | | | 45 |

相対度数分布表

| 階級 | | | 相対度数 |
|---|---|---|---|
| 以上 | | 未満 | |
| 0 | ～ | 10 | 0.07 |
| 10 | ～ | 20 | 0.09 |
| 20 | ～ | 30 | 0.13 |
| 30 | ～ | 40 | 0.4 |
| 40 | ～ | 50 | 0.22 |
| 50 | ～ | 60 | 0.07 |
| 60 | ～ | 70 | 0.02 |
| 合計 | | | 1 |

累積度数分布表

| 階級 | | | 累積度数 |
|---|---|---|---|
| 以上 | | 未満 | |
| 0 | ～ | 10 | 0.07 |
| 10 | ～ | 20 | 0.16 |
| 20 | ～ | 30 | 0.29 |
| 30 | ～ | 40 | 0.69 |
| 40 | ～ | 50 | 0.91 |
| 50 | ～ | 60 | 0.98 |
| 60 | ～ | 70 | 1.00 |
| 合計 | | | 4.1 |

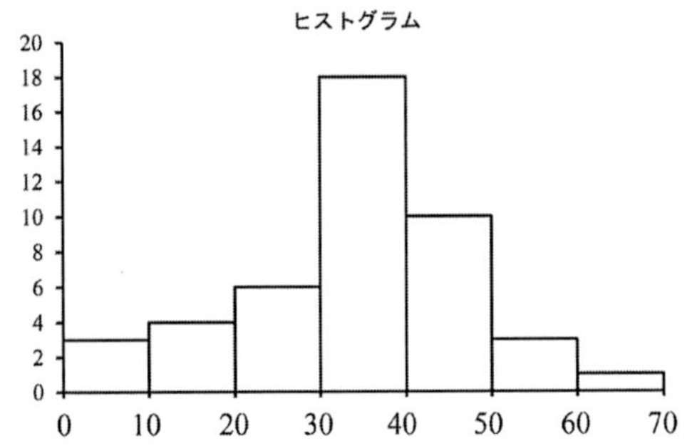


## ② データの代表値

・最大値：データの値の中で最も大きな値
・最小値：データの値の中で最も小さな値
・範囲　：データの最大値と最小値の差
・平均値：データの合計値をデータの数で割った値
・中央値：データを小さい順に並べたときの真ん中の値
・最頻値：データの値の中で最も多く現れる値

## ③ 箱ひげ図

・範囲：データの最大値と最小値の差
・四分位数：データの値を小さい順に並べたとき，4等分した値
・第1四分位数：前半のデータの中央値
・第2四分位数：データ全体の中央値
・第3四分位数：後半のデータの中央値
・四分位範囲：(第3四分位数) − (第1四分位数)
・箱ひげ図：最小値，第1四分位数，中央値，第3四分位数，最大値を1つの図にまとめたもの

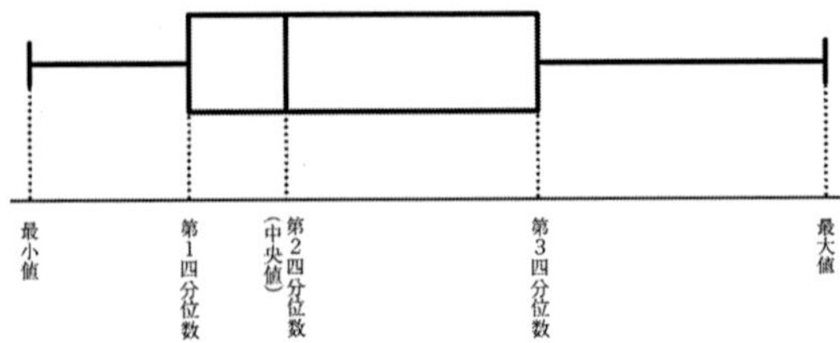

## 例題 1〈データの整理〉

あるクラスで通学時間について調査し，次の相対度数分布表にまとめた。このクラスの通学時間の中央値が含まれる階級と平均の組合せとして正しいものを，下の1～5から1つ選べ。

通学時間

| 時間(分) | 相対度数 |
|---|---|
| 0以上 ～ 10未満 | 0.1 |
| 10 ～ 20 | 0.24 |
| 20 ～ 30 | 0.2 |
| 30 ～ 40 | 0.1 |
| 40 ～ 50 | 0.14 |
| 50 ～ 60 | 0.12 |
| 60 ～ 70 | 0.1 |
| 計 | 1 |

| | 階級 | 平均 |
|---|---|---|
| 1 | 10～20 | 32 |
| 2 | 20～30 | 27 |
| 3 | 20～30 | 32 |
| 4 | 30～40 | 27 |
| 5 | 30～40 | 32 |

**解答** 3

**解説** 中央値は，データを順番に並べた際の真ん中に位置する値である。したがって，中央値が含まれる階級は，累積相対度数が0.5を含む階級となる。10分以上20分未満の階級の累積相対度数は0.1＋0.24＝0.34, 20分以上30分未満の階級の累積相対度数は0.34＋0.2＝0.54だから，中央値が含まれる階級は20分以上30分未満の階級である。また，平均＝(5×0.1＋15×0.24＋25×0.2＋35×0.1＋45×0.14＋55×0.12＋65×0.1)÷1＝32〔分〕

## 例題 2〈データの代表値〉

次の表は，児童A～Eの5人が受けたテストの得点について，60点を基準として，それより高い場合を正の数，低い場合を負の数で表したものである。このとき，下の（1），（2）の問いに答えよ。

| 児童 | A | B | C | D | E |
|---|---|---|---|---|---|
| 基準との差(点) | +8 | −12 | +9 | +3 | −2 |

（1）得点が最も高い児童と最も低い児童との得点差を求めよ。

（2）この児童5人の得点の平均を求めよ。

**解答**　（1）21〔点〕　（2）61.2〔点〕

**解説**　（1）得点が最も高い児童は＋9点のCで，得点が最も低い児童は－12点のBなので，得点が最も高い児童と得点が最も低い児童との得点差は（＋9）－（－12）＝21〔点〕　（2）（得点の平均）＝（基準とした得点）＋{(基準との差）の平均}＝60＋{(＋8)＋(－12)＋(＋9)＋(＋3)＋(－2)}÷5＝60＋(＋6)÷5＝61.2〔点〕

## 例題 3〈データの代表値〉

次の表は，ある野球チームが昨年度行った20試合について，試合ごとの得点をまとめたものである。この資料の中央値，最頻値をそれぞれ求めよ。

| 3, | 9, | 2, | 4, | 1, | 1, | 2, | 2, | 3, | 1, |
|---|---|---|---|---|---|---|---|---|---|
| 2, | 0, | 11, | 5, | 4, | 2, | 3, | 0, | 3, | 6 |

**解答**　中央値：2.5点　　最頻値：2点

**解説**　試合ごとの得点を低い順に並べると，0，0，1，1，1，2，2，2，2，2，3，3，3，3，4，4，5，6，9，11。中央値は資料の値を大きさの順に並べたときの中央の値。試合の数は20試合で偶数だから，得点の低い方から10番目と11番目の平均値$\frac{2+3}{2}=2.5$〔点〕が中央値。最頻値は資料の値の中で最も頻繁に現れる値だから，5試合で最も多く現れる2点が最頻値。

## 例題4〈箱ひげ図〉

Aさんと Bさんは，それぞれが所属する学級の図書の貸し出し数を調べた。このとき，次の（1），（2）の各問いに答えなさい。

（1）Aさんが7日間調べた図書の貸し出し数は次のとおりである。これをもとに作成した箱ひげ図として正しいものを，下の1～5から1つ選べ。

| | 1日目 | 2日目 | 3日目 | 4日目 | 5日目 | 6日目 | 7日目 |
|---|---|---|---|---|---|---|---|
| 貸し出し数（冊） | 19 | 8 | 13 | 16 | 12 | 24 | 20 |

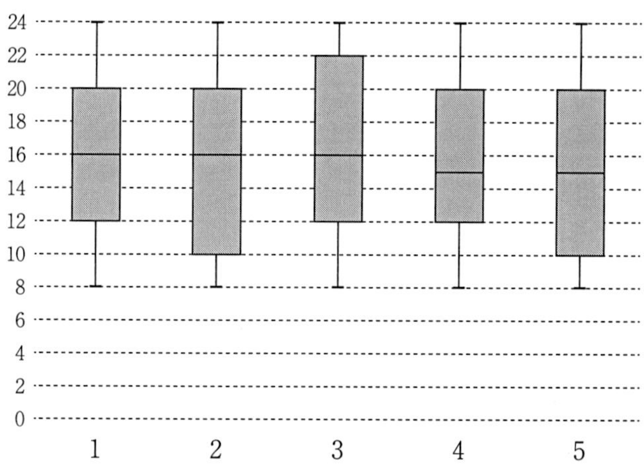


（2）Bさんは図書の貸し出し数を9日間調べて箱ひげ図を作成したところ，Aさんが作成した箱ひげ図と同じ図になった。7日間の図書の貸し出し数が次のとおりであるとき，残り2日間の貸し出し数として正しいものを，あとの1～5から1つ選べ。

| | 1日目 | 2日目 | 3日目 | 4日目 | 5日目 | 6日目 | 7日目 | 8日目 | 9日目 |
|---|---|---|---|---|---|---|---|---|---|
| 貸し出し数（冊） | 15 | 9 | 16 | 24 | 19 | 18 | 8 | | |

1　13，19　　2　14，19　　3　14，20　　4　15，20　　5　15，21

**解答**　(1) 1　　(2) 5

**解説**　(1) 箱ひげ図とは，下の図のように，最小値，第1四分位数，第2四分位数（中央値），第3四分位数，最大値を箱と線（ひげ）を用いて1つの図に表したものである。Aさんが7日間調べた図書の貸し出し数を小さい順に並べると8，12，13，16，19，20，24　これより，最小値は8冊，第1四分位数は小さい方から2番目の12冊，第2四分位数（中央値）は小さい方から4番目の16冊，第3四分位数は小さい方から6番目の20冊，最大値は24冊。これらを表す図を選択する。　(2) Bさんが調べた貸し出し数のうちの7日目までを小さい順に並べると，⑧，9，15，⑯，18，19，㉔で，最小値は8，第2四分位数（中央値）は16，最大値は24である。第1四分位数は，小さい方から2番目と3番目の平均で，12になる数だから，12×2−9＝15　第3四分位数は，小さい方から7番目と8番目の平均で，20になる数。それが18と19とすると平均が20にならないから，7番目が19の場合で8番目の数を求めると，20×2−19＝21

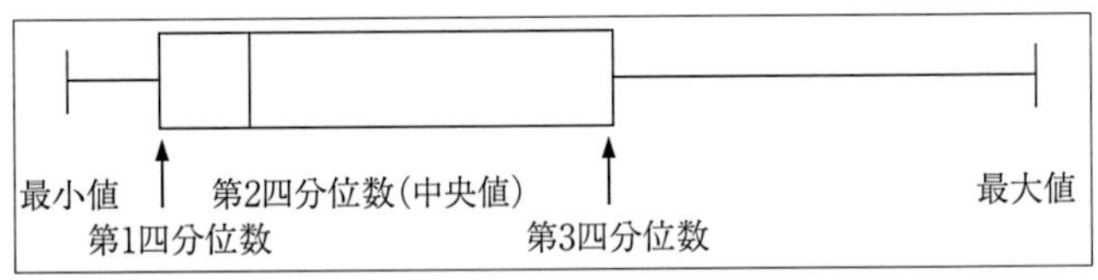

# 算数科 学習指導要領

## ポイント

### 平成29年改訂の要点

1 目標の改善について

(1) 教科の目標

算数科において育成を目指す資質・能力については，中央教育審議会答申（平成28年12月21日）にて「知識・技能」，「思考力・判断力・表現力等」，「学びに向かう力・人間性等」の3つの柱に沿った整理が行われた。これを受け，教科の目標は次のように示された。

数学的な見方・考え方を働かせ，数学的活動を通して，数学的に考える資質・能力を次のとおり育成することを目指す。
(1) 数量や図形などについての基礎的・基本的な概念や性質などを理解するとともに，日常の事象を数理的に処理する技能を身に付けるようにする。
(2) 日常の事象を数理的に捉え見通しをもち筋道を立てて考察する力，基礎的・基本的な数量や図形の性質などを見いだし統合的・発展的に考察する力，数学的な表現を用いて事象を簡潔・明瞭・的確に表したり目的に応じて柔軟に表したりする力を養う。
(3) 数学的活動の楽しさや数学のよさに気付き，学習を振り返ってよりよく問題解決しようとする態度，算数で学んだことを生活や学習に活用しようとする態度を養う。

従前より示し方が変更され，先述の3つの柱に対応して (1) ～ (3) の目標が示された。それぞれ (1) が「知識・技能」，(2) が「思考力・判断力・表現力等」，(3) が「学びに向かう力・人間性等」による。

また，「数学的な見方・考え方」とは，中央教育審議会答申では「事象を数量や図形及びそれらの関係などに着目して捉え，論理的，統合的・発展的に考えること」として示している。

## (2) 各学年の目標

〔第1学年〕

(1) 数の概念とその表し方及び計算の意味を理解し，量，図形及び数量の関係についての理解の基礎となる経験を重ね，数量や図形についての感覚を豊かにするとともに，加法及び減法の計算をしたり，形を構成したり，身の回りにある量の大きさを比べたり，簡単な絵や図などに表したりすることなどについての技能を身に付けるようにする。

(2) ものの数に着目し，具体物や図などを用いて数の数え方や計算の仕方を考える力，ものの形に着目して特徴を捉えたり，具体的な操作を通して形の構成について考えたりする力，身の回りにあるものの特徴を量に着目して捉え，量の大きさの比べ方を考える力，データの個数に着目して身の回りの事象の特徴を捉える力などを養う。

(3) 数量や図形に親しみ，算数で学んだことのよさや楽しさを感じながら学ぶ態度を養う。

〔第2学年〕

(1) 数の概念についての理解を深め，計算の意味と性質，基本的な図形の概念，量の概念，簡単な表とグラフなどについて理解し，数量や図形についての感覚を豊かにするとともに，加法，減法及び乗法の計算をしたり，図形を構成したり，長さやかさなどを測定したり，表やグラフに表したりすることなどについての技能を身に付けるようにする。

(2) 数とその表現や数量の関係に着目し，必要に応じて具体物や図などを用いて数の表し方や計算の仕方などを考察する力，平面図形の特徴を図形を構成する要素に着目して捉えたり，身の回りの事象を図形の性質から考察したりする力，身の回りにあるものの特徴を量に着目して捉え，量の単位を用いて的確に表現する力，身の回りの事象をデータの特徴に着目して捉え，簡潔に表現したり考察したりする力などを養う。

(3) 数量や図形に進んで関わり，数学的に表現・処理したことを振り返り，数理的な処理のよさに気付き生活や学習に活用しようとする態度を養う。

〔第3学年〕

(1) 数の表し方，整数の計算の意味と性質，小数及び分数の意味と表し方，基本的な図形の概念，量の概念，棒グラフなどについて理解し，数量や図形についての感覚を豊かにするとともに，整数などの計算をしたり，図形を構成したり，長さや重さなどを測定したり，表やグラフに表したりすることなどについての技能を身に付けるようにする。

(2) 数とその表現や数量の関係に着目し，必要に応じて具体物や図などを用いて数の表し方や計算の仕方などを考察する力，平面図形の特徴を図形を構成する要素に着目して捉えたり，身の回りの事象を図形の性質から考察したりする力，身の回りにあるものの特徴を量に着目して捉え，量の単位を用いて的確に表現する力，身の回りの事象をデータの特徴に着目して捉え，簡潔に表現したり適切に判断したりする力などを養う。

(3) 数量や図形に進んで関わり，数学的に表現・処理したことを振り返り，数理的な処理のよさに気付き生活や学習に活用しようとする態度を養う。

〔第4学年〕

(1) 小数及び分数の意味と表し方，四則の関係，平面図形と立体図形，面積，角の大きさ，折れ線グラフなどについて理解するとともに，整数，小数及び分数の計算をしたり，図形を構成したり，図形の面積や角の大きさを求めたり，表やグラフに表したりすることなどについての技能を身に付けるようにする。

(2) 数とその表現や数量の関係に着目し，目的に合った表現方法を用いて計算の仕方などを考察する力，図形を構成する要素及びそれらの位置関係に着目し，図形の性質や図形の計量について考察する力，伴って変わる二つの数量やそれらの関係に着目し，変化や対応の特徴を見いだして，二つの数量の関係を表や式を用いて考察する力，目的に応じてデータを収集し，データの特徴や傾向に着目して表やグラフに的確に表現し，それらを用いて問題解決したり，解決の過程や結果を多面的に捉え考察したりする力などを養う。

(3) 数学的に表現・処理したことを振り返り，多面的に捉え検討してよりよいものを求めて粘り強く考える態度，数学のよさに気付き学習したことを生活や学習に活用しようとする態度を養う。

〔第5学年〕

(1) 整数の性質，分数の意味，小数と分数の計算の意味，面積の公式，図形の意味と性質，図形の体積，速さ，割合，帯グラフなどについて理解するとともに，小数や分数の計算をしたり，図形の性質を調べたり，図形の面積や体積を求めたり，表やグラフに表したりすることなどについての技能を身に付けるようにする。

(2) 数とその表現や計算の意味に着目し，目的に合った表現方法を用いて数の性質や計算の仕方などを考察する力，図形を構成する要素や図形間の関係などに着目し，図形の性質や図形の計量について考察する力，伴って変わる二つの数量やそれらの関係に着目し，変化や対応の特徴を見いだして，二つの数量の関係を表や式を用いて考察する力，目的に応じてデータを収集し，データの特徴や傾向に着目して表やグラフに的確に表現し，それらを用いて問題解決したり，解決の過程や結果を多面的に捉え考察したりする力などを養う。

(3) 数学的に表現・処理したことを振り返り，多面的に捉え検討してよりよいものを求めて粘り強く考える態度，数学のよさに気付き学習したことを生活や学習に活用しようとする態度を養う。

〔第6学年〕

(1) 分数の計算の意味，文字を用いた式，図形の意味，図形の体積，比例，度数分布を表す表などについて理解するとともに，分数の計算をしたり，図形を構成したり，図形の面積や体積を求めたり，表やグラフに表したりすることなどについての技能を身に付けるようにする。

(2) 数とその表現や計算の意味に着目し，発展的に考察して問題を見いだすとともに，目的に応じて多様な表現方法を用いながら数の表し方や計算の仕方などを考察する力，図形を構成する要素や図形間の関係などに着目し，図形の性質や図形の計量について考察する力，伴って変わる二つの数量やそれらの関係に着目し，変化や対応の特徴を見いだして，二つの数量の関係を表や式，グラフを用いて考察する力，身の回りの事象から設定した問題について，目的に応じてデータを収集し，データの特徴や傾向に着目して適切な手法を選択して分析を行い，それらを用いて問題解決したり，解決の過程や結果を批判的に考察したりする力などを養う。

(3) 数学的に表現・処理したことを振り返り，多面的に捉え検討してよりよいものを求めて粘り強く考える態度，数学のよさに気付き学習したことを生活や学習に活用しようとする態度を養う。

各学年の(1)は答申で示された「知識・技能」の内容を，各学年の(2)は「思考力・判断力・表現力等」の，(3)は「学びに向かう力・人間性等」の内容を反映している。

### 2 内容の改善について

内容について，従前のものは「A　数と計算」「B　量と測定」「C　図形」「D　数量関係」の4領域及び〔算数的活動〕〔用語・記号〕で構成されていた。現行の学習指導要領では，「A　数と計算」「B　図形」「C　測定（第4学年以降は「変化と関係」）」「D　データの活用」の4領域及び〔数学的活動〕〔用語・記号〕に再編されている。A～Dの各領域ごとに，〔知識及び技能〕〔思考力・判断力・表現力等〕に関する事項がそれぞれ示されている。

## 例題 1〈学習指導要領〉

次の文は，小学校学習指導要領（平成29年3月告示）「算数」の目標である。これを読んで，下の各問いに答えよ。

> (2) 日常の事象を（　ア　）に捉え見通しをもち筋道を立てて考察する力，基礎的・基本的な数量や図形の性質などを見いだし（　イ　）・発展的に考察する力，数学的な表現を用いて事象を簡潔・明瞭・的確に表したり目的に応じて柔軟に表したりする力を養う。
> (3) 数学的活動の楽しさや数学のよさに気付き，学習を振り返ってよりよく（　ウ　）しようとする態度，算数で学んだことを（　エ　）や学習に活用しようとする態度を養う。

(1) （　ア　）・（　イ　）に該当する語句の組合せはどれか。次の①～⑤から1つ選べ。

①　ア　数理的　　イ　総合的
②　ア　数学的　　イ　統合的
③　ア　数学的　　イ　統一的
④　ア　数理的　　イ　統合的
⑤　ア　科学的　　イ　総合的

(2) （　ウ　）・（　エ　）に該当する語句の組合せはどれか。次の①～⑤から1つ選べ。

①　ウ　処理　　　エ　生活
②　ウ　問題解決　エ　日常
③　ウ　理解　　　エ　生活
④　ウ　処理　　　エ　日常
⑤　ウ　問題解決　エ　生活

**解答**　(1) ④　　(2) ⑤

**解説**　(1) 中央教育審議会答申では，数学的に問題解決する過程として二つのサイクルを示している。一つ目が「日常生活や社会の事象を数理的に捉え，数学的に表現・処理し，問題を解決し，解決過程を振り返り得られた結果の意味を考察する」というもの，もう一つが「数学の事象について統合的・発展的に捉えて新たな問題を設定し，数学的に処理し，問題を解決し，解決過程を振り返って概念を形成したり体系化したりする」というものである。これら二つのサイクルが相互に関わり合い，学習が展開することに留意する。 (2) 算数科の内容は，児童にとって時に抽象的で分かりにくいということもある。そのため，児童の発達段階に応じて具体物を用いた活動を行うなどして，日常における数学の有用性について認識できるよう配慮する。

## 例題 2〈学習指導要領〉

次の文は，小学校学習指導要領（平成29年3月告示）「算数」の「第3 指導計画の作成と内容の取扱い」の一部である。（ ア ），（ イ ）の中に入る語句の組合せとして適当なものを，下の①～⑤から1つ選べ。

> 第1章総則の第3の1の (3) のイに掲げるプログラミングを体験しながら（ ア ）を身に付けるための活動を行う場合には，児童の負担に配慮しつつ，例えば第2の各学年の内容の〔第5学年〕の「B図形」の (1) における（ イ ）の作図を行う学習に関連して，正確な繰り返し作業を行う必要があり，更に一部を変えることでいろいろな（ イ ）を同様に考えることができる場面などで取り扱うこと。

① ア 問題解決能力 イ 正多角形
② ア 論理的思考力 イ 四角形
③ ア 問題解決能力 イ 円
④ ア 論理的思考力 イ 正多角形
⑤ ア 問題解決能力 イ 四角形

**解答** ④

**解説** 現行の学習指導要領からプログラミング教育を実施することとなった。「プログラミング的思考」とは「小学校段階におけるプログラミング教育の在り方について（議論の取りまとめ）」（文部科学省内設置「小学校段階における論理的思考力や創造性，問題解決能力等の育成とプログラミング教育に関する有識者会議」，平成28年6月）によると「自分が意図する一連の活動を実現するために，どのような動きの組合せが必要であり，一つ一つの動きに対応した記号を，どのように組み合わせたらいいのか，記号の組合せをどのように改善していけば，より意図した活動に近づくのか，といったことを論理的に考えていく力」と考えられる。このような能力と，算数科で身に付ける論理的な思考とを関連付けるなどの活動を取り入れることが有効である。

## 例題 3〈学習指導要領〉

次の文は，小学校学習指導要領（平成29年3月）「算数」第6学年の「内容」からの抜粋である。誤っているものはどれか。①～⑤から1つ選べ。

① 乗数や除数が整数や分数である場合も含めて，分数の乗法及び除法の意味について理解すること。

② 円グラフや帯グラフの特徴とそれらの用い方を理解すること。

③ 身の回りにある形について，その概形を捉え，およその面積などを求めること。

④ 数量を表す言葉や□，△などの代わりに，$a$，$x$などの文字を用いて式に表したり，文字に数を当てはめて調べたりすること。

⑤ 目的に応じてデータを収集したり適切な手法を選択したりするなど，統計的な問題解決の方法を知ること。

**解答** ②

**解説** ②は第5学年の内容である。円グラフや帯グラフについては第5学年で扱う。第6学年では，代表値の意味や求め方，度数分布を表す表やグラフの特徴などについて扱う。

## 例題 4〈学習指導要領〉

小学校の学習指導要領「算数」(平成29年3月告示) について，次の各空欄に適する数字を答えよ。

(1) 各学年の内容で，そろばんによる数の表し方については，第( ① )学年で取り扱う。

(2) 各学年の内容で，四捨五入については，第( ② )学年で取り扱う。

(3) 各学年の内容で，立方体及び直方体の体積の求め方については，第( ③ )学年で取り扱う。

**解答** (1) ① 3　(2) ② 4　(3) ③ 5

**解説** (1) そろばんを用いた数学的活動は第3学年及び第4学年で指導する。第3学年ではそろばんの数の表し方や仕組み，簡単な計算の仕方について指導する。 (2) 第4学年の内容における，概数に関わる数学的活動を通して指導する事項の1つである。

(3) 立方体及び直方体の体積の計算による求め方については第5学年で，基本的な角柱及び円柱の体積の計算による求め方については第6学年で指導する。

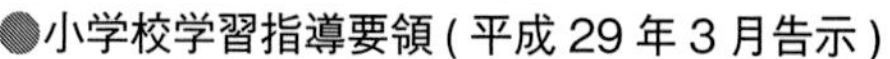

●小学校学習指導要領 (平成 29 年 3 月告示)

# 算数科 学習指導法

## ポイント

指導法に関する問題で第一に押さえておきたいことは，学習指導要領に示されている算数科の目標である。現行の学習指導要領では「知識・技能」,「思考力・判断力・表現力等」,「学びに向かう力・人間性等」の3つの柱に則して目標が示されているが，解答するべき指導法がどの目標に関連するかについては常に意識し，逸脱することのないようにしたい。

また，教科の目標に「日常の事象を数理的に捉え見通しをもち筋道を立てて考察する力」や「算数で学んだことを生活や学習に活用しようとする態度」を養うとあるように，算数が児童の身の回りの事象と密接に結びついていることを指導を通して伝えることも肝要である。算数科の内容は，児童にとって時に抽象的で分かりにくいということもあるため，具体物を用いた指導法については日頃より意識し，例を収集しておくとよい。各学年の内容それぞれについて，最低一つは具体的な指導法が述べられると心強い。

算数科における問題解決は，結果が同じでも思考の手続きが異なるものが多く，そうした局面では独特の算数用語が用いられていることに留意したい。例えば，くりさがりのある引き算における「減加法」「減減法」，わり算における「包含除」「等分除」などがある。そうした算数用語とその意味についてもう一度チェックし，採用試験に臨んでほしい。

### 例題 1〈学習指導法〉

三角形の面積の計算による求め方を指導する時の導入として考えられる学習活動について具体的に述べよ。

**解答** ・正方形（長方形）に対角線を引かせ，正方形（長方形）は直角三角形2つでできていることに気付かせる。　・方眼紙や定規を使って三角形を作らせ，マス目を数えて面積を算出させる。

**解説** 三角形の面積は第5学年で学ぶ項目であるが，第4学年では正方形・長方形の面積について学習していることを前提に考える。発達段階ごとの学習内容を必ず把握し，導入では既習の事項を用いて関連する学習活動を設定する。

## 例題 2〈学習指導法〉

第3学年の「除法」に関わる数学的活動について，除法が用いられる具体的な場合として，等分除と包含除の2つを指導します。計算式が「15÷3」となる等分除と包含除の問題を，それぞれ1つずつ作り，文章で書け。

**解答** 等分除の問題…りんごが15個あります。3人で同じ数ずつ分けると1人何個になるでしょう。　包含除の問題…りんごが15個あります。3個ずつ袋に入れたら袋はいくつになるでしょう。

**解説** 全体をいくつかに同じように分ける場合を等分除といい，全体をいくつかずつに同じように分けるのを包含除という。これらのわり算は具体的な場面に則してその違いをわからせるように指導することが大切である。

## 例題 3〈学習指導法〉

第3学年の児童に，かける数またはかけられる数が0の場合の乗法の意味と計算の仕方を指導したい。そこで，あとの図のような的におはじきを入れて得点を競うゲームをした。

このとき，次のように答えた児童がいた。

Aさん：「<u>3点のところは，入った数が0こだから</u>，3×0と表すことができます。」

Bくん：「（　ア　）のところは，入った数が（　イ　）だから，0×3と表すことができます。」

次の(1)～(3)の問いに答えよ。

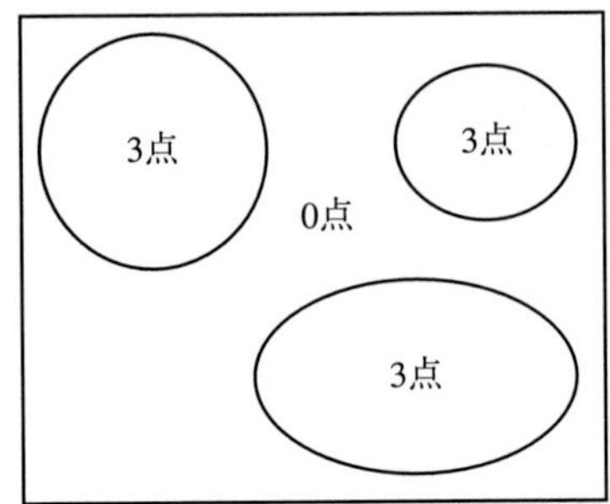


(1) 下線部のようなAさんの答え方を参考にして，( ア )，( イ )に当てはまる適切な言葉を書け。

(2) 0×3が0になることを，既習事項を用いてどのように説明すればよいか，書け。

(3) 3×0が0になることを，既習事項を用いてどのように説明すればよいか，書け。

**解答** (1) ア 0点 イ 3こ (2) 乗法の意味に戻って0+0+0=0 (3) 乗法の決まりを使って 3×3=9 3×2=6 3×1=3‥と並べると積が3ずつ減っていることから3×0=0

**解説** (1) Aさんの答え方は，(点数)×(入った数)と表しているので，

0←(点数) ×3←(入った数)

(2) 乗法の意味にもどって考える。

A+A+A=A×3

0×3=0+0+0

(3) 乗法の意味から考える。

A×3=A+A+A ←Aを3回たす

A×2=A+A ←Aを2回たす

A×1=A ←Aを1回たす

A×0=0 ←Aを0回たす

## 例題 4〈学習指導法〉

身の回りから，伴って変わる2つの数量を見つけ，数量の関係を表や折れ線グラフを用いて表し，調べる活動を通して，そのよさや有用性を実感させる指導について，具体的に述べよ。

**解答** （例）水道を利用し，直方体の水槽に水を入れていく例でかかった時間（分）と水槽に入った水の量（水の高さ）の関係を観察し，折れ線でグラフに書いてみる。

〔実演の例〕

(1) 最初の2分間，同じ強さ（1分で水の高さが3cm増える）で水道の水を入れていく。

(2) 2分後，少し勢いを増やして（1分で6cm増える）水を入れていく。

(3) 最初から5分後，水を1分間止める。

(4) その後，なくなるまで一定の強さ（1分で水の高さが2cm減る）で排水していく。

その上で，子どもたちに①～④の問いかけをする。

① 1分ごとに水の高さを調べ，表をつくり，横軸に時間（分），縦軸に水量（水の高さ）をとり，棒グラフと折れ線グラフに書いてみる。そして，2つのグラフを比較する。

② 折れ線グラフを見て，気付いたことなどを発表させる。（折れ線の傾き，最高点がどこかなどを考えてみる）

③ 教師が見せた後，子どもたちにも入水，排水をさせてみる。初めの実演と同じ方法や，別の方法なども試してどう変わるかを考えてみる。

④ 水槽の底面積を調べ，水槽に入った水量を計算することもできることなども考えてみる。

**解説** 身の回りから伴って変わる2つの数量の例を見つけ，その関係を表，折れ線グラフで書くことで，折れ線グラフのよさを見つけさせることが条件となるが，4年生に合う教材であることに注意したい。そして，できるだけ子どもたち自身が活動し，発表や意見交換ができるようにしたい。そのため，グループ学習を取り入れることも有効であろう。具体的な目に見える事象と，グラフとの関係を認識できるような教材が必要であり，別の具体例について，子どもたちが考える時間を設けてもよい。

●小学校学習指導要領(平成29年告示)解説「算数編」(平成29年7月)

# 第 4 章

# 理科

# 理科 物理【光，力のはたらき】

## ポイント

### 1 凸レンズによってできる像

(1) 物体を焦点距離の2倍より遠い位置に置く

⇒ **実物より小さい倒立の実像**

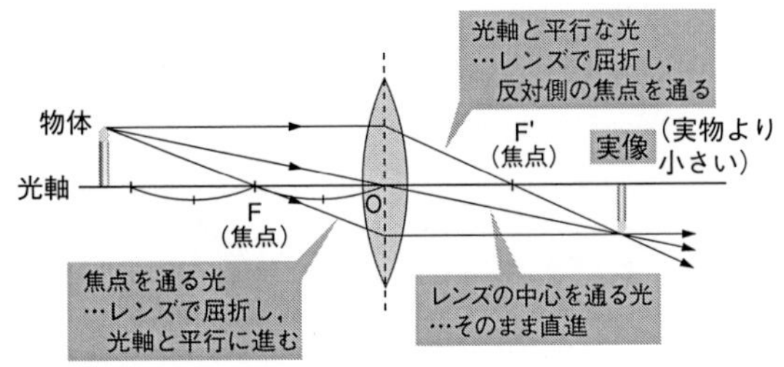


(2) 物体を焦点距離の2倍の位置に置く

⇒ **実物と同じ大きさの倒立の実像**

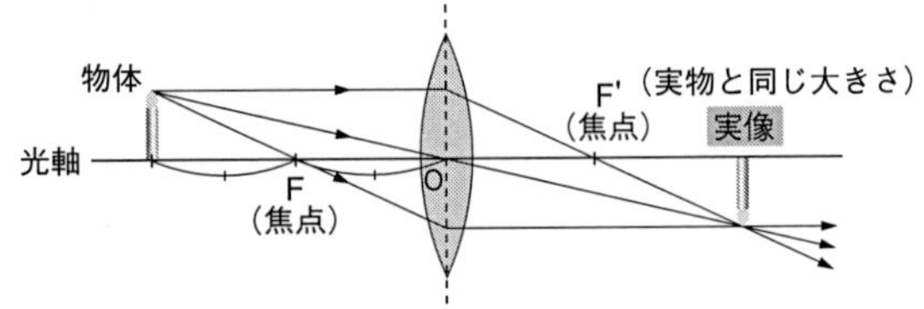


(3) 物体を焦点距離の2倍と焦点の間に置く

⇒ **実物より大きい倒立の実像**

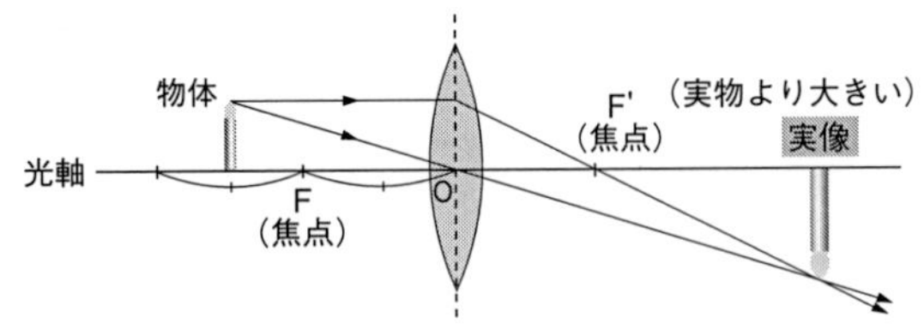


(4) 物体を焦点の内側に置く

⇒ レンズを通して見ると，**実物より大きい正立の虚像**

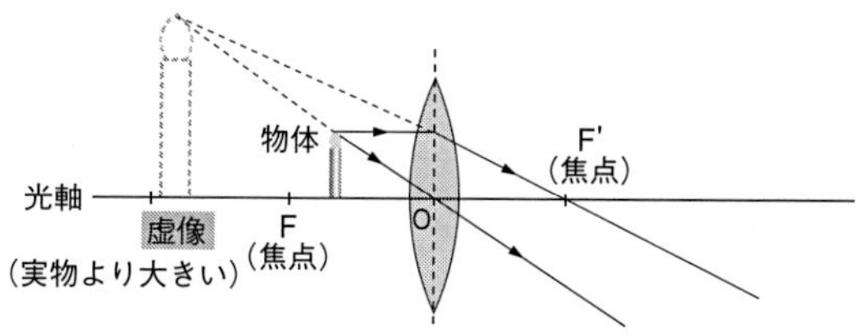


## 2 力のつり合い

(1) いろいろな力

① **重力**

質量$m$〔kg〕の物体にはたらく重力の大きさは，$mg$〔N〕($g$=9.8m/s$^2$で重力加速度）と表す。質量1kgの物体にはたらく重力は，9.8N。

② **抗力**

面が物体に及ぼす力。特に，接触している面が物体に垂直に及ぼす力を**垂直抗力**という。

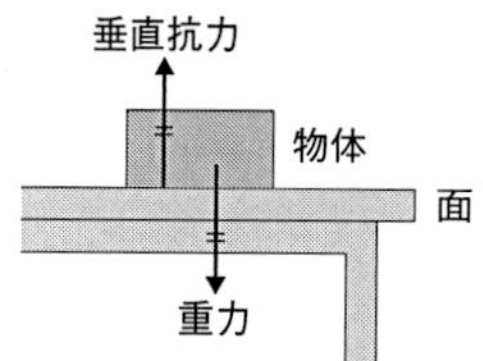


③ **張力**

ピンと張った糸やひもが物体を引く力。

おもりに糸を付けてつるすと，おもりは糸から上向きの力を受け，この力と重力がつり合って静止する。

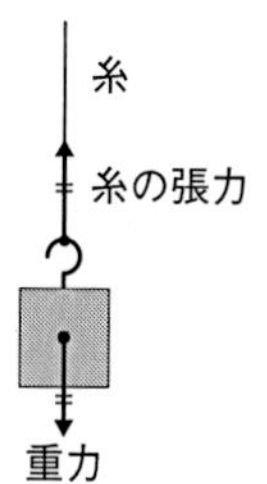

(2) 力の分解

なめらかな斜面上に置いた物体にはたらく重力は，次の2力に分解される。

・斜面に平行な方向の分力

**⇒滑り降りるはたらきをする力**

・斜面に垂直な方向の分力⇒**斜面を押す力**

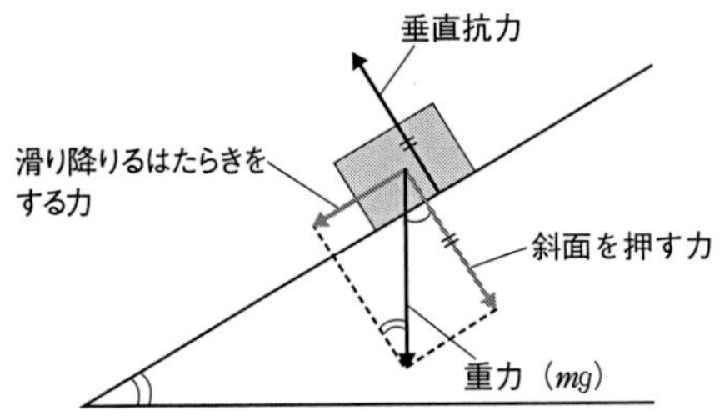


## 3 てこ

(1) てこの利用

てこを利用した道具は，**支点**，**力点**，**作用点**の位置によって，次の3種類に分類される。

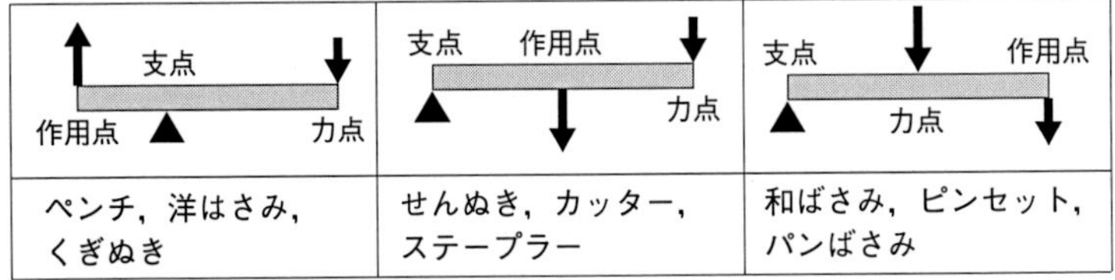

| 作用点　支点　力点 | 支点　作用点　力点 | 支点　力点　作用点 |
|---|---|---|
| ペンチ，洋はさみ，くぎぬき | せんぬき，カッター，ステープラー | 和ばさみ，ピンセット，パンばさみ |

(2) てこのつり合いの条件

てこが水平につり合っているとき，

「右あるいは左にかたむける力（おもりの質量）」×「支点からの距離」

が支点を中心に等しくなっている。

## 4 ばねの伸び

(1) ばねの伸び

ばねに$F$〔N〕の力を加えて$x$〔m〕伸びたとき，

$F=kx$（$k$〔N/m〕は，ばね定数）

(2) ばねのつなぎ方と伸びの関係

・並列…ばね1本ののびは，**ばねの本数に反比例**

・直列…ばね全体ののびは，**ばねの本数に比例**

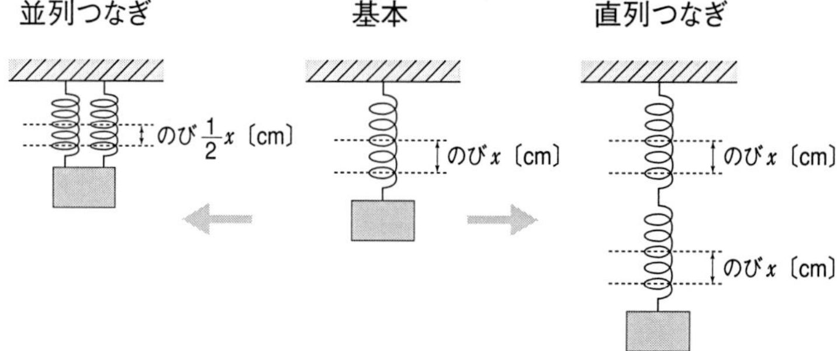


## 5 圧力と浮力

(1) **圧力**…単位面積あたりの面を垂直に押す力

$$圧力〔Pa〕=\frac{力の大きさ〔N〕}{力がはたらく面積〔m^2〕}$$

(2) **密度**…単位体積あたりの質量

$$密度〔g/cm^3〕=\frac{質量〔g〕}{体積〔cm^3〕}$$

(3) **水圧**

水圧を求めるには，その深さにある水平な面に対して，真上にある分の水柱の重さがかかると考えればよい。

水の密度を1g/cm$^3$（=1000kg/m$^3$）とすると，水深1mあたり水圧は1000×1×9.8=9800〔Pa〕大きくなる。

### (4) 浮力

① アルキメデスの原理

浮力は物体が押しのけた液体の重さに等しい。

**浮力〔N〕**
**＝液体の密度〔kg/m³〕×押しのけた体積〔m³〕×重力加速度〔m/s²〕**

② 物体が浮いているときの力のつり合い

物体にはたらく浮力と重力がつり合っているとき，物体は浮く。

## 例題 1〈凸レンズによってできる像〉

凸レンズを使い，物体の像をスクリーンに映した。

(1) 次の図のスクリーンに，はっきりした像が映っているときの，凸レンズの焦点Fの位置を作図で求めよ。ただし，作図のために用いた線は残し，位置関係がはっきりわかるように示せ。

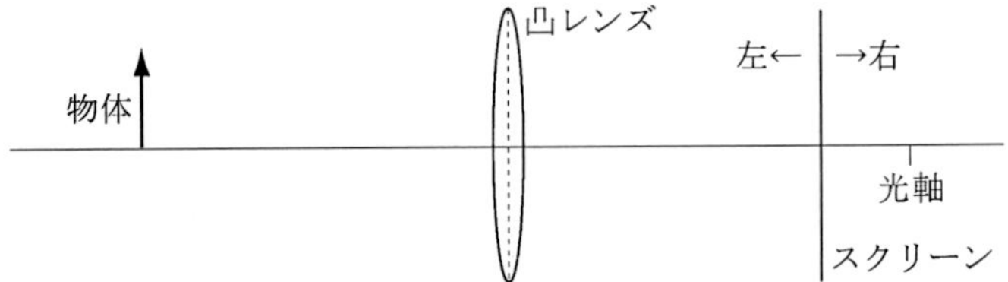


(2) (1) で，物体を凸レンズに少し近づけ，像がはっきりと映るようにスクリーンを移動させた。①スクリーンを移動させた向き，②できた像の大きさの変化は，それぞれどうなるか。

(3) 物体をさらに凸レンズに近づけたところ，スクリーンには像が映らず，スクリーン側からレンズをのぞくとはっきりした像が見えた。この像を何というか。

**解答** (1)

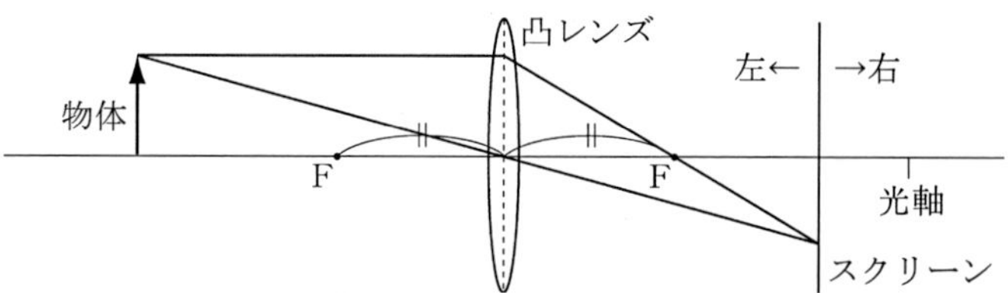


(2) ① 右　② 大きくなった　(3) 正立の虚像

**解説** (1) スクリーンに像が映っているので，物体の先端から凸レンズの中心を通る直線をスクリーンまで引けば，像の先端の位置を求めることができる。 (2) 物体を凸レンズに近づけると，像は凸レンズから遠ざかり，できる像は大きくなる。 (3) 物体より大きな正立の虚像ができる。

## 例題 2〈力のつり合い〉

机の上に質量500gの物体が置いてある。次の図は，このとき机や物体にはたらく力を矢印で表したものである。ただし，質量100gの物体にはたらく重力を1Nとする。

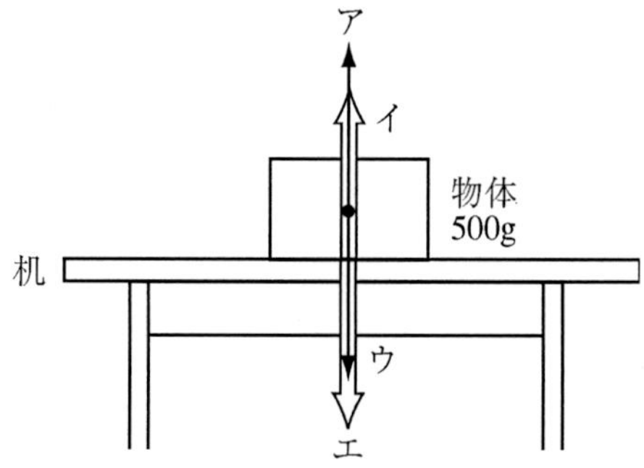


(1) 物体にはたらく重力を表している矢印はア～エのどれか。

(2) (1) の重力の大きさはいくらか。

(3) (1) の重力とつり合う力を表している矢印はア～エのどれか。

(4) (3) の力を何というか。

**解答** (1) ウ　(2) 5N　(3) イ　(4) (垂直) 抗力

**解説** (1) 物体にはたらく重力は，物体全体にはたらいているが，力を矢印で表す場合は，はたらく点を1つとして物体の中心（重心）から鉛直下向きの矢印で表す。 (2) 質量100gの物体にはたらく重力が1N（ニュートン）であるから，質量500gの物体にはたらく重力は，1×500÷100＝5〔N〕である。 (3) つり合う力であるから，物体にはたらく力である。つまり，机が物体を支える力で，イで表される。 (4) 机の面に物体を置くと，重力と等しい大きさの面に垂直な力が机から物体にはたらく。この力を垂直抗力という。

## 例題 3〈てこ〉

次の図のようなモビールを作った。おもりA，Bの質量はそれぞれ何gか。ただし，棒はどちらも長さが30cmであり，棒と糸の質量は考えないものとする。

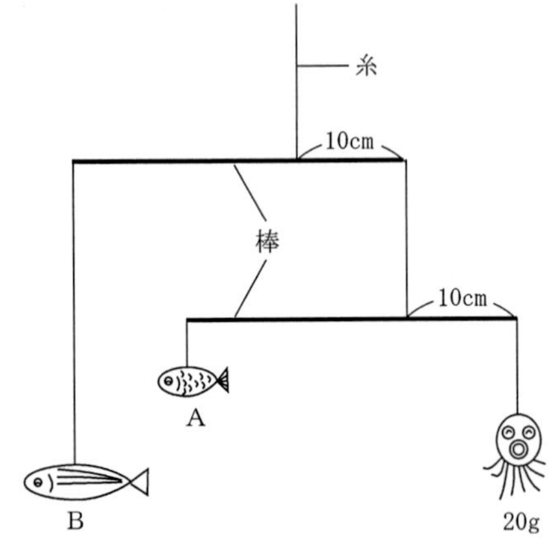


**解答** A…10g　B…15g

**解説** てこのつり合いは，支点の左右で（おもりの重さ(質量)）×(支点からの距離）が等しいときにつり合う。まず，下の棒について考える。てこのつり合いから，A×(30－10)＝20×10の式が成り立つ。したがって，Aのおもりの質量は，200÷20＝10〔g〕である。次に，上の棒について考える。上の棒の右端には，下の棒につるしてあるおもりの重さの合計の重さが加わる。したがって，B×(30－10)＝(20＋10)×10の式が成り立つ。よって，Bのおもりの質量は，300÷20＝15〔g〕である。

## 例題 4〈ばね〉

質量200gのおもりを垂直につるすと4cm伸びるばねがある。このばねを2本使ってA，Bのようにつないだ。A，Bそれぞれの下端の糸に，質量100gのおもりをつるすと，A，Bそれぞれのばねの伸びの合計は何cmになるか。ただし，ばねや糸，棒の重さは考えないものとする。

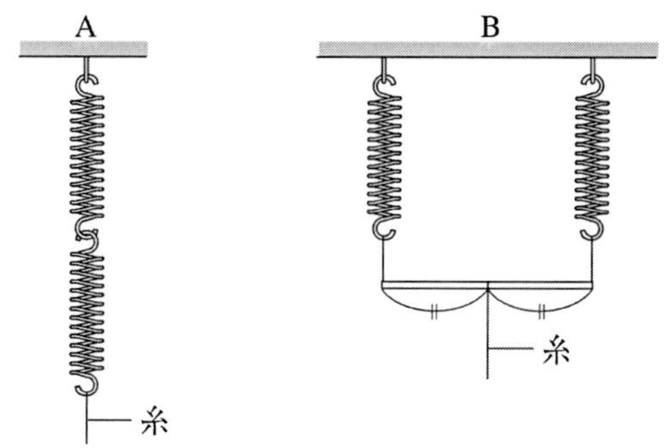


**解答**　A…4cm　　B…2cm

**解説**　ばねの伸びは，弾性限界内であれば，おもりの重さに比例して伸びる。　A…ばねを直列につなぎ，その下端の糸におもりをつるした場合，それぞれのばねにつるしたおもりの重さが加わる。したがって，2本のばねの伸びの合計は，2＋2＝4〔cm〕である。　B…ばねを並列につないだ場合は，てこのつり合いで考える。1本のばねには，つるしたおもりの重さの半分の重さが加わるから，2本のばねの伸びの合計は，1＋1＝2〔cm〕である。

## 例題 5〈圧力と浮力〉

ビーカーに水を入れ，台はかりでその重さをはかったところ400gを示した。この中にある物体Aを入れたところ，物体Aは水に浮き，台はかりは500gを示した。ただし，質量100gの物体にはたらく重力を1Nとする。

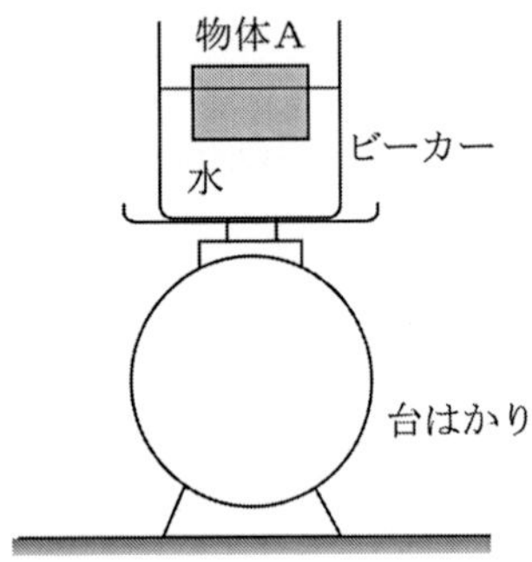


(1) 物体Aの質量は何gか。

(2) 物体Aが受けている浮力は何Nか。

**解答** (1) 100g　(2) 1N

**解説** 物体を水の中に入れると，物体は水から上向きの力を受ける。この上向きの力を浮力といい，物体が押しのけた水の重さに等しい。 (1) 物体Aがビーカーの水に浮いているとき，台はかりが示す値は，水の入ったビーカーの重さと物体Aの重さの合計になる。したがって，500－400＝100〔g〕が物体Aの質量である。(2) 浮力の大きさは物体Aの重さに等しいから1Nとなる。

# 理科　物理【運動とエネルギー】

## ポイント

### 1　直線運動

(1) 速さと速度

① 速さ…物体が単位時間（1秒間）あたりに移動する距離

$$速さ v=\frac{距離 x}{時間 t}$$

② 平均の速さ…単位時間あたりの平均移動距離

$$平均の速さ=\frac{移動距離}{要した時間}$$

③ 速度の向き…正負（＋と－）の符号を使って表す。

(2) 等速直線運動

一定の速度で一直線上を進む運動。**移動距離**は，直線と時間軸で囲まれる**面積**で表される。

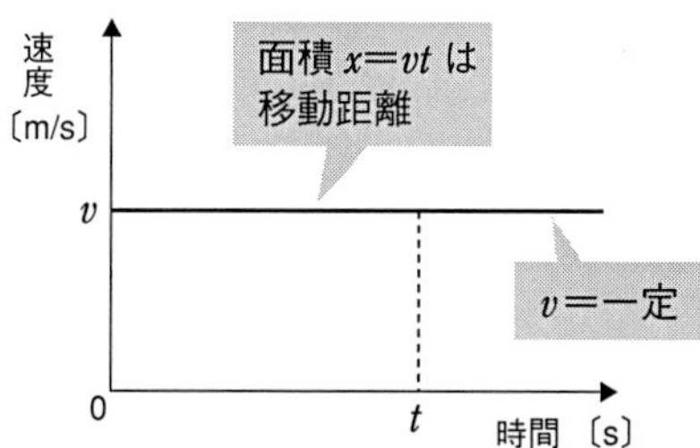


(3) 加速度

単位時間あたりの速度の変化の割合。

直線上を走っている物体の速度が，時刻$t_1$〔s〕において$v_1$〔m/s〕，時刻$t_2$〔s〕において$v_2$〔m/s〕であるとき，加速度$a$〔m/s$^2$〕は，

$$a=\frac{v_2-v_1}{t_2-t_1}$$

(4) 等加速度直線運動

一定の加速度で一直線上を進む運動。初速度 $v_0$〔m/s〕，時刻$t$〔s〕における速度$v$〔m/s〕，加速度$a$〔m/s$^2$〕，変位$x$〔m〕には，次の関係がある。

$$v=v_0+at$$

$$x=v_0t+\frac{1}{2}at^2$$

$$v^2-v_0^2=2ax$$

**[2] 自由落下運動**

初速度$v_0=0$, 加速度$a=g$(9.8m/s$^2$＝重力加速度)の等加速度直線運動。

物体が落下し始めてから$t$〔s〕後の速度を$v$〔m/s〕，落下した距離を$y$〔m〕とすると，

$$v=gt$$

$$y=\frac{1}{2}gt^2$$

$$v^2=2gy$$

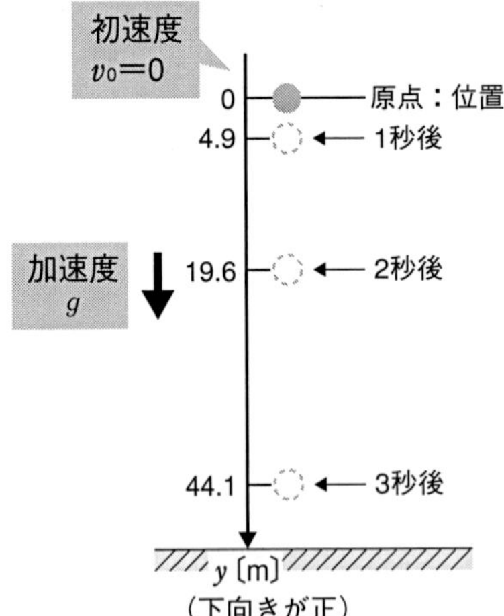

## 3 力学的エネルギー

(1) エネルギー

**① 運動エネルギー**

質量$m$〔kg〕の物体が速さ$v$〔m/s〕で運動しているとき，運動エネルギー$K$〔J〕は，

$$K=\frac{1}{2}mv^2$$

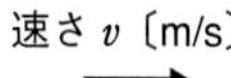

質量 $m$〔kg〕の物体

**② 重力による位置エネルギー**

質量$m$〔kg〕の物体が基準水平面から$h$〔m〕の高さにあるとき，位置エネルギー$U$〔J〕は，

$$U=mgh$$

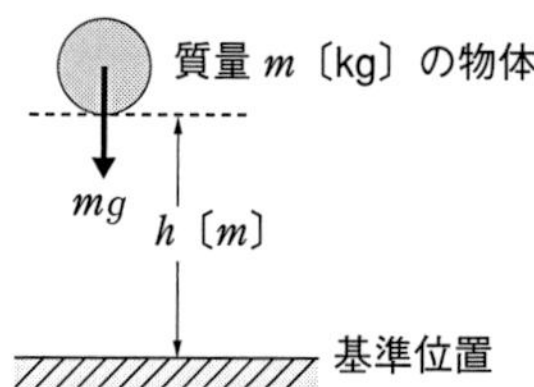


(2) **力学的エネルギー保存の法則**

物体に保存力（重力や弾性力）のみが作用する場合，

**力学的エネルギー＝運動エネルギー＋位置エネルギー＝一定**

例 物体がある高さから落ちるにつれて，物体のもつ位置エネルギーが減少していき，その分，運動エネルギーが増加していく。

(3) 振り子

**振り子の周期**は**振り子の長さ**で決まり，おもりの質量，振幅を変えても周期は変化しない。

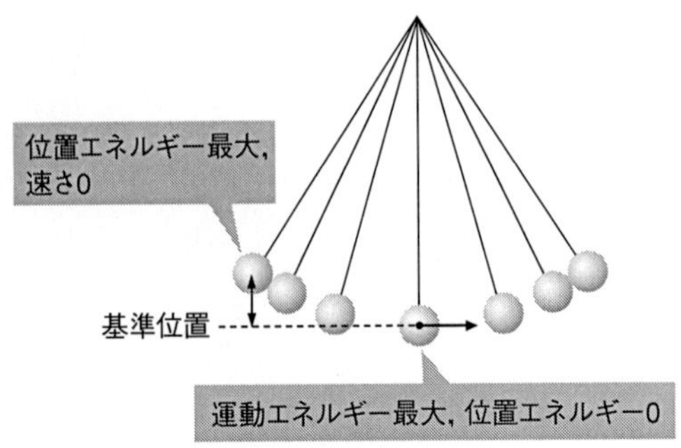


## 4 熱と温度

(1) 熱量

物体の温度が上がった（下がった）ときに，物体が得た（失った）エネルギーの量。

(2) **絶体温度**

セ氏温度$t$〔℃〕と絶体温度$T$〔K〕には次の関係がある。

$$T=t+273$$

(3) **比熱**

物質1gの温度を1K上げるのに必要な熱量。

例　水の比熱：4.2〔J/g・K〕=1〔cal/g・℃〕，鉄の比熱：0.4〔J/g・K〕

熱量$Q$〔J〕＝比熱〔J/g·K〕×物質の質量〔g〕×温度変化〔K〕

## 例題 1〈直線運動〉

次の図は，電車A（各駅停車）と電車B（急行）の運行を模式的に示したものである。ただし，電車は直線上を運行するものとする。

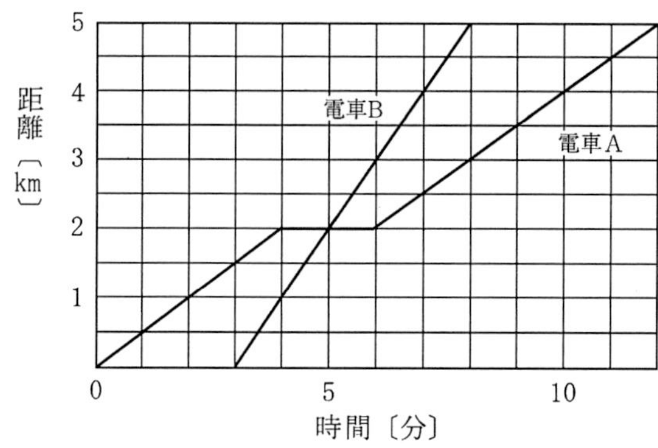


(1) 電車Aが途中の駅で停車していたのは何分間か。

(2) 電車Aの平均の時速はいくらか。

(3) 電車Bの平均の時速はいくらか。

**解答**　(1) 2分間　(2) 25km/h　(3) 60km/h

**解説**　(1) 移動距離の変化していない4分から6分の2分間である。
(2) 停車している時間も含む。したがって，5kmを12分で移動する速さである。　(3) 3分から8分の5分間に5km進んでいる。

## 例題 2〈落下運動〉

ある高さから，小球Aを静かにはなして落下させたところ，小球Aは2秒後に地面に達した。ただし，小球Aの加速度の大きさは$9.8 m/s^2$とし，空気の抵抗などは考えないものとする。

(1) 小球Aが落下した距離は何mか。

(2) はなしてから1秒後の小球Aの速さはいくらか。

(3) 同じ場所で，小球Aと，小球Aの2倍の質量の小球Bを同時にはなした。小球Aが地面に達したとき，小球Bはどうなっているか。次から選び，記号で答えよ。

ア．小球Aより先に地面に達している。

イ．小球Aが地面に達したとき，落下距離の$\frac{1}{4}$だけ進んでいる。

ウ．小球Aが地面に達したとき，落下距離の$\frac{1}{2}$だけ進んでいる。

エ．小球Aと小球Bは地面に同時に達する。

**解答** (1) 19.6m　(2) 9.8m/s　(3) エ

**解説** 自由落下運動は等加速度直線運動である。

(1) $y=\frac{1}{2}gt^2$より，$y=19.6$〔m〕

(2) $v=gt$より，$v=9.8$〔m/s〕

(3) 落下の加速度は質量によらず一定である。したがって，小球Aと小球Bは同時に地面に達する。

## 例題 3〈鉛直投げ上げ投射〉

真上に向けて，44.1m/sの速さでボールを投げた。重力加速度は9.8m/s$^2$とする。

(1) 何秒後に最高点に達し，その高さは何mになるか。

(2) 投げ上げたボールは何秒後にもとの位置に落下するか。

**解答** (1) 時間…4.5秒後，高さ…99m　(2) 9.0秒後

**解説** (1) 鉛直投げ上げ投射は，加速度が$-g$の等加速度直線運動である。$0=v_0-gt$より，$t=4.5$〔s〕となり，$y=v_0t-\frac{1}{2}gt^2$において，$t=4.5$〔s〕とすると，$y\fallingdotseq 99$〔m〕となる。　(2) 最高点に達するまでの時間と，最高点からもとにもどるまでの時間は等しい。

## 例題 4〈力学的エネルギー〉

ジェットコースターが最下点（基準面）に達したときの時速が72km/hになるようにするには，最下点から高さ約何mのところからスタートさせればよいか。ただし，重力加速度を9.8m/s$^2$とし，摩擦はないものとする。

**解答** 20m

**解説** 力学的エネルギー保存の法則が成り立つものとして考えると，$\frac{1}{2}mv_1^2+mgh_1=\frac{1}{2}mv_2^2+mgh_2$の式が成り立つ。初速は0，最下点の高さを0として$h_1$の高さを求めると，$h_1 \fallingdotseq 20$〔m〕となる。

## 例題 5〈熱と温度〉

20℃の水200gと60℃の水50gを混ぜ合わせたところ，水温は$t$〔℃〕になった。ただし，水の比熱を1〔cal/g・℃〕とし，水以外に熱の出入りはないものとする。

(1) 20℃の水200gが得た熱量を$t$を使って式で表せ。

(2) 60℃の水50gが失った熱量を$t$を使って式で表せ。

(3) 温度$t$は何℃か。

**解答** (1) $(t-20)\times 200$〔cal〕　(2) $(60-t)\times 50$〔cal〕　(3) 28℃

**解説** (1) $(t-20)$ が上昇温度になる。　(2) $(60-t)$ が下降温度になる。　(3) 20℃ 200gの水が得た熱量と60℃ 50gの水が失った熱量は等しいから，(1) と (2) の式を＝で結んで$t$を求めればよい。

$$(t-20)\times 200 = (60-t)\times 50$$
$$200t+50t = 3000+4000$$
$$t = 28 \text{〔℃〕}$$

# 理科 物理【電流と電圧】

## ポイント

### 1 電流と電圧

(1) オームの法則

電流を$I$〔A〕，電圧を$V$〔V〕，抵抗を$R$〔Ω〕とすると，

$$V=IR$$

(2) 直列回路と並列回路

| | 直列回路 | 並列回路 |
|---|---|---|
| 回路図 | 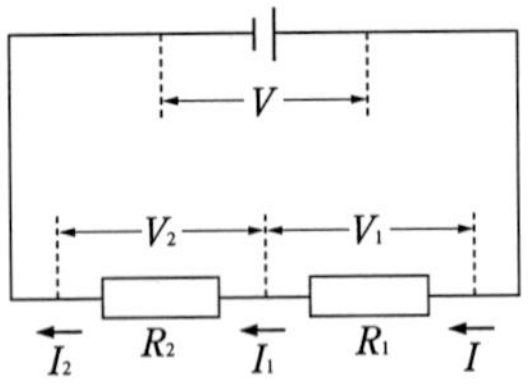 | 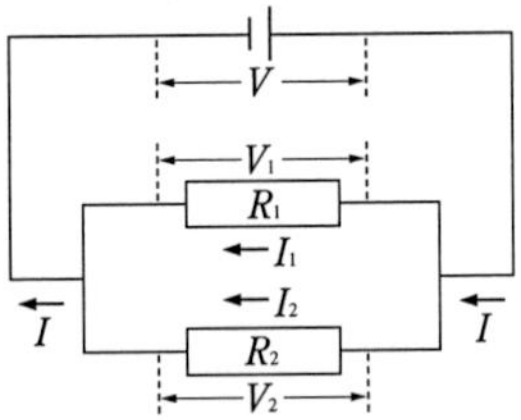 |
| 合成抵抗 | $R=R_1+R_2$ | $\frac{1}{R}=\frac{1}{R_1}+\frac{1}{R_2}$ |
| 電圧 | 各抵抗にかかる電圧の和は，電源の電圧に等しい。 $V=V_1+V_2$ | 各抵抗にかかる電圧は電源の電圧に等しい。 $V=V_1=V_2$ |
| 電流 | どの部分でも流れる電流は等しい。 $I=I_1=I_2$ | 回路全体に流れる電流の大きさは，各抵抗に流れる電流の和になる $I=I_1+I_2$ |

(3) 電流計と電圧計の使い方

| | 電流計 | 電圧計 |
|---|---|---|
| つなぎ方 | 回路に直列につなぐ<br>− +<br>−端子 +端子<br>電流計 | 回路に並列につなぐ<br>− +<br>−端子 +端子<br>電圧計 |
| −端子のつなぎ方 | 最初に5Aの−端子につなぐ<br>50mA 500mA 5A | 最初に300Vの−端子につなぐ<br>300V 15V 3V |

## 2 電力と電力量

(1) 電力（消費電力）…電流などが単位時間あたりにする仕事（仕事率）

電力P〔W〕$=IV \quad RI^2=\dfrac{V^2}{R}$ （$I$〔A〕:電流，$V$〔V〕:電圧，$R$〔Ω〕:抵抗）

(2) 電力量…電池や電流のする仕事量。単位は〔Wh〕（ワット時），〔J〕

電力量W〔J〕$= Pt$ （$P$〔W〕：電力，$t$〔s〕：時間）

(3) ジュールの法則

熱量Q〔J〕$=Pt=VIt$ （$P$〔W〕：電力，$t$〔s〕：時間）

## 3 豆電球の明るさと電力

(1) 豆電球の明るさ

電力の大きさで決まり，**豆電球にかかる電圧の2乗**に比例する。

(2) 豆電球の回路による明るさ

・直列回路…電圧を等分するので，明るさは1個のときより暗い。

・並列回路…豆電球の数に関係なく，明るさは1個のときと同じ。

(3) 電池のつなぎ方と電圧

・直列つなぎ…**全体の電圧＝電池1個の電圧×個数**

・並列つなぎ…**全体の電圧＝電池1個の電圧**

## 4 電流と磁界

(1) 電流によってつくられる磁界

① コイルのまわりの磁界

・コイルの内側の磁界の向き…右手の親指以外の4本の指を電流の向きにあわせてコイルを握ったときの親指のさす向き。

・コイルの外側の磁界の向き…コイルの内側と反対向き。

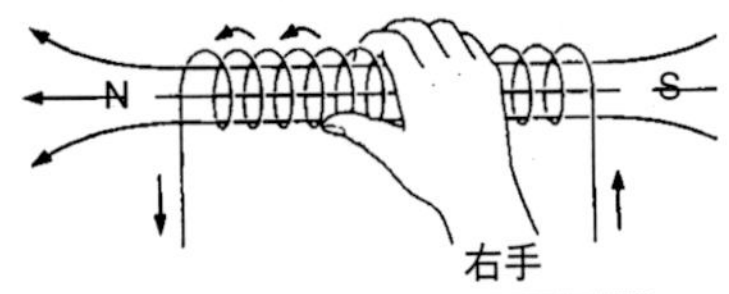


② 電流が磁界から受ける力

左手の中指から，電・磁・力（**フレミングの左手の法則**）

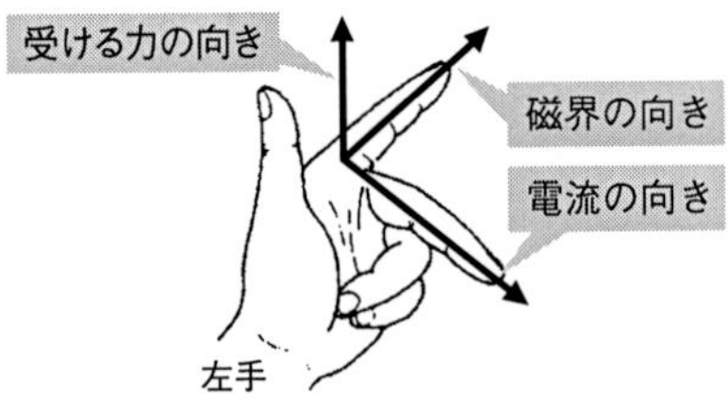


(2) **電磁誘導**

棒磁石の磁極をコイルに近づけたり遠ざけたりして，コイルの中の磁界を変化させると，コイルの両端に電圧が生じる現象。**コイルの巻き数を多くする，磁力の強い磁石を使う，磁石の出し入れを速くする**と大きな誘導電流が流れる。

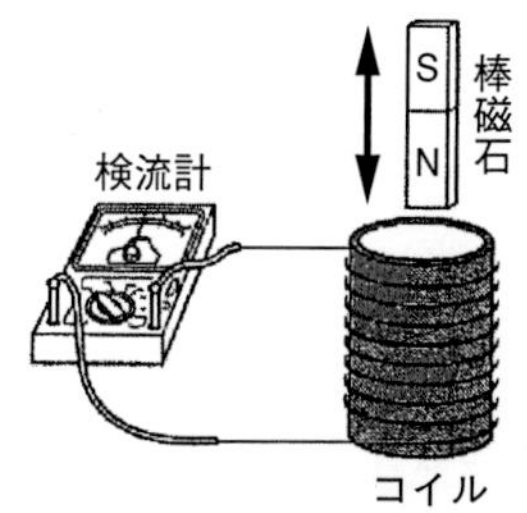


## 例題１〈電流と電圧〉

抵抗値が2.0Ωの抵抗$R_1$と，抵抗値が6.0Ωの抵抗$R_2$を使ってA，Bのような回路をつくった。

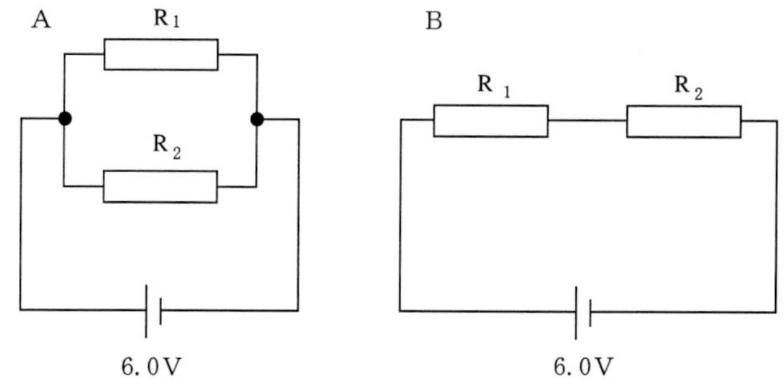


(1) 回路Aの抵抗$R_1$の両端の電圧は何Vか。

(2) 回路Aの電池に流れる電流は何Aか。

(3) 回路Bの抵抗$R_1$の両端の電圧は何Vか。

(4) 回路B全体に流れる電流は何Aか。

**解答** (1) 6.0V　(2) 4.0A　(3) 1.5V　(4) 0.75A

**解説** (1) Aは並列回路で各抵抗の両端に加わる電圧は電源の電圧に等しい。なお，Bの直列回路では，回路を流れる電流はどの点も等しい。　(2) 抵抗$R_1$に流れる電流は，$6.0 \div 2.0 = 3.0$〔A〕，抵抗$R_2$に流れる電流は，$6.0 \div 6.0 = 1.0$〔A〕だから，電池を流れる電流は，$3.0 + 1.0 = 4.0$〔A〕である。　(3) 抵抗$R_1$の両端の電圧は，

6.0÷(2.0+6.0)×2.0=1.5〔V〕。 (4) 抵抗$R_1$を流れる電流は，1.5÷2.0=0.75〔A〕であり，この電流が回路全体の電流となる。

## 例題 2〈電流計と電圧計の使い方〉

電熱線に加わる電圧と，電熱線を流れる電流を調べる実験をした。次の図はそのときの回路図である。

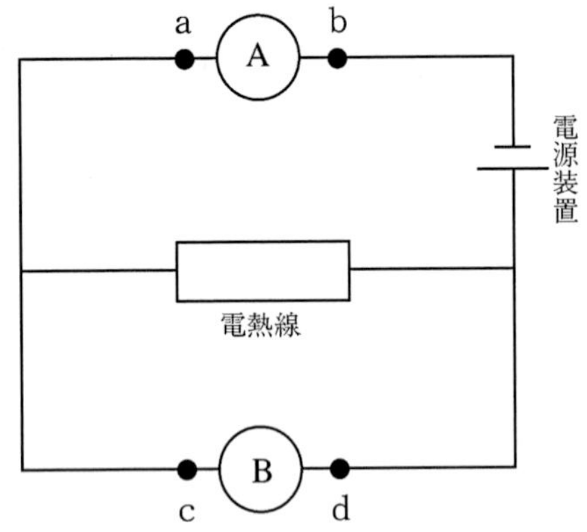


(1) 電流計とその＋端子はどれか。次から選び，記号で答えよ。

ア．A－a　　イ．A－b　　ウ．B－c　　エ．B－d

(2) 測定の結果，電圧計は2.6V，電流計は250mAを示した。この電熱線の抵抗はいくらか。

**解答** (1) ア　　(2) 10.4Ω

**解説** (1) 電流計は電熱線に直列に接続し，電圧計は電熱線に並列に接続する。また，各計器の＋端子を電源の＋極側に接続する。図のA，Bのうち，電流計は電熱線と直列につながれているAであり，＋端子はaである。 (2) オームの法則で求めるが，電流の単位をアンペアに換算して計算する。250mAは0.25Aである。(抵抗)=(電圧)÷(電流) より，2.6÷0.25=10.4〔Ω〕

## 例題 3〈消費電力〉

100V－1kWの電熱器を100Vの電源につないだ。ただし，電熱器の抵抗は温度によって変わらないものとする。

(1) 流れる電流は何Aか。

(2) この電熱器の抵抗は何Ωか。

**解答** (1) 10A　(2) 10Ω

**解説** 電力は，(電流)×(電圧) で求められる値で，電流などが単位時間にする仕事 (仕事率) を表す。(1) 1kWは1000Wである。また，(電力)÷(電圧)＝(電流)より，1000÷100＝10〔A〕と求められる。(2) (電圧)÷(電流)＝(抵抗)より，100÷10＝10〔Ω〕である。

## 例題 4〈豆電球の明るさ〉

同じ規格の豆電球と電池を使って，次の図のような回路をつくった。豆電球が同じ明るさで点灯するのはA～Eのうちどれとどれか。ただし，豆電球の明るさは消費電力に比例するものとし，電池の内部抵抗は考えなくてよいものとする。

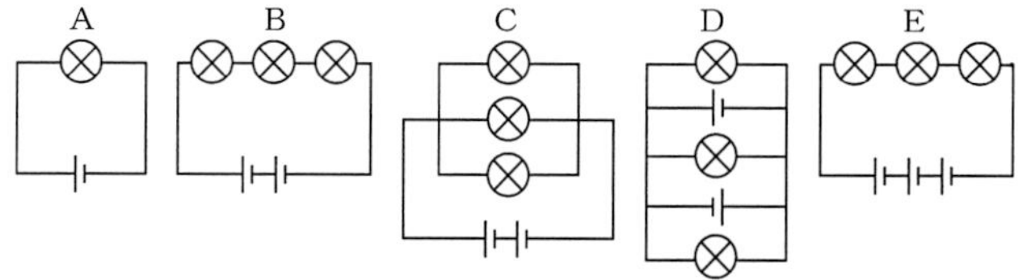


**解答** AとE

**解説** まず，Dはショート回路であるから豆電球は点灯しないので除外する。豆電球の明るさは電圧の2乗に比例するので，Aは豆電球1個と電池1個の回路でこの回路の豆電球の明るさを「1」とすると，Bは豆電球3個の直列つなぎと電池2個の直列つなぎであるから$\frac{4}{9}$，Cは豆電球3個の並列つなぎと電池2個の直列つなぎであるから4，Eは豆電球3個の直列つなぎと電池3個の直列つなぎなので1となり，AとEの明るさが等しくなる。

## 例題 5〈電力量と発熱量〉

次の図のようにして抵抗値が10Ωの電熱線の両端に12Vの電圧を加え，1分間電流を流した。ただし，電熱線の発熱による抵抗値の変化はないものとする。

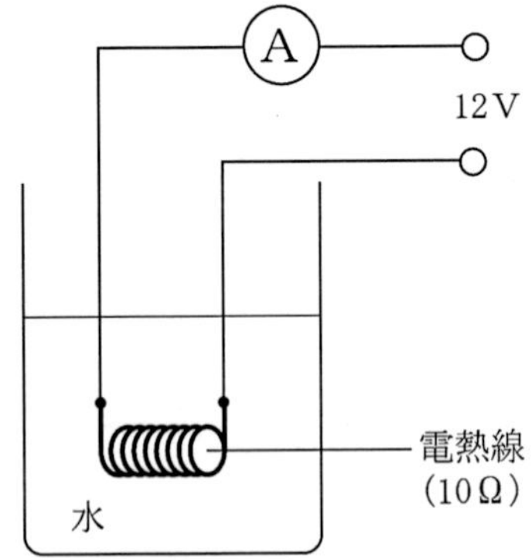


(1) 電熱線に流れる電流は何Aか。

(2) 1分間に電熱線で発生する熱量は何Jか。

(3) 水の質量を100gとすると，1分間に水の温度は何℃上昇するか。小数第1位まで求めよ。ただし，電熱線で発生した熱量はすべて水に吸収されるものとし，水の比熱は4.2〔J/g・℃〕であるものとする。

**解答** (1) 1.2A　(2) 864J　(3) 2.1℃

**解説** (1) (電流)＝(電圧)÷(抵抗) である。電熱線の抵抗は10Ω，電熱線の両端の電圧は12Vであるから，12÷10＝1.2〔A〕である。(2) 電熱線で発生する熱量は (電力)×(時間) で求められる。電力は (電流)×(電圧) であるから，1.2×12×60＝864〔J〕である。　(3) 求める温度変化を$x$〔℃〕とすると，864＝4.2×$x$×100より，$x$＝2.057…≒2.1〔℃〕を得る。

## 例題 6〈電流と磁界〉

次の図は，直流モーターの原理を示そうとしたものである。

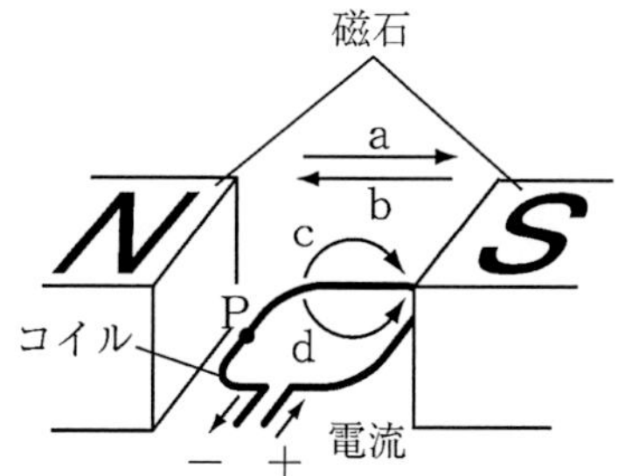


⑴ 磁石のつくる磁界の向きはa，bのどちらか。

⑵ 図の状態で，電流が流れると，コイルのP点はどちらの向きに力を受けるか。上・下・右・左で答えよ。

⑶ ⑵ の結果，コイルはc，dのどちらの向きに回転するか。

⑷ モーターが同じ向きに回転し続けるようにするには，半回転ごとに電流の向きを逆にする必要がある。このために用いられているものは何か。

**解答** ⑴ a　⑵ 上　⑶ c　⑷ 整流子

**解説** ⑴ 磁石の磁界はN極からS極に向かう向き。 ⑵ フレミングの左手の法則より，P点の上側では磁界が弱まり，P点の下側では磁界が強まる。よって，P点は上向きの力を受ける。
⑶ ⑵ より，コイルはcの向きに回転する。 ⑷ 図の状態のままでは，コイルに流れる電流の向きが変わらないので，コイルが半回転すると，P点は同じように上向きの力を受け，dの向きに回転することになる。このため，直流モーターでは，半回転ごとに電流の向きが変わるように整流子がついていて，ブラシによって整流子に電流を送っている。

# 理科　化学【物質の状態】

## ポイント

### 1　物質の三態

(1) 状態変化

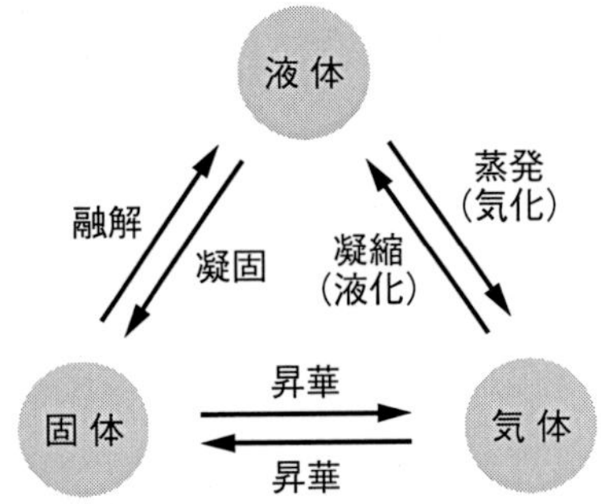


| 融点 | 固体が融解するときの温度 |
|---|---|
| 凝固点 | 液体が凝固するときの温度 |
| 沸点 | 液体が沸騰するときの温度 |

(2) 純物質における温度と状態の変化

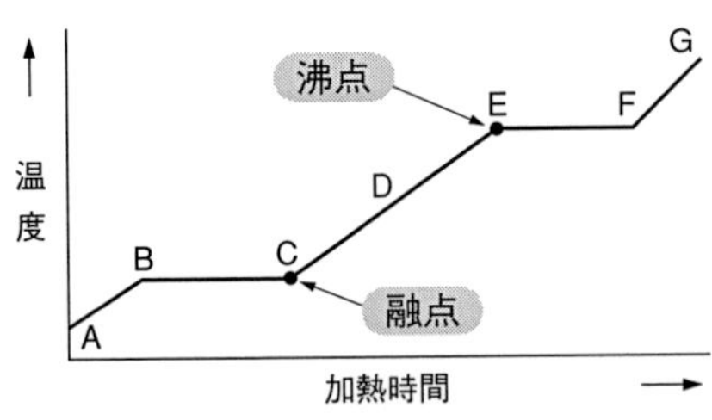


| | |
|---|---|
| A | 固体の温度上昇 |
| B | 固体が融け始める |
| B−C | 固体と液体の混合状態 |
| C | 液体になる |
| D | 液体の温度上昇 |
| E | 液体が沸騰を始める |
| E−F | 液体と気体の混合状態 |
| F | 気体になる |
| G | 気体の温度上昇 |

(3) 水の状態変化と体積

① 水→氷　… 体積は1.1倍

② 水→水蒸気 … 体積は1700倍

## 2 ものの溶け方

**(1) 質量パーセント濃度〔%〕**

溶液に含まれる溶質の質量を質量百分率で表した濃度

$$質量パーセント濃度〔\%〕= \frac{溶質の質量〔g〕}{溶液の質量〔g〕} \times 100$$

(2) 溶解度

① **溶解度**

溶媒100gに対し，溶質の溶ける限界量をg単位で表した数値。溶解度は，物質によって異なり，温度によっても変化する。

② **飽和溶液**

溶質が限界量まで溶けた溶液。溶媒が水のときは**飽和水溶液**という。

## 3 器具の取扱い

**(1) ガスバーナー**

〈点火するとき〉

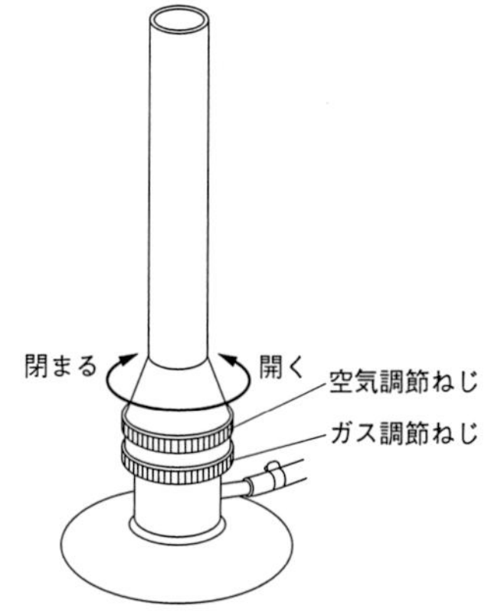


① 2つの調節ねじが閉まっているか確認する。

② ガスの元栓を開く。

③ マッチに火をつけ，**ガス調節ねじ**を開きながら点火。

④　ガス調節ねじで炎の大きさを調節する。

⑤　ガス調節ねじを押さえたまま，**空気調節ねじ**を開き青色の炎にする。

〈消火するとき〉

①　空気調節ねじを閉める。

②　ガス調節ねじを閉めて消火。

③　ガスの元栓を閉める。

(2) **アルコールランプ**

①　エタノールを容器に**7～8分目**入れる。

②　マッチの炎を**横から点火**。

③　ふたを横からかぶせて消火。いったんふたを取り，アルコールランプが冷えてから再びふたをする。

## 4　薬品の取扱い

・冷暗所に密栓して保管する。

・液体の薬品は，薬品びんのラベルを上にして持ち，ガラス棒を伝わせて取り出す。

・廃棄するときは，薬品ごとに適切な廃棄方法に従う。

・薬品が手についたときは，すぐに流水で洗い流す。

・濃塩酸を薄めるときは，水に濃塩酸を少しずつ加えていく。

・水酸化ナトリウム水溶液を作るときは，水に少しずつ水酸化ナトリウムを加えて溶かす。

・水酸化ナトリウムはガラスに溶着することがあるため，ゴム栓で密栓して保管する。

・水酸化ナトリウムは空気中に放置すると，空気中の水分を吸収して潮解する。

## 例題 1〈物質の三態〉

次の図は，物質の状態とその変化を表したものである。

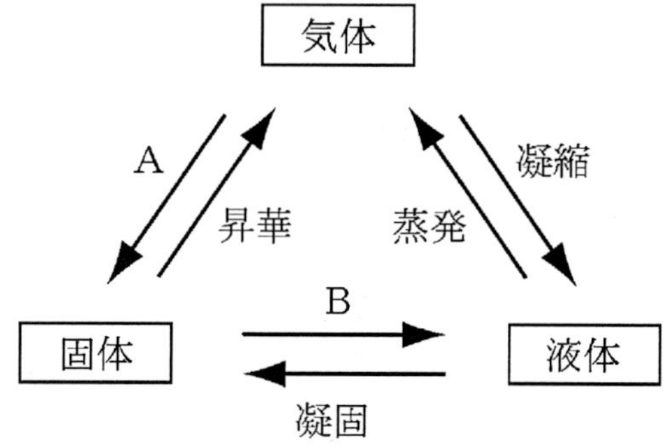


(1) 矢印A，Bにあてはまる語句を答えよ。

(2) 液体のロウを冷やして固体にした。質量と体積はどうなるか。

(3) 液体の水を冷やして固体（氷）にした。質量と体積はどうなるか。

**解答** (1) A…昇華　B…融解　(2) 質量…変わらない　体積…小さくなる　(3) 質量…変わらない　体積…大きくなる

**解説** (1) すべての物質は，固体⇔液体⇔気体の3つの状態に変わることができる。Aは気体が直接固体に変化する状態変化で，固体が直接気体に変化する状態変化と同じように昇華と呼ばれる。昇華は二酸化炭素やナフタレンなどにみられるが，高圧の状態で温度を変化させると，液体の状態をつくることができる。

(2) 一般に，物質は固体→液体→気体と状態を変化させると，質量は変化しないが，体積は固体よりも液体，液体よりも気体というように大きくなる。これは，物質をつくっている粒子の運動と粒子間の距離によるものである。　(3) 水は特異的な物質である。状態の変化で質量はほかの物質と同じように変化しないが，体積は液体のときが最も小さく，固体になると約1.1倍になる。

## 例題 2〈ものの溶け方〉

次のグラフは，硝酸カリウムと塩化ナトリウムの溶解度を示したものである。ただし，水の温度による水の蒸発は考えないものとする。

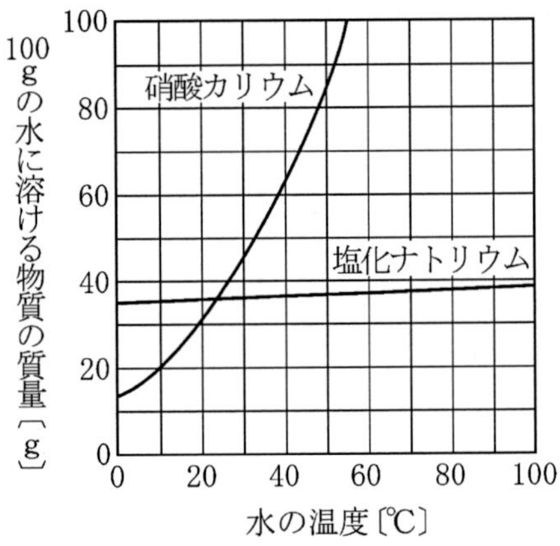


(1) 水の温度が50℃のときの，硝酸カリウムの飽和水溶液の質量パーセント濃度はいくらになるか。整数で答えよ。

(2) 50℃，100gの水に，硝酸カリウムを70g溶かし，その水溶液の温度を10℃まで下げた。硝酸カリウムの結晶は何g得られるか。整数で答えよ。

(3) 水の温度が50℃のときの，塩化ナトリウムの飽和水溶液100gの水を20g蒸発させた。このとき，塩化ナトリウムの結晶は何g得られるか。整数で答えよ。

**解答** (1) 46% (2) 50g (3) 5g

**解説** (1) 溶解度のグラフから，50℃の水100gには硝酸カリウムは約85g溶けることがわかる。したがって，このときの質量パーセント濃度を求めれば，飽和水溶液の質量パーセント濃度となる。$85 \div 185 \times 100 = 45.9\cdots$より，46％である。　(2) 50℃の水100gに，硝酸カリウムは約85g溶けるから，70gの硝酸カリウムはすべて溶ける。この水溶液の温度を10℃まで下げると，硝酸カリウムは20gしか溶けないから，$70 - 20 = 50$〔g〕の結晶が出てくる。
(3) 塩化ナトリウムの溶解度は温度が変化してもあまり変わらない。したがって，温度の高い塩化ナトリウム水溶液の温度を下げても，結晶はほとんど得られない。よって，塩化ナトリウムの結晶を得るためには，溶媒である水の質量を減らすことになる。蒸発した水20gに溶けていた分の塩化ナトリウムが析出したと考え，グラフより水温が-50℃のとき水100gに塩化ナトリムは約37g溶けるので，$100 \times \frac{37}{137} \times \frac{20}{100} \fallingdotseq 5.4$〔g〕と求めることができる。

## 例題 3〈器具の取扱い〉

(1) 水に溶けない固体を，30.0cm³の水が入ったメスシリンダーに入れたところ，水面は次の図のようになった。固体の体積は何cm³か。

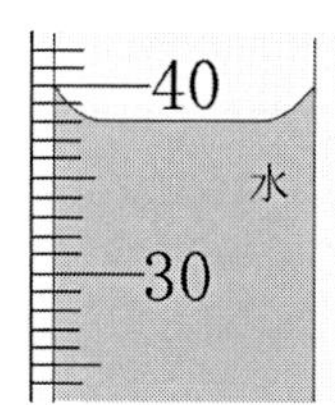


(2) 上皿てんびんでの質量のはかり方として，誤っているものを2つ選べ。
ア．薬品をはかる場合，薬包紙は両方の皿にのせる。
イ．はかろうとするものより少し重いと思われる分銅からのせていく。
ウ．指針が目盛りの中央で止まったときの分銅の合計を読み取る。
エ．測定が終わったら，皿を一方の皿に重ねて置く。
オ．分銅は落とさないように，指でしっかりつかむ。

(3) 少量の液体を必要な量だけとる，次の図の器具を何というか。

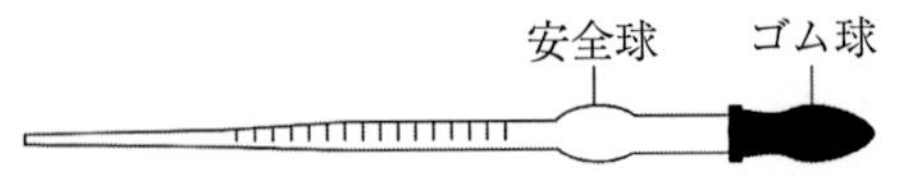


**解答** (1) $8.0cm^3$　(2) ウ，オ　(3) (こまごめ) ピペット

**解説** (1) メスシリンダーの目盛りを読み取るときは，目の位置を液面と同じ高さにして，液面の下のところを1目盛りの$\frac{1}{10}$まで目分量で読み取る。$38.0-30.0=8.0$〔$cm^3$〕。　(2) ウ．指針が左右に等しく振れていれば，指針が止まるまで待つ必要はない。
オ．分銅はピンセットを使って移動させる。指でつかむと，よごれなどが分銅について，正しい値を示さなくなる。　(3) 液体がゴム球に吸い込まれないように，安全球がつけられている。液体を少し多めに吸い込んだあと，ゴム球を調節して液体の量を適正にし，それを目的の容器に移す。

## 例題 4〈薬品の取扱い〉

次の性質をもつ薬品を，下のア～オから1つずつ選べ。

(1) 濃い水溶液は皮膚や粘膜を強く刺激する。水に非常に溶けやすく，発生する気体の臭いを直接かぐと，鼻をいためることがある。

(2) 引火しやすい性質があるので，火のそばで扱わない。殺菌力があるので消毒に用いられる。

(3) 空気中の水蒸気や二酸化炭素をよく吸収する。濃い水溶液は皮膚や衣類をいためる。

(4) 強い酸性を示し，溶けている気体が発生しやすく刺激臭があるので，換気に注意する。

(5) 空気中で明るく輝き，激しく燃えるので，一度に多量に燃やすことは危険である。

ア．塩酸　イ．アンモニア水　ウ．エタノール
エ．マグネシウム　オ．水酸化ナトリウム

**解答** (1) イ　(2) ウ　(3) オ　(4) ア　(5) エ

**解説** (1) 水でぬらした赤色リトマス紙をピンセットでつかみ，アンモニア水が入っている容器の口にもっていくと，リトマス紙は青色に変化する。アルカリ性の水溶液である。 (2) アルコールランプの燃料として使われるエタノールである。非常に引火しやすく，明るいところでは，エタノールの炎は見えにくいので注意が必要である。 (3) 潮解性をもち，空気中に放置しておくと，空気中の水蒸気や二酸化炭素をよく吸収して溶けてしまう。保管には密栓が必要である。 (4) 塩化水素の水溶液である。実験に使うときは，換気に注意し，用いる量はできるだけ少なくする。なお，塩酸やアンモニア水，水酸化ナトリウム（水溶液）などが手などについた場合，最初の措置は流水でよく洗うことである。 (5) マグネシウムリボンなどを燃やす場合，多量に燃やすとやけどなどの危険がある。やけどした場合には，冷たい水でしばらく冷やす。

# 理科　化学【物質の性質】

## ポイント

### 1 気体の性質

(1) 気体の捕集法

| 捕集法 | 適する気体の性質 | しくみ | 例 |
|---|---|---|---|
| 水上置換法 | 水に溶けにくい気体 | | 酸素，水素，窒素など |
| 下方置換法 | 水に溶けやすく，空気より重い気体 | | 二酸化炭素，塩素，塩化水素など |
| 上方置換法 | 水に溶けやすく，空気より軽い気体 | | アンモニア |

(2) 主な気体の性質

| 気体 | 色 | におい | 水溶性 | 空気に対する重さ | 捕集法 | 発生方法<br>その他の特徴 |
|---|---|---|---|---|---|---|
| 酸素<br>$O_2$ | 無色 | 無臭 | 溶けにくい | わずかに重い | 水上置換 | 二酸化マンガン＋過酸化水素水<br>ものを燃やすはたらき |
| 二酸化炭素<br>$CO_2$ | 無色 | 無臭 | 少し溶ける | 空気の約1.5倍 | 下方(水上)置換 | 石灰石＋希塩酸，炭酸水素ナトリウムの加熱<br>石灰水を白く濁らせる |

| **水素**<br>$H_2$ | 無色 | 無臭 | 溶けにくい | 非常に軽い | 水上置換 | 金属に希塩酸を加える<br>空気中でよく燃え，燃えると水ができる |
|---|---|---|---|---|---|---|
| **アンモニア**<br>$NH_3$ | 無色 | 刺激臭 | 非常によく溶ける | 軽い | 上方置換 | 水溶液はアルカリ性 |
| **塩素**<br>$Cl_2$ | 黄緑色 | 刺激臭 | 溶ける | かなり重い | 下方置換 | 水溶液は酸性で，漂白作用・殺菌作用あり |
| **窒素**<br>$N_2$ | 無色 | 無臭 | 溶けにくい | やや軽い | 水上置換 | 空気中の体積の約80%を占める |
| **塩化水素**<br>HCl | 無色 | 刺激臭 | よく溶ける | 重い | 下方置換 | 水溶液は塩酸といい，強い酸性を示す |

## 2 水溶液の性質

(1) 酸性・中性・アルカリ性と指示薬

| | **酸性** | **中性** | **アルカリ性** |
|---|---|---|---|
| **リトマス紙** | 青色 → 赤色 | 変化なし | 赤色 → 青色 |
| **ＢＴＢ溶液** | 黄色 | 緑色 | 青色 |
| **フェノールフタレイン液** | 変化なし（無色） | | 赤色 |

(2) 主な水溶液の性質

| | **水溶液** | **主な性質** |
|---|---|---|
| 酸性 | **希塩酸** | 塩化水素（HCl）の水溶液。**刺激臭**あり。<br>**アルミニウム，亜鉛，鉄**と反応し，水素が発生。 |
| | **希硫酸** | **アルミニウム，亜鉛，鉄**と反応し，**水素**が発生。<br>バリウムイオンを含む水溶液に加えると，**白色の沈殿**（硫酸塩）が生成するため，硫酸の検出に使用。 |
| | **炭酸水** | **二酸化炭素の水溶液**。金属とは激しく反応しない。 |

| | | |
|---|---|---|
| アルカリ性 | **水酸化ナトリウム水溶液** | 二酸化炭素を吸収するはたらき。<br>**アルミニウム，亜鉛**と反応し，**水素**が発生。鉄，銅とは反応せず。 |
| | **アンモニア水** | **刺激臭**がある。 |
| | **石灰水** | **水酸化カルシウム（消石灰）**の水溶液。<br>二酸化炭素と反応すると，**白色の沈殿（炭酸カルシウム$CaCO_3$）**が生成するため，**二酸化炭素**の検出に使用。 |
| 中性 | **食塩水** | 水を蒸発させると，食塩が残る。 |

3　**酸とアルカリの反応**

(1)　**中和**

**酸の水素イオン$H^+$**と**アルカリの水酸化物イオン$OH^-$**が結びつき，中性の**水$H_2O$**と新しい物質（**塩**）ができる反応。

(2)　塩酸と水酸化ナトリウム水溶液の反応

**塩酸＋水酸化ナトリウム水溶液→塩化ナトリウム（食塩）＋水**
$HCl + NaOH \rightarrow NaCl + H_2O$

**■塩酸に水酸化ナトリウム水溶液を加えたときのイオンの数の変化**

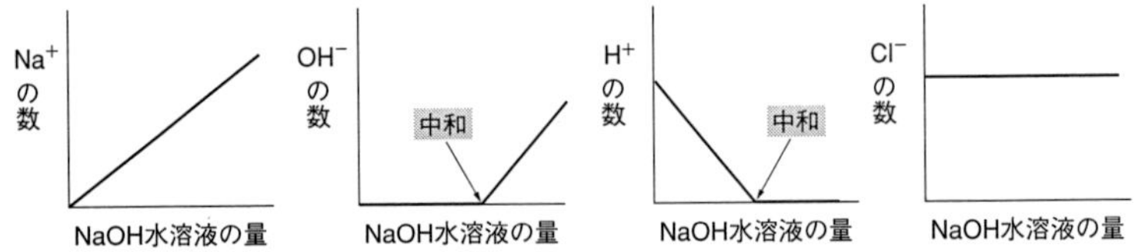


## 例題１〈気体の性質〉

(1) 次の図のように，三角フラスコの中に二酸化マンガンを入れ，上の活栓付きろうとにある液体を入れて酸素を発生させ，少し置いてその酸素を収集した。

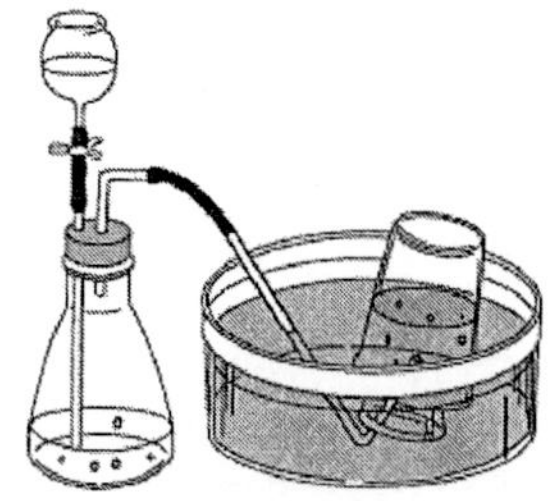

① この実験に使った液体の名前を答えよ。

② この実験で二酸化マンガンは反応の前後で変化せず，ある液体の分解を促進するはたらきをする。このようなはたらきをする物質を何というか。

③ 上の図のような気体の収集法を何というか。

④ 初めに発生した酸素は収集しない理由を答えよ。

(2) 次のような方法で気体を発生させ，その性質を調べた。

A. 亜鉛にうすい塩酸を加える。

B. 石灰石にうすい塩酸を加える。

C. 塩化アンモニウムに水酸化カルシウムを加えて加熱する。

① Aの発生方法で発生する気体は何か。

② Bで発生した気体を調べるとき，次のうちどの方法がよいか。

ア．火を近づける　　イ．石灰水に通す

ウ．においをかぐ　　エ．ぬれたリトマス紙を近づける

③ Cで発生した気体を集めるのに適した方法を何というか。

**解答** (1) ① うすい過酸化水素水（オキシドール）　② 触媒　③ 水上置換法　④ 三角フラスコ内の空気を含んでいるため。　(2) ① 水素　② イ　③ 上方置換法

**解説** (1) ① 濃い過酸化水素水を使用すると，急激に酸素が発生してフラスコが破裂することがあるため，うすい過酸化水素水を少量ずつ加えるようにする。　③ 酸素は水に溶けにくいため，水上置換法で集める。　(2) Bでは二酸化炭素，Cではアンモニアが発生する。　② 二酸化炭素を石灰水に通すと炭酸カルシウ

ム（$CaCO_3$）の白色沈殿を生じる。　③　アンモニアは水に非常によく溶け，空気より軽いので，上方置換法で集める。

## 例題 2〈水溶液の性質〉

5種類の水溶液A～Eがある。食塩水，水酸化ナトリウム水溶液，うすい塩酸，アンモニア水，炭酸水のどれかである。それぞれの水溶液の性質を調べるために，次の実験①～③を行った。

〔実験〕

① においをかいだところ，AとDで鼻を刺すようなにおいがした。
② アルミニウム片を入れたところ，AとCからさかんに気体が発生した。
③ 水溶液を少量ずつ蒸発皿に入れて加熱したところ，CとEで白い固体が残った。

(1) 実験②で，発生した気体は同じ気体であった。その気体の化学式を書け。
(2) 水溶液A～Eに緑色にしたBTB溶液をたらした。BTB溶液の色が青色になるのはどれか。記号ですべて選べ。
(3) 水溶液A～Eのうちの2種類を混ぜ合わせたところ，水溶液A～Eのどれかと同じ水溶液ができた。①混ぜ合わせた水溶液と，②できた水溶液をそれぞれ記号で答えよ。

**解答**　(1) $H_2$　(2) C，D　(3) ①　A，C　②　E

**解説**　実験①から，AとDはうすい塩酸かアンモニア水のどちらかである。また，実験②から，AとCはうすい塩酸か水酸化ナトリウム水溶液のどちらかである。したがって，Aはうすい塩酸，Cは水酸化ナトリウム水溶液，Dはアンモニア水と考えることができる。さらに，実験③からEが食塩水とわかるから，残りのBは炭酸水である。　(1) 発生する気体はどちらも水素である。水素の元素記号はHであるが，化学式であるから，分子式で表す。

(2) 緑色のBTB溶液の色を青色にするのはアルカリ性の水溶液であるから，Cの水酸化ナトリウム水溶液とDのアンモニア水である。 (3) Aのうすい塩酸とCの水酸化ナトリウム水溶液を混ぜ合わせると，中和反応が起こり，Eの食塩水ができる。

## 例題 3〈中和〉

同じ温度のうすい塩酸と水酸化ナトリウムの水溶液がある。これらをA～Dのビーカーに次の表のような体積で混合した。

| | A | B | C | D |
|---|---|---|---|---|
| うすい塩酸（$cm^3$） | 10 | 20 | 30 | 40 |
| 水酸化ナトリウム水溶液（$cm^3$） | 40 | 30 | 20 | 10 |
| 性質 | アルカリ性 | アルカリ性 | 中性 | 酸性 |

(1) Cの混合液の水分を蒸発させたとき，あとに残る物質は何か。

(2) Aの混合液を完全に中和するためには，どちらの水溶液をあと何$cm^3$加えればよいか。

**解答** (1) 塩化ナトリウム (2) うすい塩酸を50$cm^3$加える。

**解説** (2) 塩酸と水酸化ナトリウム水溶液は，3：2の割合で中性になるので，Aで反応する塩酸を$x$〔$cm^3$〕とすると，3：2＝$x$：40

$x$＝60〔$cm^3$〕

よって，加える量は，60－10＝50〔$cm^3$〕

# 理科 化学【物質の変化】

## ポイント

**1 燃焼**

激しく熱や光を出しながら酸素と化合する化学変化。

(1) ものの燃え方

ものが燃え続けるためには，新しい空気（**酸素**）が必要である。ろうそくや木が燃えると，**二酸化炭素と水**ができる。

(2) 有機物の燃焼

| (有機物) | + | (酸素) | ⟶ | (二酸化炭素) | + | (水) |
|---|---|---|---|---|---|---|
| メタン$CH_4$ | + | $2O_2$ | ⟶ | $CO_2$ | + | $2H_2O$ |
| エタノール$C_2H_6O$ | + | $3O_2$ | ⟶ | $2CO_2$ | + | $3H_2O$ |

**2 酸化**

酸素と化合する化学変化。

(1) **マグネシウムの酸化**

マグネシウム＋酸素 ⟶ 酸化マグネシウム（白色）

$2Mg + O_2 \longrightarrow 2MgO$

※マグネシウムの質量と化合する酸素の質量の比

**マグネシウム：酸素＝3：2**

(2) **銅の酸化**

銅　＋酸素 ⟶ 酸化銅（Ⅱ）（黒色）

$2Cu + O_2 \longrightarrow 2CuO$

※銅の質量と化合する酸素の質量の比

**銅：酸素＝4：1**

**3 還元**

酸化物が酸素を失う化学変化。同時に酸化もおこる。

(1) **酸化銅（Ⅱ）の炭素による還元**

酸化銅（Ⅱ）＋炭素 ⟶ 銅　＋二酸化炭素

$2CuO + C \longrightarrow 2Cu + CO_2$

(2) **酸化銅（Ⅱ）の水素による還元**

酸化銅（Ⅱ）＋水素 ⟶ 銅 ＋ 水

$CuO + H_2 \longrightarrow Cu + H_2O$

## 4 化合と分解

### (1) 鉄と硫黄の化合

鉄粉と硫黄を混ぜ合わせたものを試験管に入れて加熱すると，黒色の**硫化鉄（Ⅱ）**が生じる。

$Fe + S \rightarrow FeS$

硫化鉄（Ⅱ）は，磁石につかないという性質をもつ。

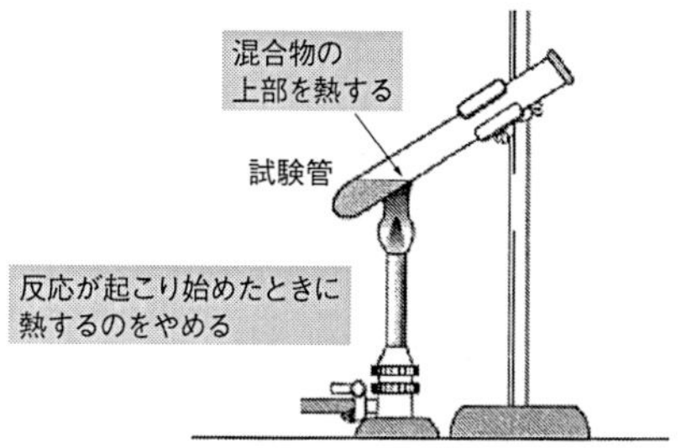


### (2) 炭酸水素ナトリウム（重曹）の分解

炭酸水素ナトリウム（白色の粉末）を試験管に入れて加熱すると，**二酸化炭素**と**水**，**炭酸ナトリウム**が生じる。

炭酸水素ナトリウム ⟶ 炭酸ナトリウム＋ 水 ＋二酸化炭素

$2NaHCO_3 \longrightarrow Na_2CO_3 + H_2O + CO_2$

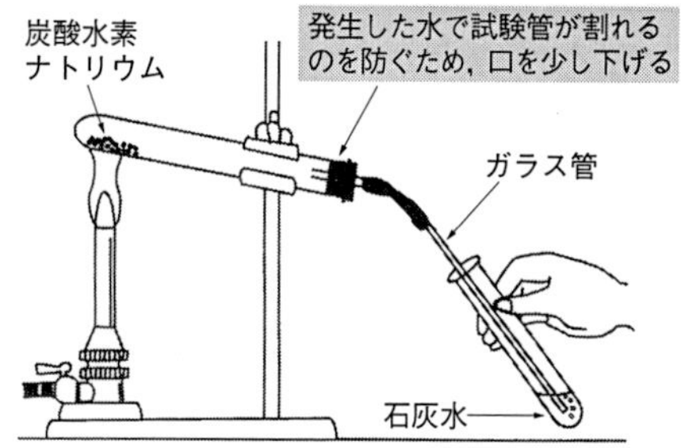

## 5 電気分解

### (1) 塩化銅（Ⅱ）水溶液の電気分解

塩化銅（Ⅱ）水溶液を電気分解すると，**陽極から刺激臭のある塩素**が発生し，**陰極に赤褐色の銅**が付着する。塩化銅（Ⅱ）水溶液は青色であるが，付着する銅が増すにつれて，青色は薄くなる。

$CuCl_2 \rightarrow Cl_2 + Cu$

〈陽極〉 $2Cl^- \rightarrow Cl_2 + 2e^-$

〈陰極〉 $Cu^{2+} + 2e^- \rightarrow Cu$

### (2) 水の電気分解

水に少量の水酸化ナトリウム水溶液または希硫酸を加え，電流を流すと，**陽極から酸素**，**陰極から水素**が発生する。

体積比は，**水素：酸素＝2：1**

$2H_2O \rightarrow 2H_2 + O_2$

〈陽極〉 水酸化ナトリウム水溶液　$2H_2O \rightarrow O_2 + 4H^+ + 4e^-$

希硫酸　$4OH^- \rightarrow O_2 + 2H_2O + 4e^-$

〈陰極〉 水酸化ナトリウム水溶液　$2H^+ + 2e^- \rightarrow H_2$

希硫酸　$2H_2O + 2e^- \rightarrow H_2 + 2OH^-$

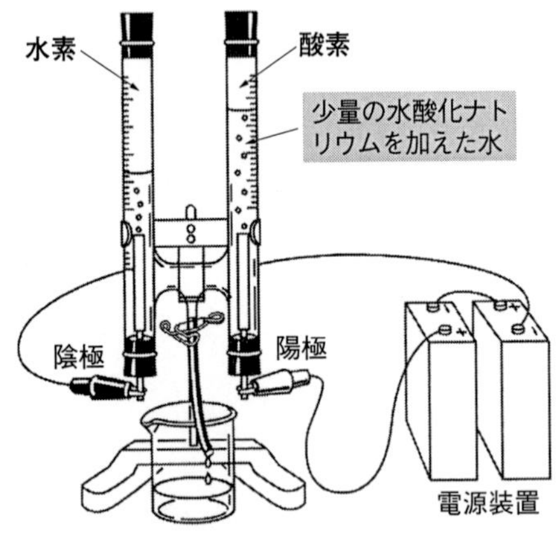


### (3) 塩酸の電気分解

塩酸に電流を流すと，**陽極から刺激臭のある塩素**，**陰極から無色・無臭の水素**が発生する。

### 6 化学反応式による計算

化学反応式において，それぞれの物質の係数は，その反応に関与する粒子の個数（物質量〔mol〕）の比を表している。また，それぞれの物質の係数から，質量の比，気体の体積比を表すことができる。

| 化学反応式 | $2H_2$ | + | $O_2$ | → | $2H_2O$ |
|---|---|---|---|---|---|
| 物質量〔mol〕 | 2 | | 1 | | 2 |
| 質量〔g〕 | 2 × 2.0 | | 32 | | 2 × 18 |
| 気体の体積〔L〕 | 2 × 22.4 | | 22.4 | | 2 × 22.4 |

## 例題 1〈物質の燃焼〉

エタノールを空気中で燃焼させた。ただし，エタノールの化学式は$C_2H_5OH$，原子量は，H＝1.0，C＝12.0，O＝16.0とする。

(1) エタノールの燃焼を表す化学反応式を書け。

(2) 4.6gのエタノールを完全燃焼させるためには，何gの酸素が必要になるか。

(3) (2) のとき，燃焼によって発生した物質名とその質量をすべて答えよ。

**解答** (1) $C_2H_5OH + 3O_2 \rightarrow 2CO_2 + 3H_2O$ (2) 9.6g (3) 二酸化炭素，8.8g 水，5.4g

**解説** (1) 燃焼とは，物質が激しく酸素と結びつく化学変化（酸化）である。化学反応式では，矢印の左右で原子の種類と数が同じになるようにする。 (2) エタノール1molは46.0g，エタノール1molの燃焼に使われる酸素は32.0×3＝96.0〔g〕である。したがって，エタノール4.6gの燃焼に必要な酸素の質量は9.6gとなる。

(3) エタノール1molの燃焼によってできる二酸化炭素は44.0×2＝88.0〔g〕，水は18.0×3＝54.0〔g〕である。したがって，発生する二酸化炭素の質量は8.8g，水の質量は5.4gである。

## 例題 2〈鉄と硫黄の化合〉

鉄粉と硫黄の粉末の混合物を2本の試験管に入れ，一方の試験管の混合物の上部を熱したところ，反応が起こり，熱するのをやめても反応が混合物の下部に進み，鉄粉が完全に反応した。このときの，加熱しない試験管をA，加熱して反応させた試験管をBとする。

(1) A，Bの試験管に磁石を近づけたときの結果を次から選び，記号で答えよ。

ア．どちらも引きつけられる。

イ．Aは引きつけられるが，Bは引きつけられない。

ウ．Aは引きつけられないが，Bは引きつけられる。

エ．どちらも引きつけられない。

(2) AとBのそれぞれにうすい塩酸を加えると，どちらも気体が発生した。試験管A，Bで発生したおもな気体の名前をそれぞれ書け。

**解答** (1) イ　(2) A…水素　B…硫化水素

**解説** 鉄粉と硫黄の粉末の混合物を加熱すると，硫化鉄（Ⅱ）という化合物ができる。このとき，熱を発生するため，加熱をやめても反応は続く。できた硫化鉄（Ⅱ）は鉄や硫黄とはまったく別の物質になるので，その性質もちがう。 (1) 磁石につくのは鉄の性質である。 (2) 試験管Aでは鉄がうすい塩酸と反応して水素を発生し，試験管Bでは硫化鉄（Ⅱ）がうすい塩酸と反応して硫化水素が発生する。なお，硫化水素は卵のくさったような臭いのする気体である。

## 例題３〈塩化銅（Ⅱ）水溶液の電気分解〉

塩化銅（Ⅱ）水溶液をビーカーに入れ，炭素棒を電極として電流を流した。

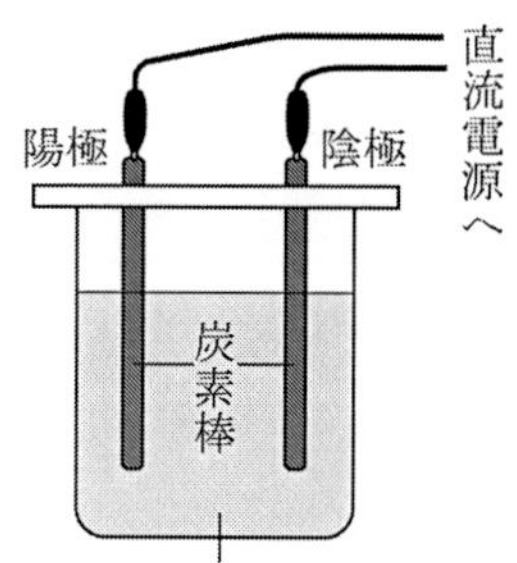


(1) 塩化銅（Ⅱ）を水溶液にすると，電離してイオンに分かれる。電離のようすを，イオン式を使った反応式で表せ。

(2) 電流を流し続けると，一方の電極に赤褐色の物質が付着した。陽極と陰極のどちらに付着したか。

(3) 電流を流し続けると，一方の電極から気体が発生した。その気体の性質について正しく述べているのはどれか。記号で答えよ。

ア．無色，無臭で，マッチの火を近づけると燃える。

イ．石灰水を白くにごらせる。

ウ．黄緑色で刺激臭があり，漂白作用がある。

エ．無色で刺激臭があり，水によく溶け，水溶液はアルカリ性を示す。

**解答** (1) $CuCl_2 \rightarrow Cu^{2+} + 2Cl^-$　(2) 陰極　(3) ウ

**解説** (1) 塩化銅（Ⅱ）は水溶液中で電離すると，銅イオンと塩化物イオンに分かれる。 (2) 電極に付着した赤褐色の物質は銅である。水溶液中の銅イオンが陰極に引かれ，陰極で電子を受け取って銅になる。 (3) 気体が発生したのは陽極で，水溶液中の塩化物イオンが陽極で電子を失って塩素原子となり，それが2個結びついて塩素の気体となる。

# 理科 生物【植物の世界】

## ポイント

### 1 種子植物

(1) 種子植物の分類

| 植物の種類 | | 特徴 | 例 |
|---|---|---|---|
| 被子植物 | 双子葉類 | 根・茎・葉が発達。<br>胚珠が子房に<br>包まれている。 | (合弁花類)<br>アサガオ，タンポポ<br>(離弁花類)<br>アブラナ，エンドウ |
| | 単子葉類 | | イネ，タケ，<br>チューリップ，ユリ |
| 裸子植物 | | 根・茎・葉が発達。<br>胚珠がむき出し。 | イチョウ，スギ，ソテツ，<br>ヒノキ，マツ，モミ |

| | 子葉の数 | 根 | 葉脈 | 茎の維管束 | 例 |
|---|---|---|---|---|---|
| 双子葉類 | 2枚 | 主根と側根 | 網状脈 | 輪状 | アブラナ，エンドウ，キュウリ，サクラ，タンポポ，ヒマワリ |
| 単子葉類 | 1枚 | ひげ根 | 平行脈 | 散在 | イネ，サトイモ，タケ，チューリップ，トウモロコシ，ネギ，ムギ，ユリ |

(2) 花のつくりと種子のでき方

① 被子植物

・花のつくり…花の中心の**めしべ**（柱頭，胚珠，子房）を囲むように，

**おしべ**（やく），**花びら**，**がく**がついている。

・種子のでき方…受粉後，**胚珠は種子**に，**子房は果実**になる。

■**アブラナ**

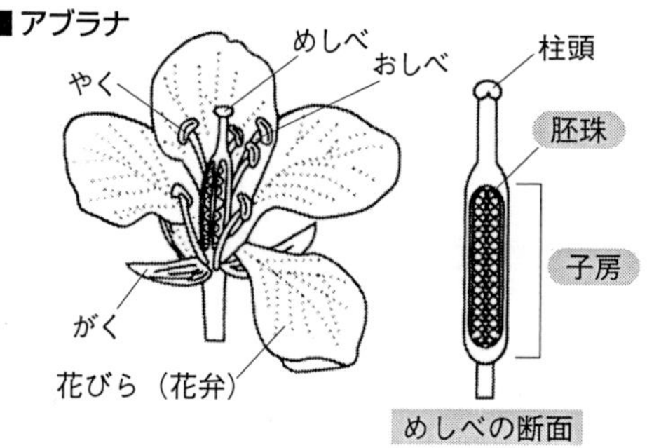


② 裸子植物

・花のつくり…雌花と雄花に分かれる。

・種子のでき方…雌花の**胚珠に花粉がつくと種子**になる。

## 2 種子の発芽

(1) 種子のつくりと養分

① 胚乳のない種子

胚（子葉，幼芽，胚軸，幼根）と種皮からなる。子葉に養分あり。

例 アサガオ，インゲンマメ，ダイコン，ヘチマ

■**インゲンマメ**

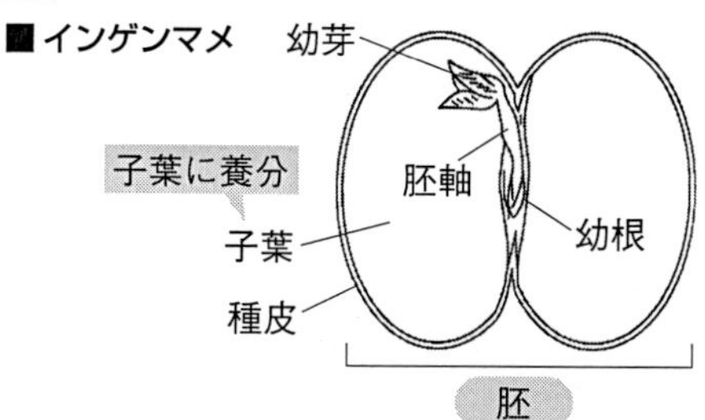


② 胚乳のある種子

胚（子葉，幼芽，胚軸，幼根）と胚乳，種皮からなる。胚乳に養分あり。

例 イネ，カキ，トウモロコシ，ムギ

(2) 発芽に必要な条件

**水・空気・適当な温度**の3つの条件が必要。土や日光は不必要。

### 3 種子をつくらない植物

| 植物の種類 | 特徴 | 例 |
|---|---|---|
| シダ植物 | 根・茎・葉の区別がある<br>胞子で増える | イヌワラビ，ゼンマイ，スギナ（ツクシ） |
| コケ植物 | 根・茎・葉の区別がない<br>胞子で増える | スギゴケ，ゼニゴケ |
| 藻類 | 根・茎・葉の区別がない<br>胞子で増えるものと分裂して増えるものがいる | コンブ，ワカメ，テングサ，アオノリ，アオミドロ |

### 4 葉のつくり

| 構造 | 説明 | 特徴 |
|---|---|---|
| 表皮 | 葉の表と裏をおおっている | 気孔：気体の出入りや蒸散が行われる |
| 葉肉 | 葉の内部の部分 | 柵状組織：葉緑体をもつ細胞が規則正しく配列している部分<br>海綿状組織：上記の細胞の間に隙間がある部分 |
| 葉脈 | 葉の中にある維管束 | 葉の表側に道管（水の通り道），裏側に師管（養分などの通り道）がある |

### 5 光合成と呼吸

(1) 光合成

植物が光を受けて，**葉緑体**の中で**二酸化炭素**と**水**から，**デンプン**などを合成し，**酸素**を発生するはたらき。

$$6CO_2 + 12H_2O \xrightarrow{\text{光エネルギー}} C_6H_{12}O_6 + 6H_2O + 6O_2$$

(2) 呼吸

光合成は昼のみ行うが，呼吸は昼も夜も行う。呼吸では，酸素を用いて有機物を分解し，最終的に二酸化炭素と水ができる。

(3) 光合成と呼吸の速度

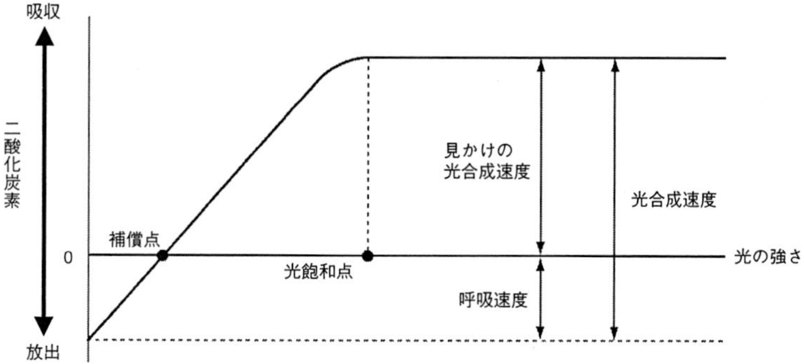


**6 顕微鏡の取扱い**

(1) 顕微鏡操作の手順

① **接眼レンズ**，**対物レンズ**の順につける。

② 反射鏡の角度としぼりを調節し，視野全体を明るくする。

③ プレパラートをステージにのせる。

④ **横から見ながら調節ねじを回し**，対物レンズをプレパラートに近づける。

⑤ 接眼レンズをのぞきながら調節ねじを回し，ピントを合わせる。

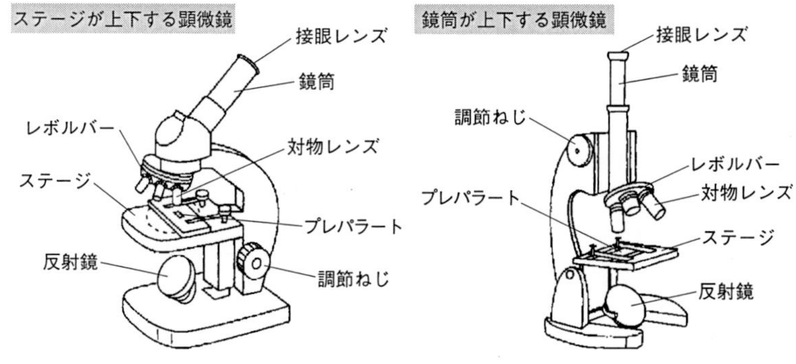

(2) プレパラートを動かす方向

観察しようとするものが，視野の中心からずれているときは，プレパラートを**上下左右反対**に動かす。

## 例題 1〈植物の分類〉

次の図は，植物を基準にしたがって分類したものである。

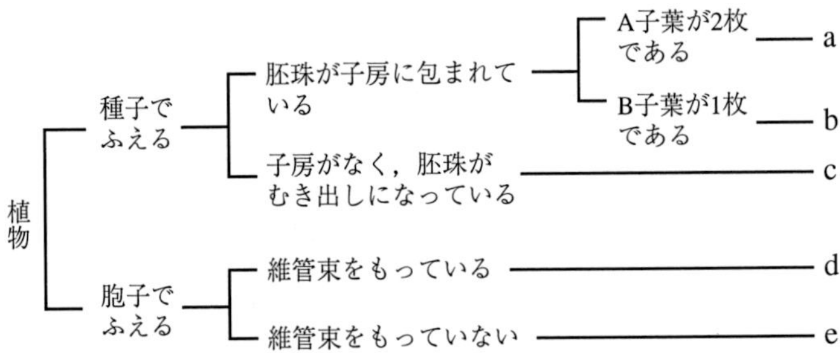


(1) Aのような植物の根はどのようになっているか。

(2) Bのような植物の葉脈はどのようになっているか。

(3) a～eにあてはまる植物を，次のア～オから1つずつ選び，記号で答えよ。

ア．ゼンマイ　　イ．イチョウ　　ウ．イネ　　エ．ゼニゴケ　　オ．ダイコン

**解答** (1) 主根と側根　(2) 平行脈　(3) a…オ　b…ウ　c…イ　d…ア　e…エ

**解説** (1) 双子葉類である。双子葉類の根は主根と側根，葉脈は網状脈，維管束は茎の断面に対して輪状に並ぶ。 (2) 単子葉類である。単子葉類の根はひげ根，葉脈は平行脈，維管束は茎の断面に対して散在している。 (3) aは被子植物の双子葉類，bは被子植物の単子葉類，cは裸子植物，dはシダ植物，eはコケ植物である。

## 例題 2〈花のつくりと種子のでき方〉

次の図は，ある花のつくりを模式的に示したものである。

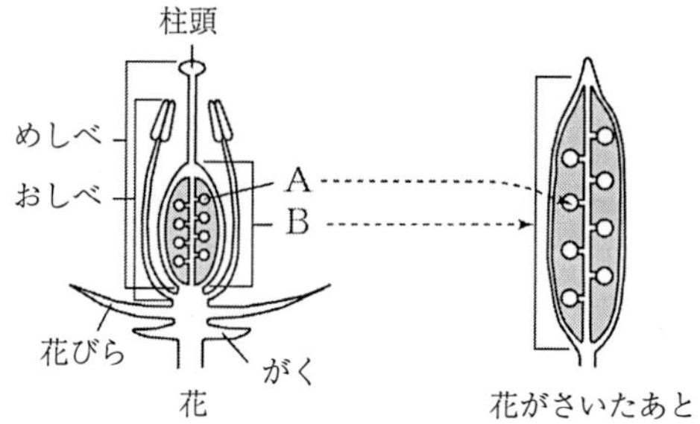


(1) 花のA，Bは何か。それぞれ答えよ。
(2) A，Bは，花がさいたあと成熟して何になるか。それぞれ答えよ。

**解答** (1) A…胚珠　B…子房　(2) A…種子　B…果実

**解説** (1) めしべのもとのふくらんだ部分を子房（B）といい，その中には胚珠（A）が入っている。 (2) 受粉したあと，成熟すると，胚珠は種子に，子房は果実になる。

## 例題 3〈葉のつくり〉

次の図は，ツバキの葉の断面の一部を模式的に表したものである。

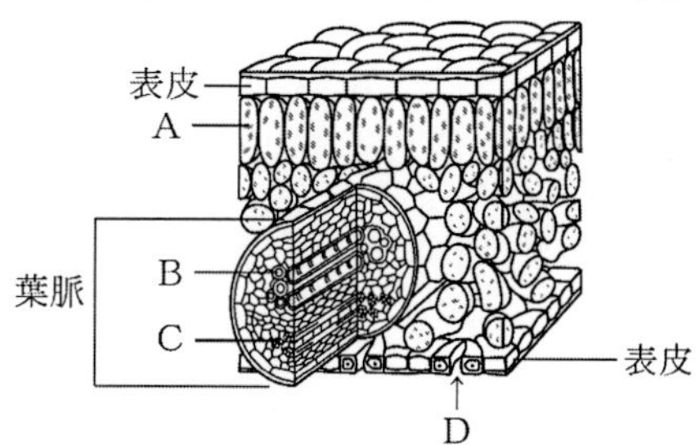


(1) Aは柱状の細胞が密着して並んだ部分である。この組織を何というか。

(2) 葉脈の中にあるB，Cの管は何か。それぞれ答えよ。
(3) Dは，おもに葉の裏側にあるすき間である。何というか。

**解答** (1) さく状組織　(2) B…道管　C…師管　(3) 気孔

**解説** (1) 効率よく光を吸収する組織である。 (2) 葉脈では，葉の表側に近いほうが道管，裏側に近いほうが師管である。
(3) 2つの孔辺細胞の間のすき間で，気孔という。孔辺細胞の膨圧の変化により開閉する。気孔からは，光合成や呼吸により気体が出入りするほか，蒸散も行われる。

## 例題 4〈光合成〉

次の図は，ある植物の光合成速度と呼吸速度を表したグラフである。

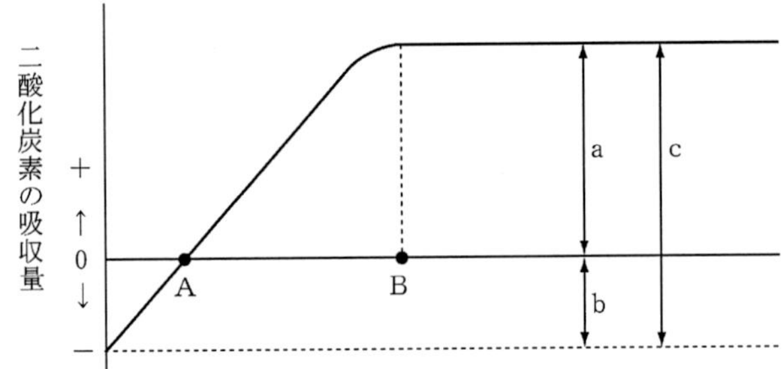


(1) A点とB点の光の強さを何というか。それぞれ答えよ。
(2) a～cのうち，光合成速度を表しているのはどれか。

**解答** (1) A…補償点　B…光飽和点　(2) c

**解説** (1) 二酸化炭素の出入りが見かけ上0になるときの光の強さを補償点といい，それ以上光を強くしても光合成速度が変化しなくなる光の強さを光飽和点という。 (2) aは見かけの光合成速度，bは呼吸速度であり，a＋b＝cが光合成速度を表す。

## 例題 5〈顕微鏡〉

ある顕微鏡を使って，水中の小さな生物を観察した。図は，この顕微鏡に使われているレンズを示したものである。ただし，接眼レンズは5倍，15倍，対物レンズは10倍，20倍，40倍である。

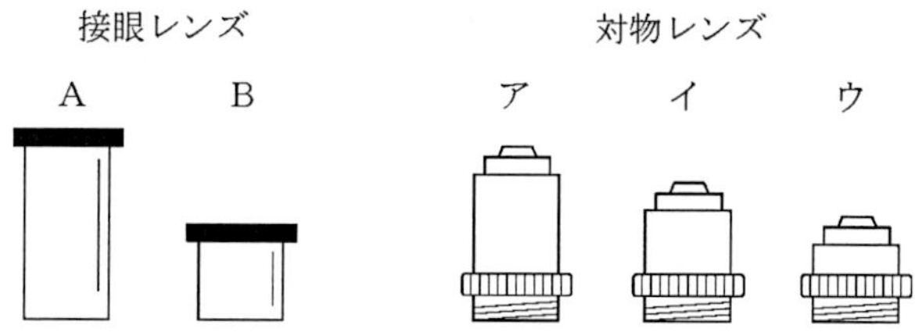


(1) この顕微鏡の最高倍率は何倍か。

(2) (1) のときに使用したレンズの組み合わせはどれとどれか。記号で答えよ。

(3) 顕微鏡で観察する場合，はじめに低倍率で観察する。その理由を簡単に書け。

**解答** (1) 600倍　(2) B，ア　(3) 低倍率のほうが視野が広いため，観察物を見つけやすい。

**解説** (1) それぞれ倍率が最も高いレンズを使用する。顕微鏡の倍率は，(接眼レンズの倍率)×(対物レンズの倍率) であるから，15×40＝600 (倍) である。　(2) 接眼レンズは短いほうが倍率が高く，対物レンズは長いほうが倍率が高い。したがって，接眼レンズのBが15倍，対物レンズのアが40倍である。　(3) 倍率を高くするほど視野は狭くなる。したがって，まず低倍率で広い範囲を観察し，目的のものが見つかったら，その部分が視野の中央にくるようにプレパラートを動かし，その後倍率を上げる。最初から高倍率で観察すると，目的のものを探すのに手間がかかる。

# 理科 生物【動物の世界】

## ポイント

### 1 動物の分類

<table>
<tr><th colspan="3">動物の種類</th><th colspan="6">特徴</th><th>例</th></tr>
<tr><td rowspan="5">セキツイ動物</td><td colspan="2">ホ乳類</td><td>2心房2心室，体内受精，毛でおおわれる</td><td rowspan="4">陸上</td><td>胎生</td><td rowspan="4">肺</td><td rowspan="2">恒温</td><td rowspan="5">背骨あり</td><td>イルカ，クジラ，コウモリ，ラッコ</td></tr>
<tr><td colspan="2">鳥類</td><td>2心房2心室，体内受精，羽毛</td><td rowspan="4">卵生</td><td>ペンギン，フクロウ</td></tr>
<tr><td colspan="2">ハ虫類</td><td>2心房2心室（不完全），体内受精，うろこやこうら</td><td rowspan="11">変温</td><td>イグアナ，カメ，ヤモリ，ワニ</td></tr>
<tr><td colspan="2">両生類</td><td>2心房1心室，体外受精，皮膚が裸出，粘膜あり</td><td>イモリ，カエル，サンショウウオ</td></tr>
<tr><td colspan="2">魚類</td><td>1心房1心室，体外受精</td><td>水中</td><td>えら</td><td>サメ，ナマズ</td></tr>
<tr><td rowspan="8">無セキツイ動物</td><td colspan="2">キョク皮類</td><td colspan="4">からだは放射状。とげをもつもの多い</td><td rowspan="8">背骨なし</td><td>ウニ，ナマコ</td></tr>
<tr><td rowspan="4">節足</td><td>昆虫類</td><td>頭部・胸部・腹部。胸部に3対のあし</td><td rowspan="2">変態</td><td>羽</td><td rowspan="4">外骨格あり</td><td>アリ，チョウ，カブトムシ，セミ，ハチ</td></tr>
<tr><td>甲殻類</td><td>かわった形状が多い。</td><td rowspan="3">羽なし</td><td>エビ，カニ，ダンゴムシ</td></tr>
<tr><td>多足類</td><td>頭部・胴部。</td><td rowspan="2">しない</td><td>ムカデ</td></tr>
<tr><td>クモ類</td><td>頭胸部・腹部。書肺（気管が変化）で呼吸</td><td>クモ，サソリ，ダニ</td></tr>
<tr><td rowspan="2">軟体</td><td>頭足類</td><td rowspan="2" colspan="3">外とう膜でおおわれ，節や外骨格ももたない</td><td rowspan="3">なし</td><td>イカ，タコ</td></tr>
<tr><td>貝類</td><td>アサリ，ナメクジ</td></tr>
<tr><td colspan="2">原生動物</td><td colspan="3">単細胞動物</td><td>アメーバ，ゾウリムシ</td></tr>
</table>

### 2 生物のつながり

有機物を生産する緑色植物を生産者，これを利用する動物などを消費者，動物の遺体などを分解する微生物などを分解者という。これらの三者が，食う－食われるの関係でつながっていることを食物連鎖といい，食物連鎖を構成している1つ1つを栄養段階という。たとえば，生産者である緑色植物は第一栄養段階であり，それを食べる第一次消費者の草食動物は第二栄養段階という。

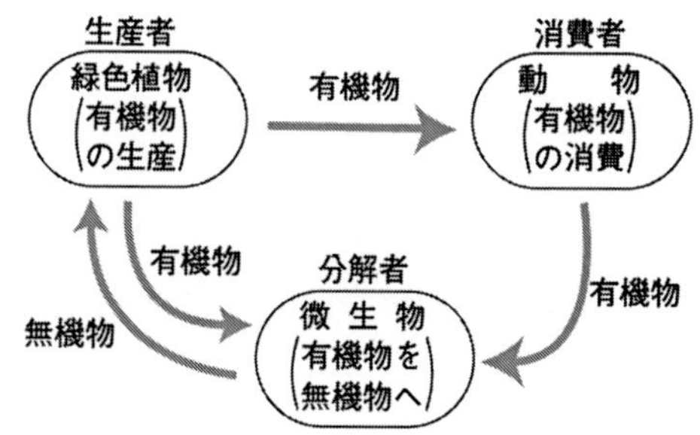


### 3 昆虫のからだと変態

(1) 昆虫のからだ

**頭部，胸部，腹部**の3つに分かれる。胸部に3対（6本）のあしと羽がある（羽のないものもあり）。

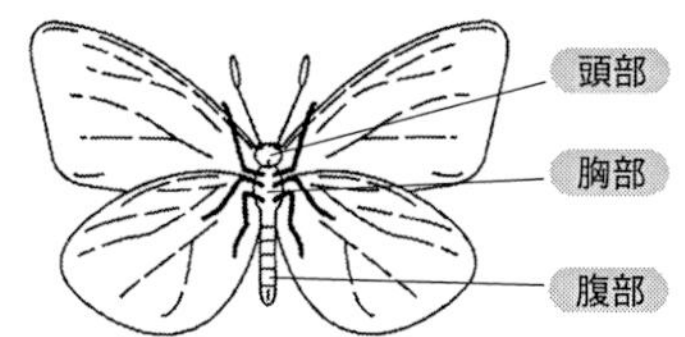


(2) 変態

| | | |
|---|---|---|
| **完全変態** | 卵→幼虫→さなぎ→成虫と姿をかえて成長 | アリ，カ，カブトムシ，チョウ，テントウムシ，ハチ，ホタルなど |
| **不完全変態** | 卵→幼虫→成虫と成長し，さなぎの時期なし | アメンボ，カマキリ，コオロギ，セミ，トンボ，バッタなど |

### 4 血液循環

(1) ヒトの心臓のつくり

**2心房・2心室**の4つの部屋に分かれる。

| | |
|---|---|
| 心房 | 静脈から戻った血液を心室に送る |
| 心室 | 心房からきた血液を，強い圧力で動脈に送り出す |

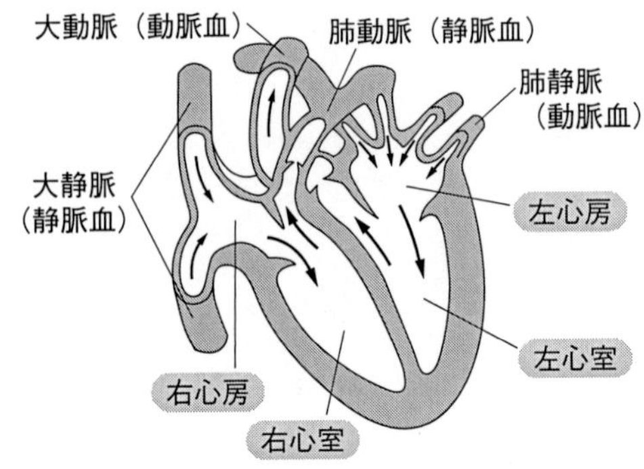


(2) 血液循環

| | |
|---|---|
| 肺循環 | 血液が心臓を出て，肺をめぐり心臓に戻る経路。血液は，肺の毛細血管で，酸素を取り入れ二酸化炭素を放出<br>**右心室→肺動脈→肺→肺静脈→左心房** |
| 体循環 | 血液が心臓から出て，全身をめぐり心臓に戻る経路。血液はこの間に，全身の細胞に酸素や栄養素を与える<br>**左心室→大動脈→全身の毛細血管→大静脈→右心房** |

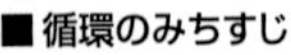


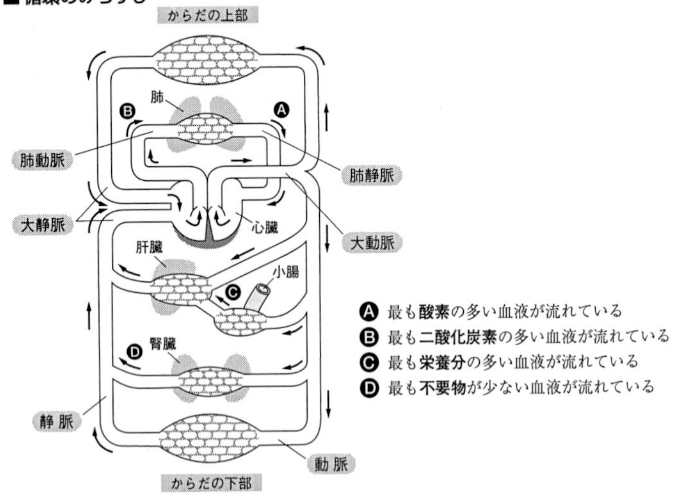

(3) 血液の成分とはたらき

| 赤血球 | ヘモグロビンを含み，酸素を運ぶ |
|---|---|
| 白血球 | 体内に侵入した細菌を殺す免疫 |
| 血小板 | 血液を凝固させ，出血をとめる |
| 血しょう | 栄養分，老廃物を運ぶ |

### 5 消化と吸収

(1) 消化管

食べ物は，**口→食道→胃→小腸→大腸→肛門**の順で消化管を通る。

(2) 消化酵素

消化液中に含まれ，食物中の栄養分を分解するはたらきをもつ。35℃前後で最もよくはたらく。

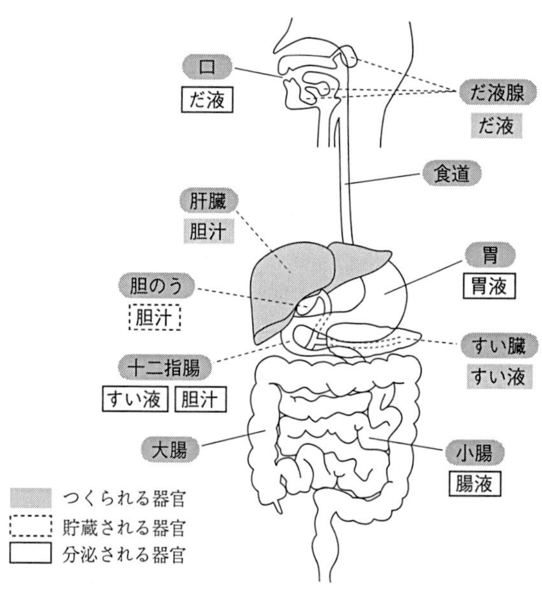


(3) 吸収

消化された栄養分は，**小腸の柔毛（柔突起）**で吸収される。

デンプン：グルコース（ブドウ糖）となり，吸収された後に毛細血管に入る。

タンパク質：アミノ酸となり，吸収された後に毛細血管に入る。
脂肪：脂肪酸とモノグリセリドとなり，吸収されたあとに再び脂肪になってリンパ管に入る。

## 例題 1〈動物の分類〉

次の図は，動物を基準にしたがって分類したものである。

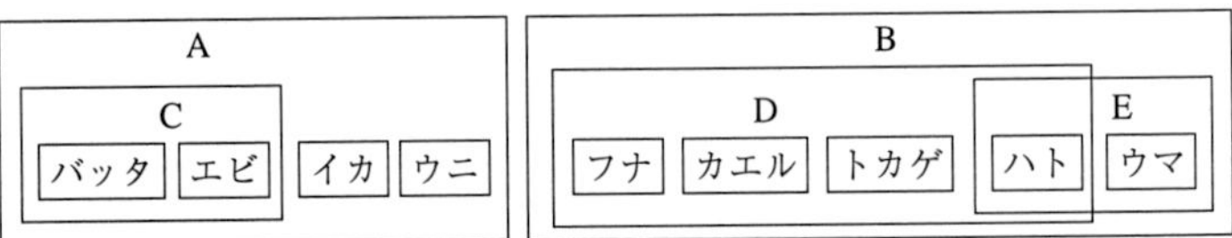


(1) Aのなかまをまとめて何というか。
(2) Cのなかまをまとめて何というか。
(3) Dのなかまに共通することは何か。
(4) Eのなかまに共通することは何か。

**解答** (1) 無セキツイ動物　(2) 節足動物　(3) 卵をうむ（卵生）
(4) 体温が一定（恒温動物）

**解説** (1) Aは背骨をもたない無セキツイ動物，Bは背骨をもつセキツイ動物である。 (2) バッタは昆虫類，エビは甲殻類であり，どちらも節足動物に分類される。なお，節足動物にはこのほかに多足類，クモ類がある。 (3) ホ乳類を除くセキツイ動物に共通する特徴である。ホ乳類は胎生である。 (4) セキツイ動物のうちの鳥類とホ乳類に共通する特徴である。どちらも恒温動物である。

## 例題 2〈生物のつながり〉

次の図は，生物の食う食われるの関係と物質の流れを模式的に表したものである。

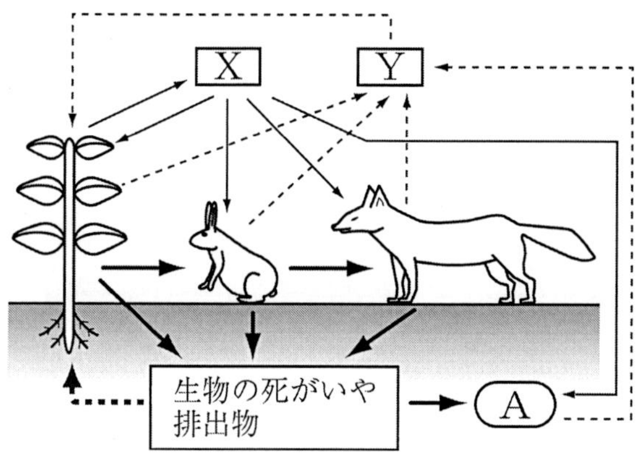


(1) 生物の食う食われるの関係による生物間のつながりを何というか。

(2) Aは菌類や細菌類である。これらの生物はそのはたらきから何と呼ばれるか。

(3) X，Yは気体である。それぞれの気体の化学式を書け。

**解答** (1) 食物連鎖　(2) 分解者　(3) X…$O_2$　Y…$CO_2$

**解説** (1) 植物を草食動物が食べ，草食動物を肉食動物が食べるという関係である。食物連鎖の数量的な関係は植物を底辺としたピラミッドの形で表される。 (2) 有機物を無機物に分解するはたらきをする。なお，植物やほかの動物を食べる動物を消費者という。 (3) 植物が取りこんでいるYは二酸化炭素である。植物，動物，微生物（菌類や細菌類）のいずれも取り込んでいるXは酸素である。

## 例題3〈昆虫のからだ〉

右の図は，昆虫のからだを模式的に表そうとしたものである。あしはどのようについているか。図にかき加えよ。ただし，あしの形は直線でよい。

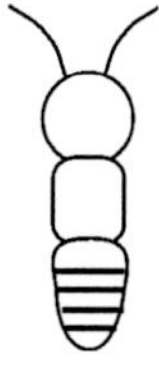

**解答** 右の図を参照。

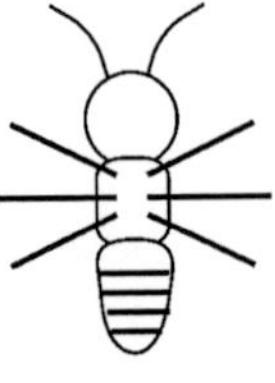

**解説** 昆虫のからだは頭部・胸部・腹部の3つに分かれており，胸部に3対（6本）のあしと2対（4枚）のはねがついている。ただし，はねが退化した昆虫もいる。

## 例題 4〈昆虫の育ち方〉

次のア～キの昆虫のうち，完全変態するものはどれか。すべて選び，記号で答えよ。

ア．アゲハ　　イ．イナゴ　　ウ．コオロギ　　エ．ミツバチ
オ．カブトムシ　　カ．カマキリ　　キ．ギンヤンマ

**解答** ア，エ，オ

**解説** 昆虫の育ち方には，卵→幼虫→さなぎ→成虫のように変態する完全変態と，卵→幼虫→成虫のように変態する不完全変態がある。

## 例題 5〈血液循環〉

次の図は，ヒトの血液循環を模式的に表したものである。なお，ケは$CO_2$以外の不要物が最も少ない血液が流れている血管である。

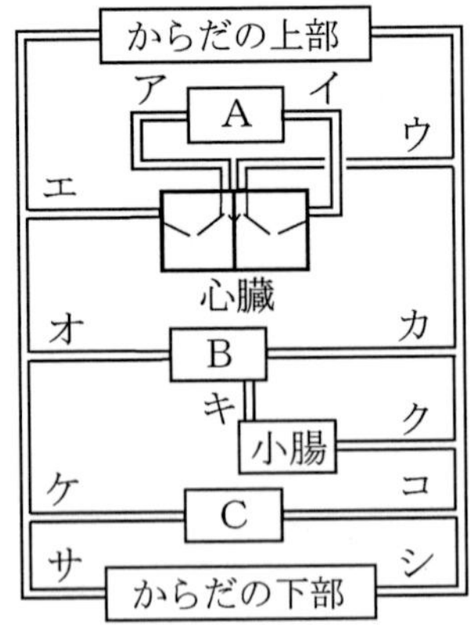

(1) A～Cの器官の名前をそれぞれ答えよ。

(2) 動脈血が流れている静脈はア～シのどれか。記号で答えよ。

(3) 食後に栄養分が最も多く含まれている血液が流れる血管はア～シのどれか。記号で答えよ。

**解答** (1) A…肺　B…肝臓　C…腎臓　(2) イ　(3) キ

**解説** (1) Aは二酸化炭素と酸素の交換を行う肺，Bは小腸からの栄養分を一時蓄えたり，アンモニアを尿素につくり変えたりする肝臓，Cは血液中の二酸化炭素以外の不要物をこし出すはたらきをする腎臓である。 (2) 肺から心臓へ戻る血液が流れる肺静脈である。 (3) 小腸から肝臓へ血液を送る肝門脈である。

## 例題6〈呼吸〉

次の図は，肺の一部を示したものである。下の各問いに答えよ。

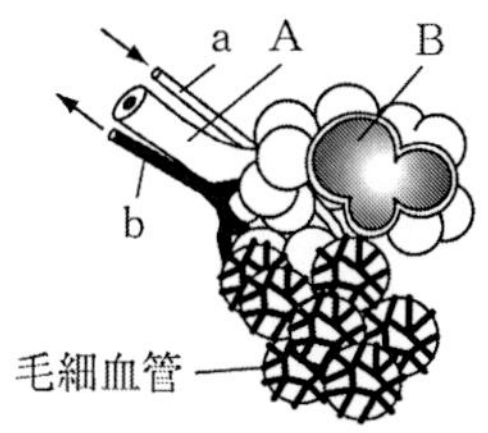


(1) A，Bのそれぞれの名前を答えよ。

(2) 酸素を多く含む血液が流れている血管は，a，bのどちらか。

**解答** (1) A…気管支　B…肺胞　(2) b

**解説** (1) Aは気管が枝分かれした気管支である。また，Bは細かく枝分かれした気管支の先が袋状になったもので，肺胞という。肺は，肺胞に分かれていることで表面積が大きくなり，ガス交換が効率よく行われている。 (2) 肺から出ていく血液が流れる血管である。

## 例題 7〈消化・吸収〉

次の表は栄養分の消化と吸収についてまとめたものである。A～Dにあてはまる語句を答えよ。

| | 分解産物 | 吸収場所 |
|---|---|---|
| デンプン | → A | 毛細血管 |
| たんぱく質 | → アミノ酸 | C |
| 脂肪 | → B 脂肪酸 → 脂肪 | D |

**解答** A…グルコース（ブドウ糖） B…グリセリン（またはモノグリセリド） C…毛細血管 D…リンパ管

**解説** 消化された栄養分は小腸の壁の柔毛から吸収される。

## 例題 8〈老廃物の排出〉

図は，ヒトの排出器官を示したものである。

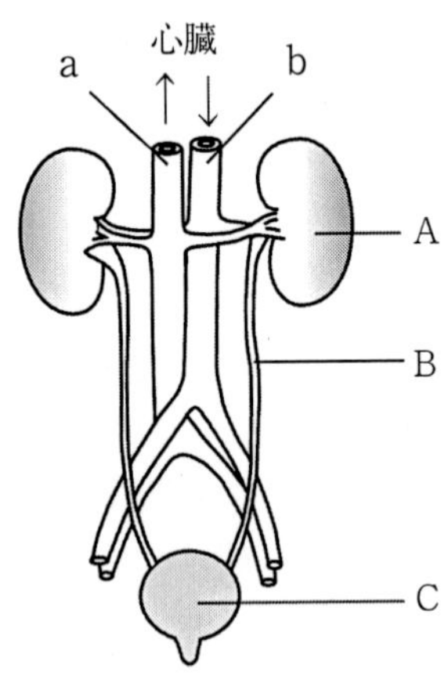


(1) A～Cの名前を答えよ。

(2) 血管a，bのうち，老廃物が少ない血液が流れているのはどちらか。

記号で答えよ。

**解答** (1) A…腎臓　B…(輸) 尿管　C…ぼうこう　(2) a

**解説** (1) Aは血液から不要物をこし出すはたらきをする腎臓，Bはつくられた尿をCのぼうこうへ送る輸尿管である。尿はぼうこうに一時ためられてから排出される。 (2) 腎臓に入る血液が流れるbは動脈であり，腎臓から出る血液が流れるaは静脈である。不要物は腎臓でこし出されるので，aの静脈のほうが不要物が少ない。

# 理科　地学【天気の変化】

## ポイント

### 1　気象の観測

(1)　天気記号と風向・風力

風向は16方位，風力は0～12の13階級で表す。

天気はその日の空をおおう雲量によって決まる。

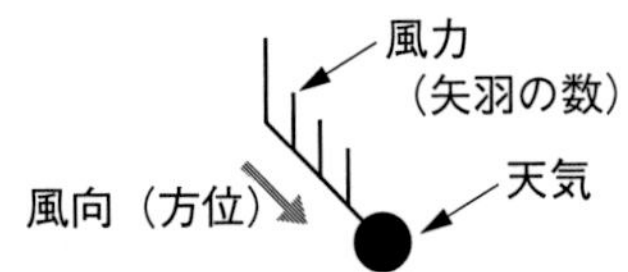


例　北西の風，風力4，雨

| 天気 | 快晴 | 晴れ | くもり | 雨 | 雪 |
|---|---|---|---|---|---|
| 記号 | ○ | ⦶ | ◎ | ● | ⊛ |

| 快晴 | 雲量　0～1 |
|---|---|
| 晴れ | 雲量　2～8 |
| くもり | 雲量　9～10 |

(2)　気温と湿度

①　気温の1日の変化

晴れの日には，**日の出前ごろが最低気温**となり，太陽の高さ，地面の温度が高くなるとともに上がっていき，**14時ごろに最高気温**となる。

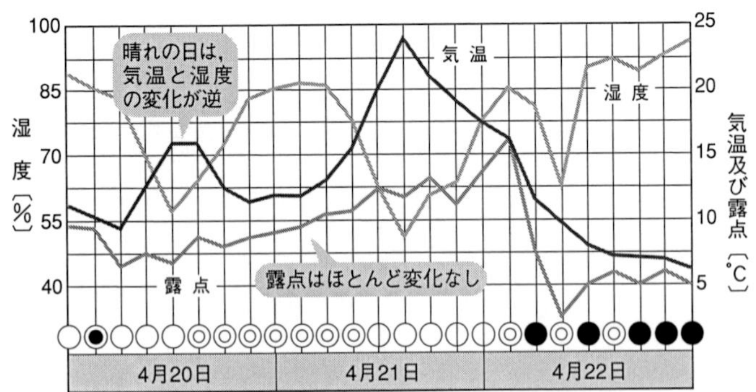

② 気温と湿度との関係

晴れた日は湿度と気温は**逆の変化**を示し，雨の日は湿度は高いままで，あまり変化しない。

## 2 大気中の水蒸気

### (1) 飽和水蒸気量

空気1m³中に含むことができる最大の水蒸気の量。気温が高くなるほど大きくなる。

### (2) 露点

空気中の水蒸気が凝結し，水滴ができはじめるときの温度。空気中の水蒸気の量が多いほど露点は高くなる。

(3) 湿度を求める式

$$湿度〔\%〕= \frac{空気中の水蒸気量〔g/m^3〕}{その気温での飽和水蒸気量〔g/m^3〕} \times 100$$

## 3 気圧と前線

(1) 等圧線

一般に4hPa（ヘクトパスカル）ごとに引かれ，20hPaごとに太い線になっている。

(2) 前線の種類と天気の変化

| | | 温暖前線 | 寒冷前線 |
|---|---|---|---|
| 特徴 | 気団の状態 | 暖気団が寒気団の上にゆっくりはい上がり，寒気団を押しながら進む。**乱層雲**などが発達 | 寒気団が暖気団の下にもぐり込み，暖気団を激しく押し上げながら進む。**積乱雲**が発達 |
| | 通過時 | **長時間広い範囲**で，**弱いしとしと雨**が降り続く | 突風が吹き，**強い雨**が狭い範囲で**短時間**降る |
| | 通過後 | 雨がやみ，一時的に**気温が上がり，南寄りの風が吹く** | **気温が急に下がり，北寄りの風が吹き**，天気は回復する。 |

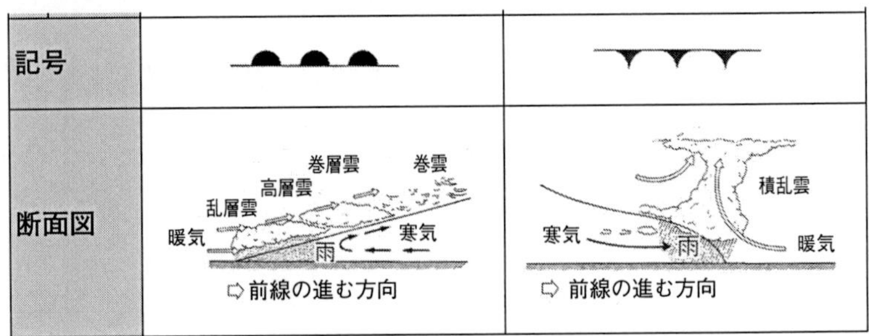


### 4　日本の天気

| 四季 | 気団 | 季節風 | 天気 | その他の特徴 |
|---|---|---|---|---|
| 冬 | 大陸に高気圧（**シベリア気団**），日本の北東海上に低気圧（**西高東低**） | 寒冷で強い**北西の季節風** | 日本海側は雪，太平洋側は乾燥した晴れの日が続く | 等圧線は南北方向に走り，間隔が狭い |
| 夏 | 日本の東南海上に高気圧（**小笠原気団**），大陸に低気圧（南高北低） | 高温多湿な**東南の季節風** | 晴天が続き，湿度が高い | 積乱雲が発達。雷や夕立が発生しやすい |
| 春と秋 | 移動性高気圧や温帯低気圧が，交互に**西から東へ**通過 | | 4～7日ごとに周期的に変化 | |
| 梅雨と秋雨 | 日本の南岸沿いに**停滞前線** | | **くもりや雨の日が続く** | |

## 例題 1〈気象の観測〉

気象観測の結果,「北西の風，風力3」であり，雲量は2であった。次の図に，天気記号で表せ。

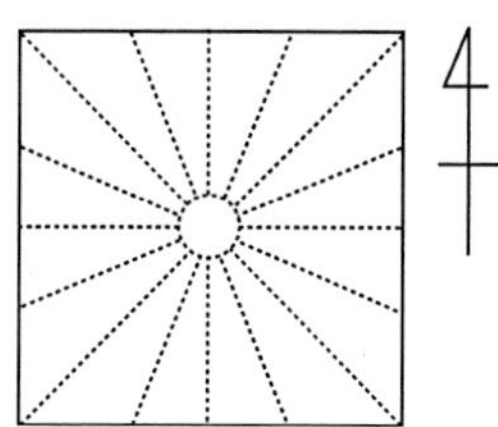


**解答**

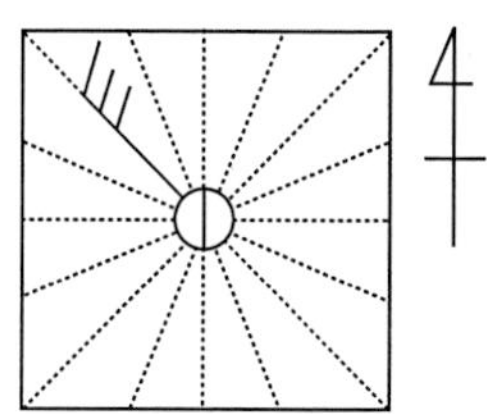


**解説**　風向は16方位で表し，矢羽を風が吹いてくる方向へ向け，風力は矢羽の数で表す。また，雲量2は晴れである。

## 例題 2〈飽和水蒸気量〉

空気P，Qがあり，それぞれの気温，水蒸気量は次の図のようになっている。

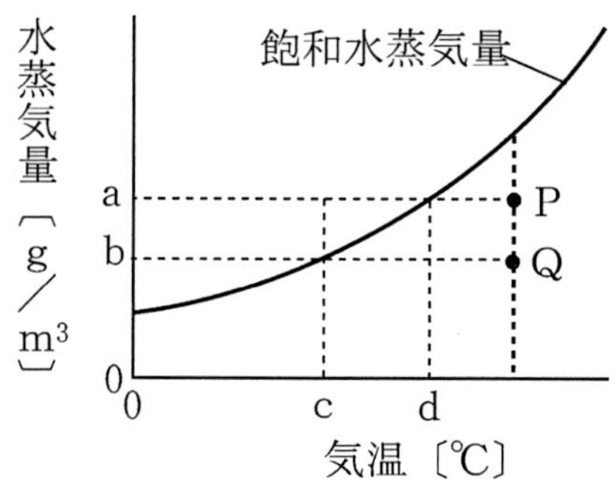

(1) Qの温度がcまで下がった。このときの温度cを何というか。

(2) Pの温度がcまで下がったとき，空気1$m^3$あたりに凝結する水蒸気量を，a～dの記号を用いた式で表せ。

**解答** (1) 露点 (2) a－b

**解説** (1) 空気中の水蒸気が飽和に達し，水蒸気が凝結して水滴ができはじめる温度を露点という。 (2) Pの空気が含んでいた水蒸気量はa〔g/$m^3$〕であり，温度cの飽和水蒸気量はb〔g/$m^3$〕である。したがって，気温がcまで下がると，空気1$m^3$に対して，(a－b)〔g〕の水蒸気が凝結して水滴になる。

## 例題 3〈気圧と前線〉

図は，ある前線の垂直断面を模式的に表したものである。

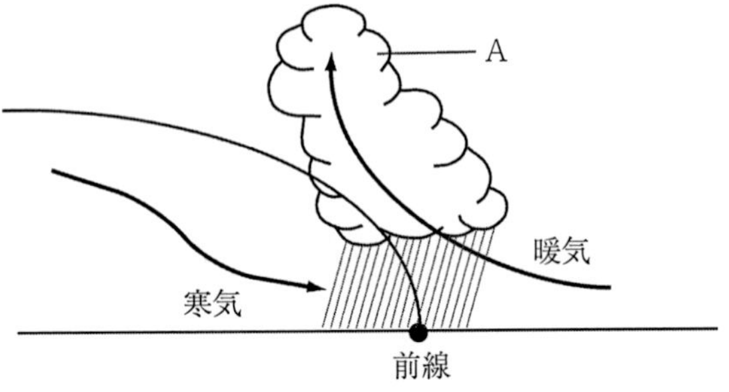


(1) 図の前線の名前を答えよ。

(2) この前線付近で発達する雲Aは何か。

**解答** (1) 寒冷前線 (2) 積乱雲

**解説** (1) 寒気が暖気を押し上げるようにして進む前線である。
(2) 押し上げられた暖気が上昇気流となるので，垂直に発達する積乱雲が発生することが多い。なお，寒冷前線が通過すると，寒気に覆われるので気温が下がる。

## 例題 4〈日本の天気〉

次の図は，日本付近の天気図を示したものである。

A　　　　　　　　　　B

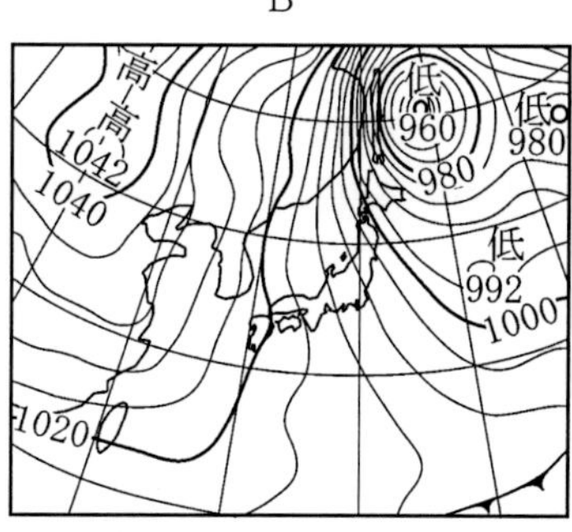


(1) Aの天気図に見られる高気圧や低気圧は，ほぼどの方向へ移動すると考えられるか。

(2) Aの高気圧や低気圧が (1) の方向に移動する原動力となる風を何というか。

(3) Bの気圧配置が現れる季節はおもにいつか。

(4) Bの天気図の気圧配置を何というか。

**解答**　(1) 東（北東）　(2) 偏西風　(3) 冬　(4) 西高東低

**解説**　(1)，(2) 日本列島が移動性高気圧にほぼ覆われている。このとき，日本の各地はよい天気となるが，偏西風の影響で高気圧や低気圧が東～北東へ移動するため，低気圧が接近する西から天気が悪くなる。　(3)，(4) 大陸に強い高気圧があり，オホーツク海に発達した低気圧がある。つまり，西高東低の気圧配置で，北西の強い風が吹いている。これは冬の典型的な気圧配置で，日本海側では雪，太平洋側では乾燥した晴天になる。

# 理科　地学【地球と宇宙】

## ポイント

### 1　太陽の動き

(1) 太陽の日周運動

① 太陽の日周運動

**地球の自転**によって，東からのぼり，南の空を通って西へ沈み，1日に1回，地球の周りを回っているように見える。

② **南中高度**

太陽が南中（真南を通過）したときの地平線からの角度。太陽の高度が1日のうちで最も高い。

(2) 太陽の年周運動

地球は，地軸が公転面に垂直な方向に対して約23.4°傾いた状態で公転しているため，季節によって太陽の南中高度は変化する。

① 季節による太陽の道すじの変化（天球のモデル）

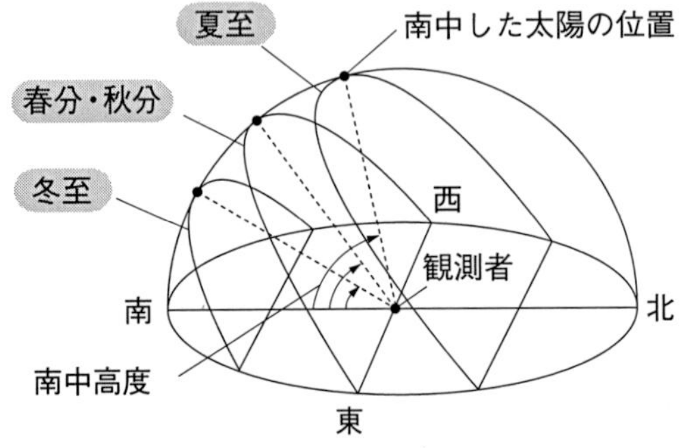


| | |
|---|---|
| 春分・秋分 | 真東からのぼり，真西に沈む。<br>昼と夜の長さは同じ。 |
| 夏至 | 真東・真西より北寄りに出没。<br>昼の時間が最も長く，南中高度も高い。 |
| 冬至 | 真東・真西より南寄りに出没。<br>昼の時間が最も短く，南中高度も低い。 |

② 季節による**南中高度**

**春分・秋分の南中高度＝90°－緯度**
**夏至の南中高度＝90°－緯度＋23.4°**
**冬至の南中高度＝90°－緯度－23.4°**

(3) 1年における太陽がつくる棒の影の変化

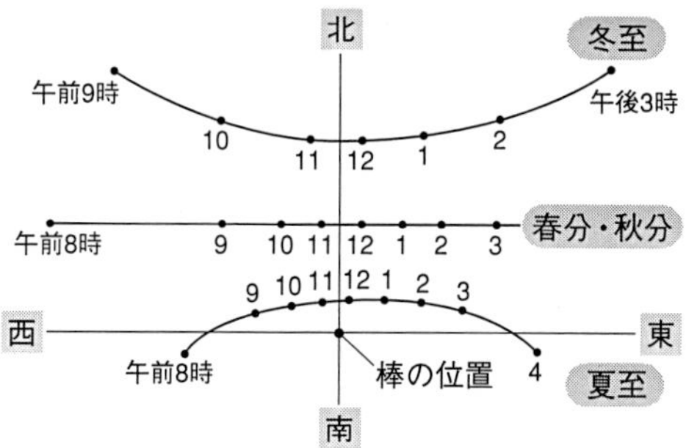


## 2 月の動き

(1) 月の動き

太陽と同じように**東から西**へ動き，1日に1回転する。これは，**地球の自転**による見かけの動きである。

**■地球・太陽・月の位置関係**

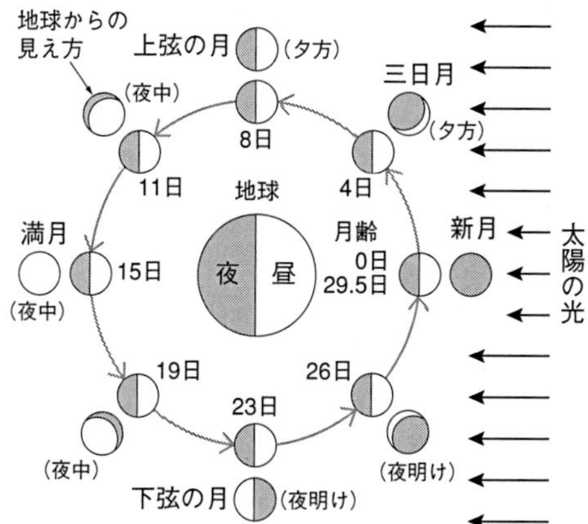

(2) 月の形の変化

月は太陽の光を反射させながら，地球のまわりを公転しているため，太陽と地球，月の位置関係で月の形が変化して見える。

**新月→三日月→上弦の月→満月→下弦の月→新月**を約29.5日で繰り返す。

(3) 月の形と動き

① **三日月**

**夕方，西の空の低いところ**に見えはじめ，太陽を追うようにして沈んでいく。

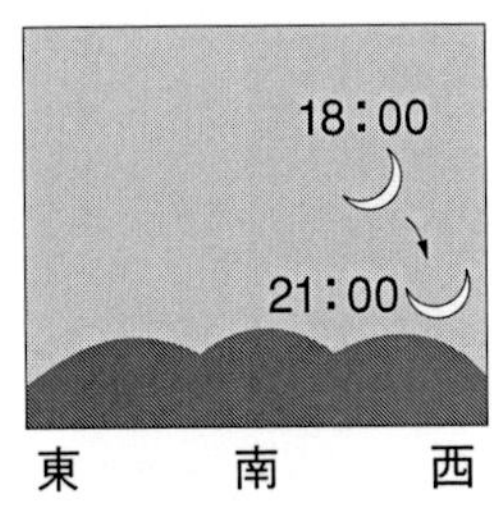


② **上弦の月**

**夕方，南の空の高いところ**に見え，夜中に西の空に沈む。三日月が見えた日から約4日後に見える。

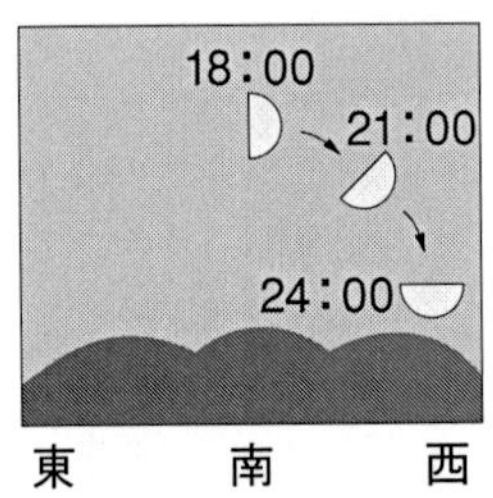


③ **満月**

満月は，地球をはさんで太陽の反対側に位置しているため，**日の入りと同時に東の空**にのぼり始め，真夜中に南中して，日の出の頃に西の空に沈む。上弦の月が見えた日から約1週間後に見える。

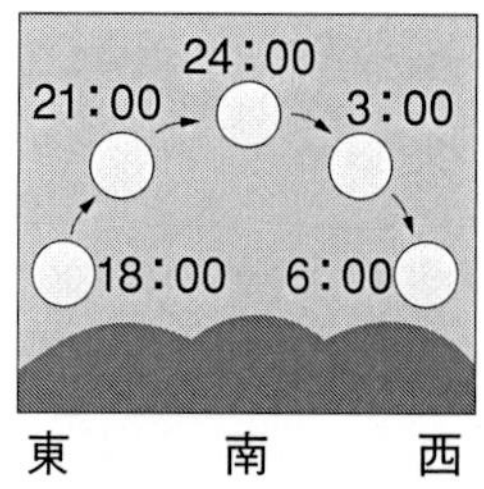


④　**下弦の月**

**真夜中に東の空**にのぼり始め，日の出の頃に南中する。正午頃，西の空に沈むが，太陽がのぼってからは見えなくなる。満月が見えた日から約1週間後に見える。

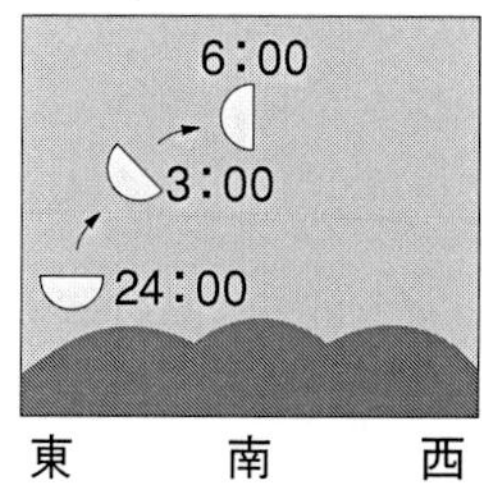


## 3　星の動きと星座

(1) 星の動き

①　星の日周運動

**地球の自転**によって，**1時間に15°ずつ東から西へ**動いて見える。

**■東・西・南・北の空の星の動き（北半球）**

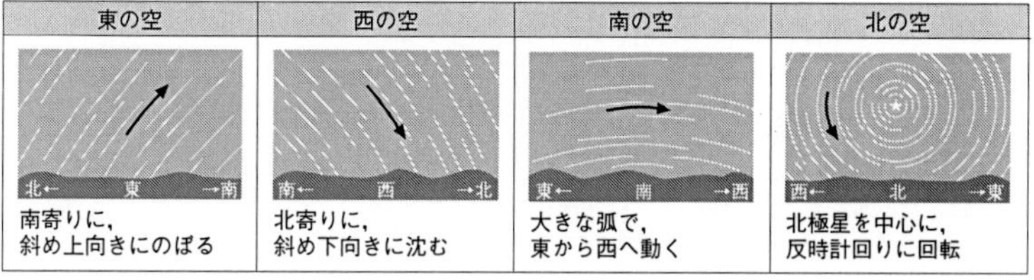


②　星の年周運動

**地球の公転**によって，星は**1ヵ月に30°**ずつ東から西へ動くように見え，1年で1回転する。同じ星が同じ位置に見える時刻は，1日に約4分ずつ，**1ヵ月に2時間ずつ早くなる。**

(2) 季節の星座

**地球の公転**によって，真夜中の南の空に見える星座は季節により異なる。地球から見て，太陽と反対方向にある星座はよく見え，太陽と同じ方向にある星座は見ることができない。

太陽が通る天球上の経路を黄道といい，黄道上に位置する星座を黄道12星座という。

| | 代表的な星座 |
|---|---|
| 春 | しし座，おとめ座 |
| 夏 | **さそり座，はくちょう座** |
| 秋 | ペガスス座，うお座 |
| 冬 | **オリオン座**，ふたご座 |

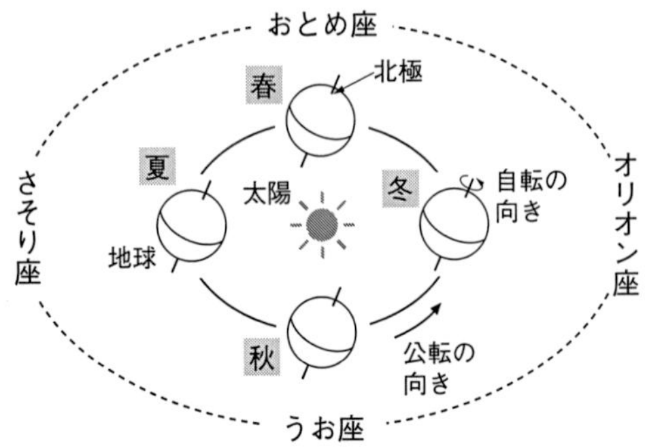


■冬の大三角形

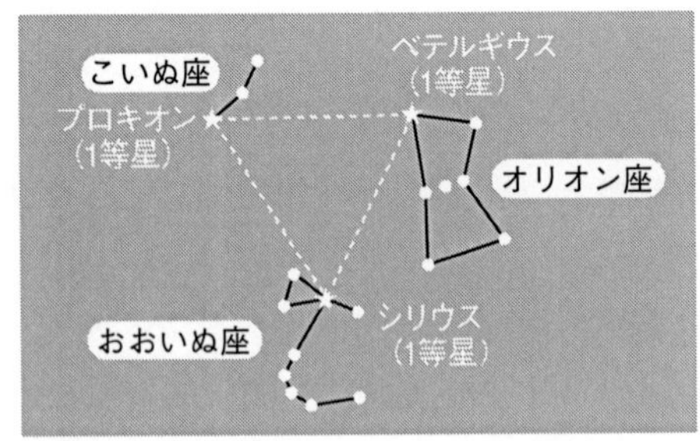

■夏の大三角形

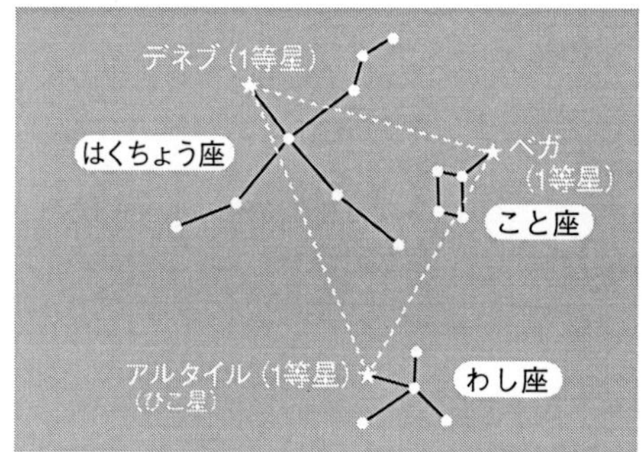


④ 太陽系と宇宙

(1) 金星の見え方

金星は，太陽のまわりを公転する惑星の1つで，**内惑星**であるため，**明け方と夕方のみ見え**，真夜中に見ることはできない。

① **明けの明星**

**日の出前**のしばらくの間だけ，**東の空**に見える。

② **宵の明星**

**夕方**（日没直後）からしばらくの間だけ，**西の空**に見える。

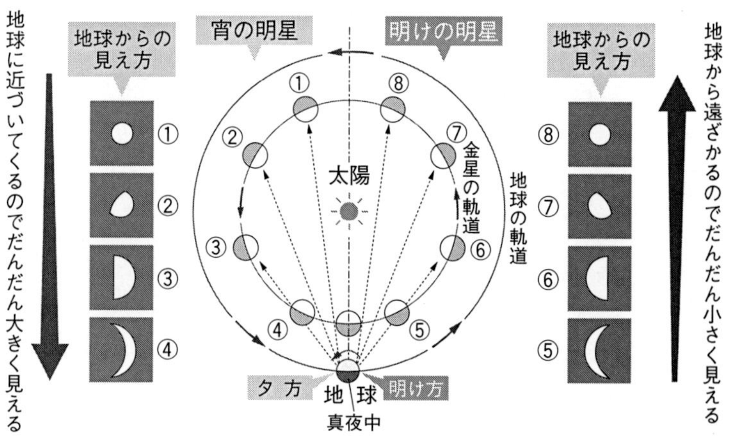

(2) **惑星**

太陽のまわりを公転している天体で8つある。自らは光を出さず，太陽の光を反射して光る。

① 内惑星と外惑星

・内惑星…地球より内側を公転している惑星。**水星と金星**がある。

・外惑星…地球より外側を公転している惑星。

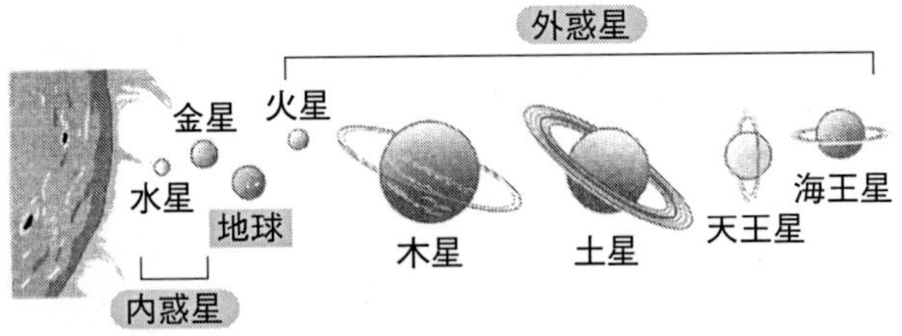


② 地球型惑星と木星型惑星

・地球型惑星…半径・質量は小さく，平均密度は大きい。水星，金星，地球，火星がある。

・木星型惑星…半径・質量は大きく，平均密度は小さい。木星，土星，天王星，海王星がある。

## 例題 1〈太陽の動き〉

次の図は，北緯35°のある地点の夏至，秋分，冬至の太陽の動きを，透明半球上に記録したものである。

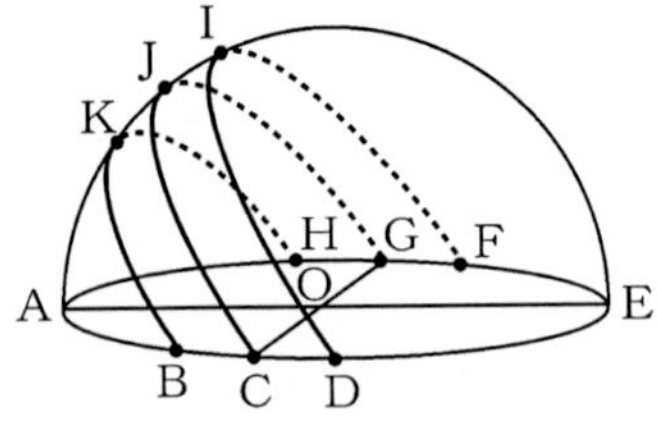


(1) 透明半球は何のモデルか。

(2) 夏至の日の南中高度を∠ABCのように表せ。

(3) (2) の角度は何度になるか。

(4) この地点の北極星の高度は何度か。

**解答** (1) 天球　(2) ∠AOI（∠IOA）　(3) 78.4°　(4) 35°

**解説** (1) 透明半球は，太陽の天球上での動きを再現する。 (2) 夏至の日の太陽の動きは，最も北よりのDIFである。南中高度は観測点にあたるO点での角度で，∠AOIである。 (3) 90° −35° + 23.4° =78.4° (4) 北半球では，北極星の高度はその地点の緯度に等しい。

## 例題 2〈月の動き〉

次の図のように，南の空に月が見られた。

(1) 図のような月を何というか。名称を書け。

(2) 図のような月が見られたのは，何時ごろか。

(3) この日から約1週間後に見える月はどんな月か。名称を書け。

**解答** (1) 上弦の月　(2) 午後6時ごろ（18時ごろ）　(3) 満月

**解説** (1) 図のような半月は，西の空にあるときに弦が上になる。西の空にあるときに弦が上にあるのが上弦の月，下にあるのが下弦の月である。 (2) 図のような月が見られるとき，太陽は西の地平線付近にある。夕方6時ごろである。 (3) 月は右から欠けて右から満ちてくる。図の月はこれから満ちていき，約1週間後には満月になる。

## 例題 3〈星の動き〉

次の図は，カメラを東西南北のどちらかに向け，シャッターを2時間開放にしたときの星の軌跡を図に表したものである。

A

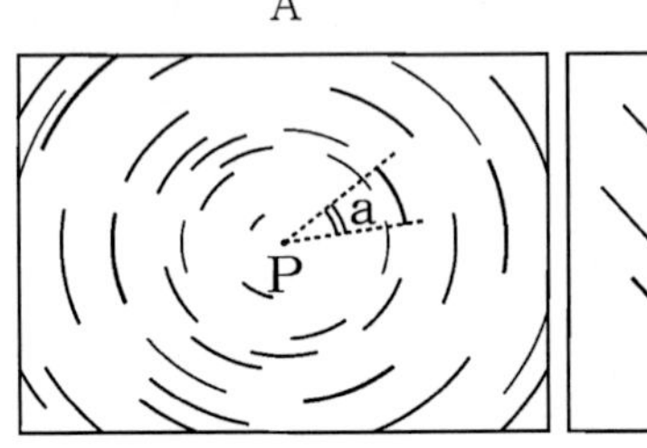


B

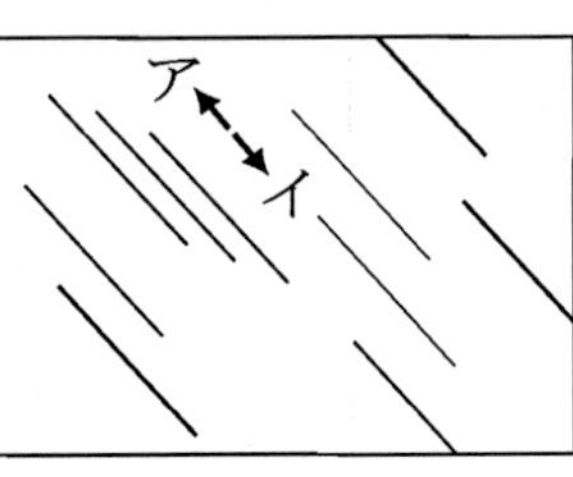


(1) Aの図のPの付近にある星を何というか。

(2) Aの図のaの角度は何度か。

(3) Bの図は，東西南北のどちらの空を表しているか。

(4) Bの図で，星はア，イのどちらの向きに動いたか。

**解答** (1) 北極星　(2) 30°　(3) 西　(4) イ

**解説** (1) Aは北の空の図である。北の空の星は，P（天の北極）を中心に反時計回りに回転して見える。天の北極付近にある星は北極星である。 (2) シャッターを開放した時間は2時間であるから，15°×2＝30°移動して見える。 (3), (4) Bは西の空の図である。星は西の地平線に沈んでいくのでイの方向に動いて見える。

## 例題４〈季節の星座〉

図は，太陽の周りを公転する地球と，星座の位置関係を模式的に表したものである。

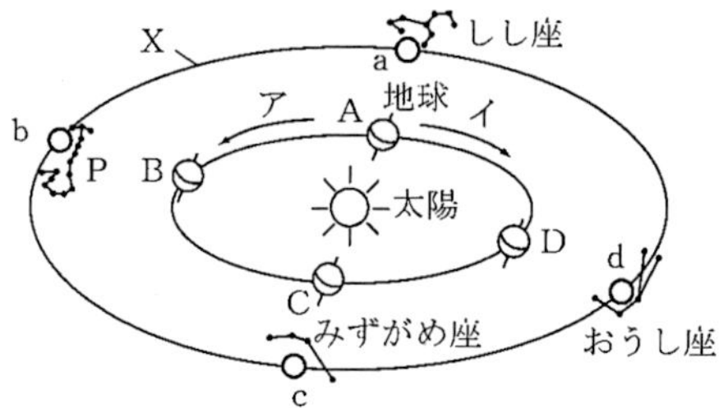


(1) 地球の公転の向きはア，イのどちらか。

(2) Xは，太陽の天球上における見かけの運動経路を示したものである。この経路を何というか。

(3) Pの星座は何か。名称を書け。

(4) 北半球が夏の位置にあるとき，日没のころに南の空に見られる星座は何か。

(5) 北半球が冬の位置にあるとき，太陽はa～dのどの位置にあるか。

**解答** (1) ア　(2) 黄道　(3) さそり座　(4) しし座　(5) b

**解説** (1) 星座の位置から判断する。 (3) 夏の代表的な星座である。 (4) 公転の向きが「ア」であることから，図は天の北極（北半球）側から公転軌道を見下ろす図であるとわかる。したがって地球の自転軸の上側が北極であり，北極周辺に太陽光があたるところ（B）が北半球の夏。 (5) (4) と同様に考え，地球の公転軌道上の冬の位置を決めるとDになる。

## 例題５〈星座と星〉

夏の大三角をつくるデネブ，アルタイル，ベガは，それぞれ何という星座に含まれるか。

**解答**　デネブ…はくちょう座　アルタイル…わし座
ベガ…こと座

**解説**　いずれも1等星でよく目立ち，別々の星座に含まれている。

## 例題６〈金星の動き〉

次の図は，太陽，地球，金星の位置関係を表したものである。

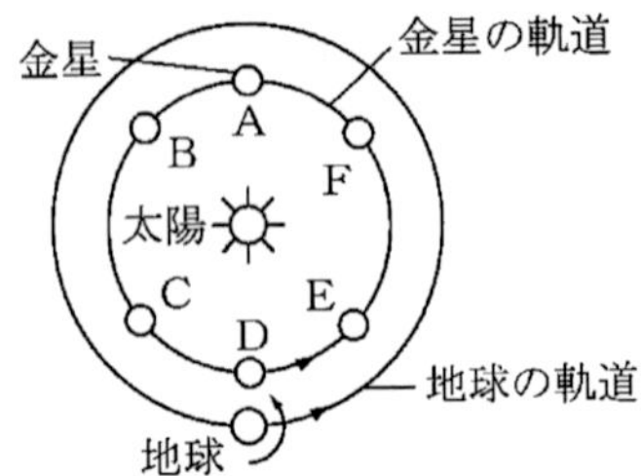


(1) 明け方に見られるのは，金星がA～Fのどの位置にあるときか。すべて選び，記号で答えよ。
(2) 肉眼では観測できないのは，金星がA～Fのどの位置にあるときか。すべて選び，記号で答えよ。
(3) 金星が真夜中に見ることができない理由を簡単に書け。

**解答**　(1) E，F　(2) A，D　(3) 内惑星であるから。

**解説**　(1) 地球の自転の向きから考える。　(2) 太陽の方向にある金星は肉眼では観測できない。　(3) 太陽－地球－金星のように並ぶことがないので真夜中に観測することはできない。これは，金星が地球の内側を公転する内惑星であるからである。

## 例題 7〈観察の仕方〉

次の問いに答えよ。

(1) 天体望遠鏡で太陽を観測する場合，太陽を直接見ることは絶対にしてはならない。何を使って観測するか。

(2) 透明半球上に太陽の位置をペンで印す場合，ペン先の影をどこに合わせるか。

**解答** (1) 投影板　(2) 透明半球の中心

**解説** (1) 望遠鏡を使って太陽を観察する場合は，ファインダーにはふたをしておき，のぞけないようにしておく。投影板を使って太陽の像を映す。　(2) 透明半球の中心は観測者の位置を表す。したがって，透明半球上に太陽の位置をペンで印す場合，ペン先の影が透明半球の中心と一致する位置に印をつける。

# 理科　地学【大地の変化】

## ポイント

**1　流水のはたらき**

(1) 流水のはたらき

**侵食作用，運搬作用，堆積作用**

(2) 湾曲して流れる川のようす

**外側ほど流れが速い**ため，削られて崖になり川底も深くなっている。逆に内側ほど流れがおそいため，石や砂が積もって広い川原ができる。

**2　地層**

(1) **地層累重の法則**

連続して堆積した場合，地層はふつう下のものほど古く，上のものほど新しい。

(2) 地層の重なりと断層

地層は，ふつう連続して重なっており，このような地層の重なり方を整合という。これに対して，地層の堆積が長期間にわたって中断された重なり方を不整合という。

地層や岩盤に力が加わって破壊されて，ずれ動いて生じた構造を断層という。断層の面の上側にある地層を上盤，下側を下盤という。

(a) 正断層

両側に引っ張りの力がはたらくことで，上盤が下盤に対してずり下がったもの。

(b) 逆断層

両側から圧縮する力がはたらくことで，上盤が下盤に対して押し上げられたもの。

(c) 横ずれ断層

断層面の両側の地盤が水平方向にずれているもの。

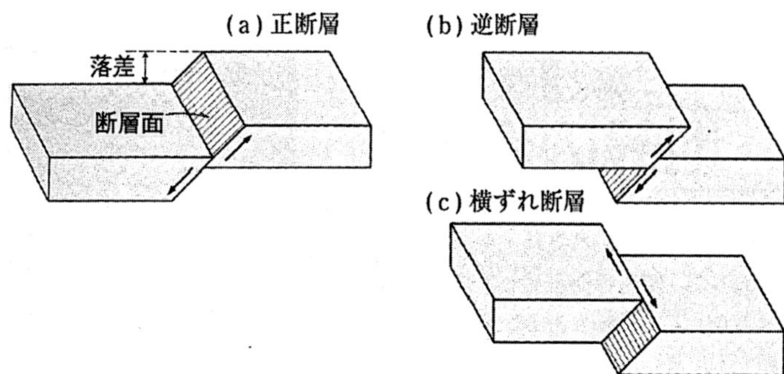


(3) 堆積岩

| 種類 | 主に堆積しているもの | 特徴 |
|---|---|---|
| 泥岩 | 泥（直径0.06mm未満） | 岩石が風化・侵食したものが堆積。<br>粒の大きさで見分ける |
| 砂岩 | 砂（直径0.06～2mm） | |
| れき岩 | れき（直径2mm以上） | |
| 石灰岩 | 石灰質の殻をもつ生物の死がい（サンゴ，フズリナ）など | 炭酸カルシウムを大量に含み，うすい塩酸をかけると二酸化炭素が発生 |
| チャート | ケイ酸質の殻をもつ生物の死がい（ホウサンチュウ）など | 二酸化ケイ素を大量に含み，非常に硬い |
| 凝灰岩 | 火山の噴出物（火山灰，軽石など） | 堆積した当時，近くで火山活動があったことがわかる |

(4) 化石

| | |
|---|---|
| 示準化石 | 地層が**堆積した時代**を知る手がかりとなる<br>例 古生代の示準化石：**フズリナ**，サンヨウチュウ<br>中生代の示準化石：**アンモナイト**，恐竜<br>新生代の示準化石：ナウマンゾウ，ビカリア |
| 示相化石 | 地層が堆積した**当時の環境**を知る手がかりとなる<br>例 ブナ（寒冷な気候の場所）<br>サンゴ（温暖で，きれいな浅い海）<br>シジミ（淡水の湖や河口付近） |

### 3 火成岩

マグマが冷え固まってできた岩石。マグマの冷え固まり方の違いにより**火山岩**と**深成岩**に分類される。

| | でき方 | つくり | 例 |
|---|---|---|---|
| 火山岩 | マグマが**地表**や地表近くで，**急に冷やされて**できる。 | 〔**斑状組織**〕<br>目に見えない小さな鉱物の部分（**石基**）の中に，比較的大きな結晶（**斑晶**）が散らばっている。  | **流紋岩**<br>**安山岩**<br>**玄武岩** |
| 深成岩 | マグマが**地下深く**で，**ゆっくりと冷えて**できる。 | 〔**等粒状組織**〕<br>ほぼ同じ大きさの鉱物の結晶が組み合わさっている。  | **花こう岩**<br>**閃緑岩**<br>**斑れい岩** |

火成岩の分類

| | | | | |
|---|---|---|---|---|
| 火山岩 | | 流紋岩 | 安山岩 | 玄武岩 |
| 深成岩 | | 花こう岩 | 閃緑岩 | 斑れい岩 |
| おもな造岩鉱物とその組み合わせ | | 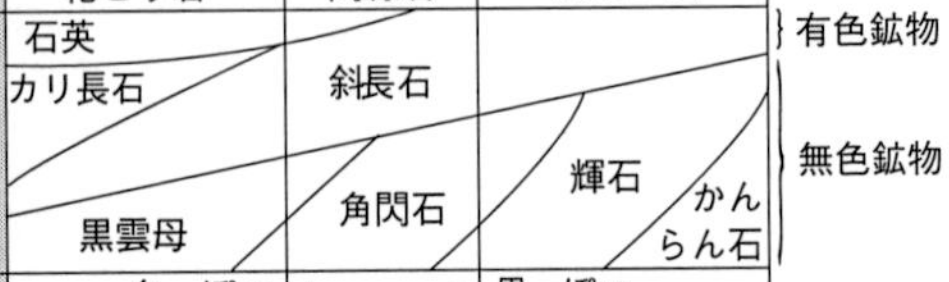 石英<br>カリ長石<br>黒雲母 | 斜長石<br>角閃石 | 輝石<br>かんらん石 |
| 色 | | 白っぽい | ←→ | 黒っぽい |
| 化学組成 | 二酸化ケイ素($SiO_2$)の量 | 多い | ←→ | 少ない |
| | 鉱物組成(色指数)からみた性質 | 酸性岩(珪長質) | 中性岩 | 塩基性岩(苦鉄質) |
| 密度 (g/cm³) | | 大きい(約3.3) | ←→ | 小さい(約2.7) |
| 溶岩の粘性 | | 大きい(流れにくい) | ←→ | 小さい(流れやすい) |

} 有色鉱物
} 無色鉱物

### 4 地震

(1) 地震のゆれ

① 震央と震源

**震源**…地震のゆれが発生した地下の場所。

**震央**…震源の真上の地表の地点。

② 地震波

**P波**…伝わる速度が速い波。固体・液体・気体中を伝わる。

**S波**…伝わる速度が遅い波。固体中のみを伝わる。

地震波の速度〔km/s〕＝震源からの距離〔km〕÷所要時間〔s〕

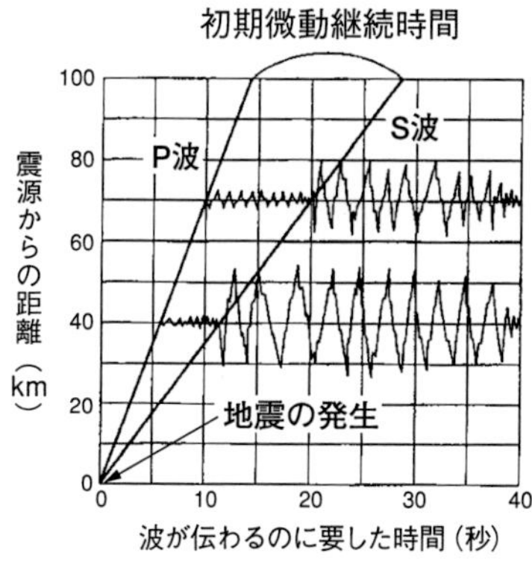


③　地震のゆれ方

**■地震計の記録**

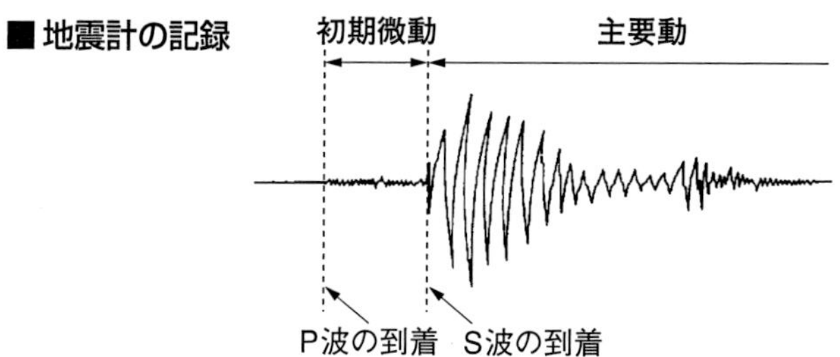


**初期微動**…地震のはじめに起こる小さなゆれ。

**主要動**…初期微動に続いて起こる大きなゆれ。

④　**初期微動継続時間**

P波が到着してからS波が到着するまでの時間。

$$\text{初期微動継続時間〔s〕} = \frac{\text{震源からの距離〔km〕}}{\text{S波の速さ〔km/s〕}} - \frac{\text{震源からの距離〔km〕}}{\text{P波の速さ〔km/s〕}}$$

⑤　地震の規模

| | |
|---|---|
| **震度** | ある地点での，地震による土地の**ゆれの大きさ**の程度 |
| **マグニチュード** | 地震が放出する**エネルギーの大きさ**を表す尺度 |

## 例題 1〈流水のはたらき〉

図1のように，湾曲した川がある。

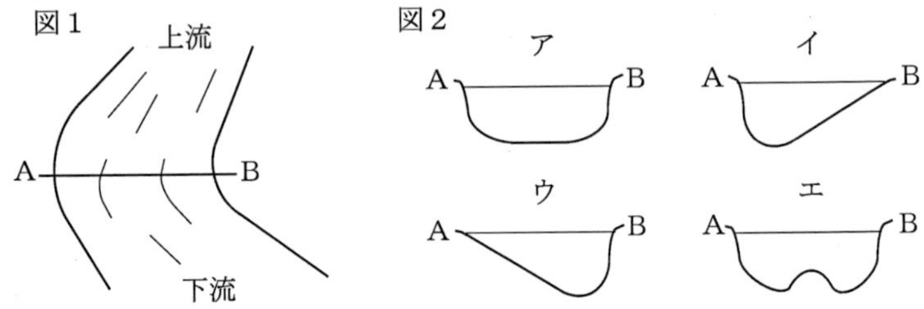


(1) 図1のA側とB側ではたらく流水のおもな作用をそれぞれ書け。

(2) 川のA－B間の断面はどのようになっていると考えられるか。図2から選び，記号で答えよ。

**解答** (1) A側…侵食作用　B側…堆積作用　(2) イ

**解説** (1) 湾曲の外側になるA側のほうが流れが速く，川岸を削る侵食作用がはたらく。内側のB側では流れがおそくなるため，堆積作用がはたらき，れきや砂が堆積する。 (2) (1) の結果，A側では淵になり，対岸のB側に向かって浅くなる。

## 例題 2〈地層〉

次の図は，道路沿いに見られた崖の地層を模式的に表したものである。

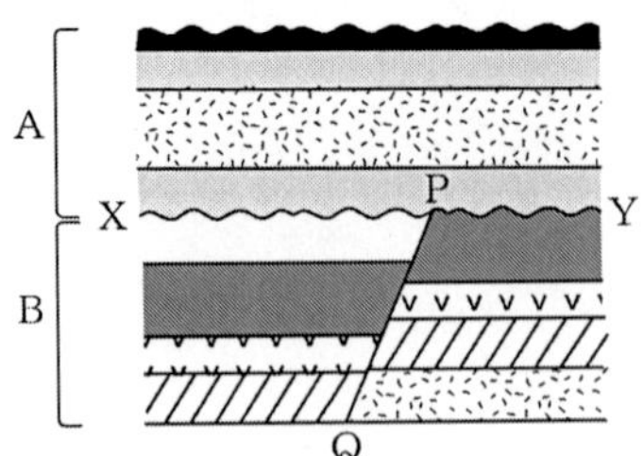


(1) B層はPQを境にずれている。この地層のずれを何というか。

(2) (1) のずれは，どのような力がはたらいてできたか。記号で答えよ。

ア．左右から押す力　　イ．左右に引く力

ウ．上下から押す力　　エ．上下に引く力

(3) A層とB層はXYを境に不連続になっている。この面を何というか。

(4) PQ面とXY面はどちらが先にできたか。

**解答**　(1) 断層　(2) イ　(3) 不整合面　(4) PQ面

**解説**　(1) 地層に急激な力がはたらいて地層が断ち切られた。

(2) 図の断層は，左右から引かれて左側の層が下がってできたものである。このような断層を正断層という。　(3) 地層の堆積が中断している。地層が陸化して侵食を受けたと考えられる。

(4) 断層が不整合面に切られているので断層が先である。

## 例題 3〈化石〉

次の図は，A，B2種類の化石の年代と生息域を模式的に表したものである。

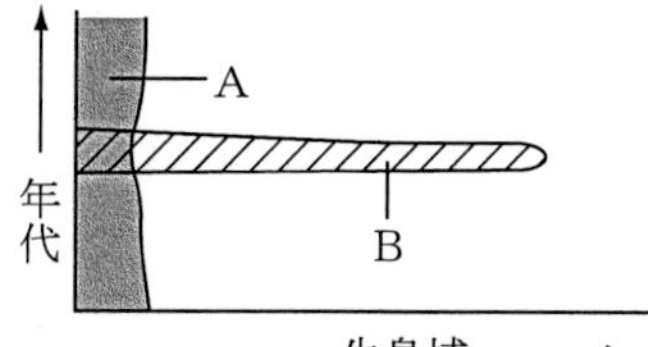


(1) A，Bのうち，示相化石となるのはどちらか。

(2) 次の化石のうち，示相化石となるものはどれか，記号で答えよ。

ア．フズリナ　　イ．アンモナイト

ウ．サンゴ　　エ．サンヨウチュウ

(3) (2) のア～エから，中生代の示準化石を選び，記号で答えよ。

**解答**　(1) A　(2) ウ　(3) イ

**解説** (1) 示相化石になる生物は，限られた生息域に生活していた生物で，生息年代が長く，生息が現在まで続いているものもある。(2), (3) アのフズリナとエのサンヨウチュウは古生代の示準化石である。また，アンモナイトは中生代の示準化石である。サンゴは示準化石になるものもあるが，その多くは現存するサンゴの生息域と重なり，示相化石として扱われる。

## 例題 4〈火成岩〉

次の図は，2種類の火成岩を顕微鏡で観察し，スケッチしたものである。

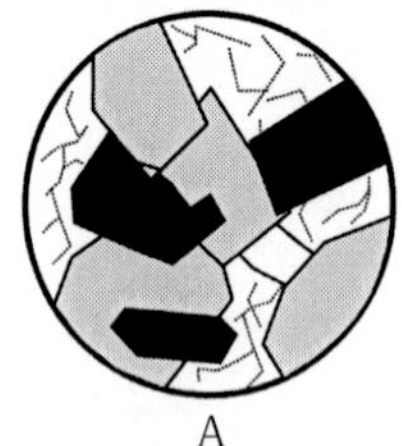

A

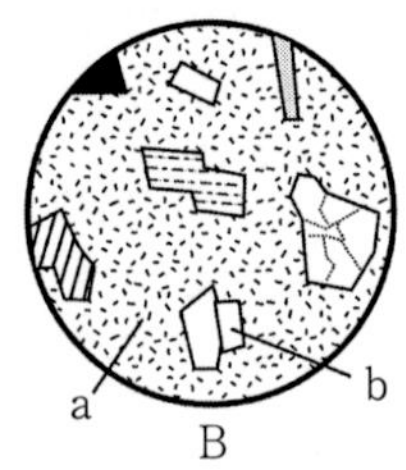


B

(1) 火成岩Aのつくりを何というか。

(2) 火成岩Bのa（細かい結晶と結晶でない部分），b（大きな結晶の部分）をそれぞれ何というか。

(3) 地表近くか地表で急激に冷え固まってできた岩石はA，Bのどちらか。

(4) 火成岩Aに含まれる鉱物は，おもに長石，輝石，かんらん石であった。この火成岩の名前を書け。

**解答** (1) 等粒状組織　(2) a…石基　b…斑晶　(3) B
(4) 斑れい岩

**解説** (1) 火成岩Aは，大きく成長した結晶がかみ合うようなつくりになっている。このつくりを等粒状組織という。　(2) 火成岩Bは細かい結晶やガラス質の部分a（石基）の中に，大きな結晶となった部分b（斑晶）が含まれるつくりで，斑状組織という。

(3) 急激に冷え固まると，結晶が大きく成長できない。斑状組織の岩石である。 (4) 輝石，かんらん石を含む深成岩で，黒っぽい色をしている。

## 例題 5〈地震〉

次の図は，地震の発生について模式的に表したものである。

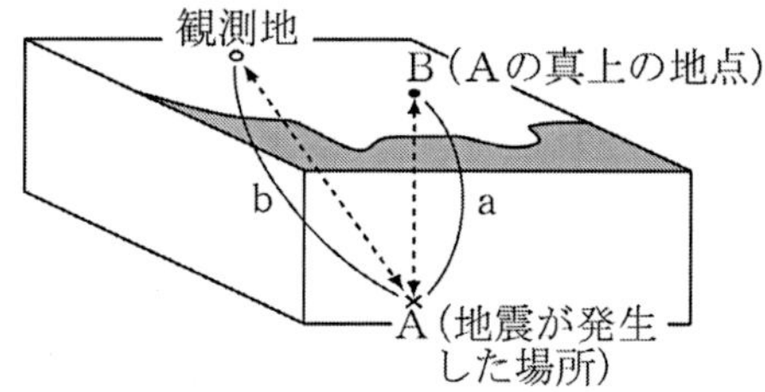


(1) A地点およびB地点を何というか。それぞれ答えよ。

(2) aとbは，地震の何を表しているか。それぞれ答えよ。

(3) 地震の規模（エネルギー）はM（マグニチュード）で表される。Mが2大きくなるとエネルギーはおよそ何倍になるか。

**解答** (1) A…震源　B…震央　(2) a…震源の深さ　b…震源距離　(3) 1000倍

**解説** (1) 地震が発生した場所を震源といい，震源の真上の地表の点を震央という。 (2) aもbも震源からの距離を表すが，aは震源から震央までなので，震源の深さを表す。 (3)Mが1大きくなると，エネルギーは$10\sqrt{10}$（約32）倍になる。したがって，Mが2大きくなると$32 \times 32 = 1024$（倍）で，およそ1000倍になる。

# 理科　学習指導要領

## ポイント

### 平成29年改訂の要点

**1　目標の改善について**

**(1)　教科の目標**

理科において育成を目指す資質・能力については，中央教育審議会答申（平成28年12月21日）にて「知識・技能」，「思考力・判断力・表現力等」，「学びに向かう力・人間性等」の3つの柱に沿った整理が行われた。これを受け，教科の目標は次のように示された。

自然に親しみ，理科の見方・考え方を働かせ，見通しをもって観察，実験を行うことなどを通して，自然の事物・現象についての問題を科学的に解決するために必要な資質・能力を次のとおり育成することを目指す。
(1)　自然の事物・現象についての理解を図り，観察，実験などに関する基本的な技能を身に付けるようにする。
(2)　観察，実験などを行い，問題解決の力を養う。
(3)　自然を愛する心情や主体的に問題解決しようとする態度を養う。

従前より示し方が変更され，先述の3つの柱に対応して(1)～(3)の目標が示された。それぞれ(1)が「知識・技能」，(2)が「思考力・判断力・表現力等」，(3)が「学びに向かう力・人間性等」による。

また，「理科の見方・考え方」とは，中央教育審議会答申では「自然の事物・現象を，質的・量的な関係や時間的・空間的な関係などの科学的な視点で捉え，比較したり，関係付けたりするなどの科学的に探究する方法を用いて考えること」として示している。

### (2) 各学年の目標

〔第3学年〕

(1) 物質・エネルギー

① 物の性質，風とゴムの力の働き，光と音の性質，磁石の性質及び電気の回路についての理解を図り，観察，実験などに関する基本的な技能を身に付けるようにする。

② 物の性質，風とゴムの力の働き，光と音の性質，磁石の性質及び電気の回路について追究する中で，主に差異点や共通点を基に，問題を見いだす力を養う。

③ 物の性質，風とゴムの力の働き，光と音の性質，磁石の性質及び電気の回路について追究する中で，主体的に問題解決しようとする態度を養う。

(2) 生命・地球

① 身の回りの生物，太陽と地面の様子についての理解を図り，観察，実験などに関する基本的な技能を身に付けるようにする。

② 身の回りの生物，太陽と地面の様子について追究する中で，主に差異点や共通点を基に，問題を見いだす力を養う。

③ 身の回りの生物，太陽と地面の様子について追究する中で，生物を愛護する態度や主体的に問題解決しようとする態度を養う。

〔第4学年〕

(1) 物質・エネルギー

① 空気，水及び金属の性質，電流の働きについての理解を図り，観察，実験などに関する基本的な技能を身に付けるようにする。

② 空気，水及び金属の性質，電流の働きについて追究する中で，主に既習の内容や生活経験を基に，根拠のある予想や仮説を発想する力を養う。

③ 空気，水及び金属の性質，電流の働きについて追究する中で，主体的に問題解決しようとする態度を養う。

(2) 生命・地球

① 人の体のつくりと運動，動物の活動や植物の成長と環境との関

わり，雨水の行方と地面の様子，気象現象，月や星についての理解を図り，観察，実験などに関する基本的な技能を身に付けるようにする。

② 人の体のつくりと運動，動物の活動や植物の成長と環境との関わり，雨水の行方と地面の様子，気象現象，月や星について追究する中で，主に既習の内容や生活経験を基に，根拠のある予想や仮説を発想する力を養う。

③ 人の体のつくりと運動，動物の活動や植物の成長と環境との関わり，雨水の行方と地面の様子，気象現象，月や星について追究する中で，生物を愛護する態度や主体的に問題解決しようとする態度を養う。

〔第5学年〕

(1) 物質・エネルギー

① 物の溶け方，振り子の運動，電流がつくる磁力についての理解を図り，観察，実験などに関する基本的な技能を身に付けるようにする。

② 物の溶け方，振り子の運動，電流がつくる磁力について追究する中で，主に予想や仮説を基に，解決の方法を発想する力を養う。

③ 物の溶け方，振り子の運動，電流がつくる磁力について追究する中で，主体的に問題解決しようとする態度を養う。

(2) 生命・地球

① 生命の連続性，流れる水の働き，気象現象の規則性についての理解を図り，観察，実験などに関する基本的な技能を身に付けるようにする。

② 生命の連続性，流れる水の働き，気象現象の規則性について追究する中で，主に予想や仮説を基に，解決の方法を発想する力を養う。

③ 生命の連続性，流れる水の働き，気象現象の規則性について追究する中で，生命を尊重する態度や主体的に問題解決しようとする態度を養う。

〔第6学年〕

(1) 物質・エネルギー

① 燃焼の仕組み，水溶液の性質，てこの規則性及び電気の性質や働きについての理解を図り，観察，実験などに関する基本的な技能を身に付けるようにする。

② 燃焼の仕組み，水溶液の性質，てこの規則性及び電気の性質や働きについて追究する中で，主にそれらの仕組みや性質，規則性及び働きについて，より妥当な考えをつくりだす力を養う。

③ 燃焼の仕組み，水溶液の性質，てこの規則性及び電気の性質や働きについて追究する中で，主体的に問題解決しようとする態度を養う。

(2) 生命・地球

① 生物の体のつくりと働き，生物と環境との関わり，土地のつくりと変化，月の形の見え方と太陽との位置関係についての理解を図り，観察，実験などに関する基本的な技能を身に付けるようにする。

② 生物の体のつくりと働き，生物と環境との関わり，土地のつくりと変化，月の形の見え方と太陽との位置関係について追究する中で，主にそれらの働きや関わり，変化及び関係について，より妥当な考えをつくりだす力を養う。

③ 生物の体のつくりと働き，生物と環境との関わり，土地のつくりと変化，月の形の見え方と太陽との位置関係について追究する中で，生命を尊重する態度や主体的に問題解決しようとする態度を養う。

全学年「(1) 物質・エネルギー」，「(2) 生命・地球」の領域ごとに，3項目の目標が設定された。各学年各領域の①は答申で示された「知識・技能」の内容を，②は「思考力・判断力・表現力等」を，③は「学びに向かう力・人間性等」を反映している。

### 2 内容の改善について

内容について，従前のもの同様「A　物質・エネルギー」，「B　生命・地球」に大別されているが，それぞれの領域の中で新たに〔知識及び技能〕〔思考力・判断力・表現力等〕を反映した指導事項が設定されている。

## 例題 1〈学習指導要領〉

小学校学習指導要領（平成29年3月告示）の「理科」について，次の各問いに答えよ。

(1) 小学校学習指導要領理科は，2つの領域で構成されている。この領域として正しいものを次の①～⑥から2つ選べ。

① 「A　粒子・エネルギー」　② 「A　物質・エネルギー」
③ 「A　物質・粒子」　④ 「B　地球・宇宙」
⑤ 「B　生命・宇宙」　⑥ 「B　生命・地球」

(2) 次の文は，第5学年の目標の一部である。（　ア　）にあてはまる最も適当な言葉を，下の①～④から1つ選べ。

生命の連続性，流れる水の働き，気象現象の規則性について追究する中で，主に予想や仮説を基に，（　ア　）力を養う。

① 問題を見いだす　② 妥当な考えをつくりだす
③ 問題を解決する　④ 解決の方法を発想する

**解答** (1) ②・⑥　(2) ④

**解説** (1) 改訂前のものと変わらず，「物質・エネルギー」「生命・地球」で構成されている。　(2) ①は第3学年の，②は第6学年の目標の中で用いられる文言である。

## 例題 2〈学習指導要領〉

次の文は，小学校学習指導要領（平成29年3月告示）「理科」に示されている第3学年と第4学年の目標の一部である。あとの各問いに答えよ。

> 第3学年
> ②　物の性質，風とゴムの力の働き，光と音の性質，磁石の性質及び$_a$電気の回路について追究する中で，主に（　A　）や（　B　）を基に，問題を見いだす力を養う。
> 第4学年
> ②　空気，水及び金属の性質，電流の働きについて追究する中で，主に（　C　）や（　D　）を基に，根拠のある予想や仮説を発想する力を養う。

(1)（　A　）～（　D　）に当てはまる語句をそれぞれ書け。

(2) 下線部aについて，第6学年で学習する内容は次のどれか，すべて選んで記号を書け。

ア．電気を通す物と通さない物があること。

イ．電気は，つくりだしたり蓄えたりすることができること。

ウ．電磁石の強さは，電流の大きさや導線の巻数によって変わること。

エ．乾電池の数やつなぎ方を変えると，電流の大きさや向きが変わること。

オ．電気を通すつなぎ方と通さないつなぎ方があること。

カ．電気は，光，音，熱，運動などに変換することができること。

**解答**　(1) A　差異点　B　共通点　C　既習の内容　D　生活経験　(2) イ，カ

**解説**　(1) 双方とも「物質・エネルギー」に関する目標であり，学年で学習目標がどのように変わるかを学習することは重要である。第3学年では「学習の過程において，自然の事物・現象の差異点や共通点を基に，問題を見いだすといった問題解決の力を育成すること」，第4学年では「学習の過程において，自然の事物・現象から見いだした問題について，既習の内容や生活経験を基に，根拠のある予想や仮説を発想するといった問題解決の力を育成すること」に重点がおかれている。　(2) アは第3学年，ウは第5学年，エは第4学年，オは第3学年で学習する。

## 例題 3〈学習指導要領〉

次の文は，小学校学習指導要領（平成29年3月告示）「理科」の「第3 指導計画の作成と内容の取扱い」の一部である。（ ① ）～（ ⑤ ）にあてはまる語句を下のア～コから1つずつ選び，記号で答えよ。

・理科の学習過程の特質を踏まえ，理科の見方・考え方を働かせ，（ ① ）をもって観察，実験を行うことなどの，問題を（ ② ）に解決しようとする学習活動の充実を図ること。

・生物，天気，川，土地などの指導に当たっては，野外に出掛け地域の自然に親しむ活動や（ ③ ）な活動を多く取り入れるとともに，生命を尊重し，自然環境の（ ④ ）に寄与する態度を養うようにすること。

・観察，実験などの指導に当たっては，事故防止に十分留意すること。また，環境整備に十分配慮するとともに，（ ⑤ ）についても適切な措置をとるよう配慮すること。

ア．保全　イ．自主的　ウ．見通し　エ．使用薬品
オ．目的意識　カ．体験的　キ．実験器具　ク．保護
ケ．整備　コ．科学的

**解答** ① ウ　② コ　③ カ　④ ア　⑤ エ

**解説** 空欄を補充する問題は頻出である。本問のように語群が設けられていても，文脈のみでは解答を絞りきれない場合が多いので，熟読し理解を深めておきたい。

## 例題 4〈学習指導要領〉

次の（1）～（4）は，小学校学習指導要領（平成29年3月告示）解説理科編において，理科の観察，実験の指導等について留意すべき点を述べたものである。下線部が正しければ○を，誤っていれば正しい語句を答えよ。

(1) 磁石の性質の学習において扱う対象としては，児童が扱いやすい

棒磁石やU字型磁石などが考えられる。

(2) 人の体のつくりと運動の学習において扱う対象としては，骨や臓器の存在を調べる際には，自分の体を中心に扱うようにし，他の動物としては，骨や臓器の働きが調べられる身近で安全な哺乳類，例えば，学校飼育動物の観察などが考えられる。

(3) 空気と水の性質の学習において扱う対象としては，閉じ込めた空気と水を使用する。その際，空気を閉じ込めても圧し縮めることが容易にできる物や，温度の変化を容易に捉えることができる物を使用することが考えられる。

(4) 天気の変化の学習において，雲を野外で観察する際には，気象情報に注意するとともに，太陽を直接見ないように指導し，事故防止に配慮するように指導する。

**解答** (1) ○　(2) 筋肉　(3) 体積　(4) ○

**解説** (2) 第4学年の「B　生命・地球　(1) 人の体のつくりと運動」では，児童が，骨や筋肉のつくりと働きに着目し，それらを関係付けて，人や他の動物の体のつくりと運動との関わりを調べる活動を通して，それらについての理解を図り，観察，実験などに関する技能を身に付け，既習の内容や生活経験を基に，根拠のある予想や仮説を発想する力や主体的に問題解決しようとする態度などを育成することがねらいである。　(3) 第4学年の「A　物質・エネルギー　(1) 空気と水の性質」では，空気を閉じ込めても圧し縮めることが容易にできる物として，日常生活との関連でボールやタイヤなど空気の性質を利用した物を使うことなども示されている。

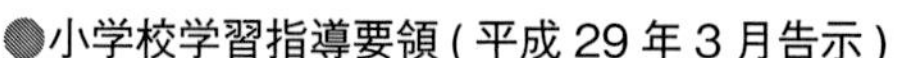

# 理科　学習指導法

## ポイント

今回の学習指導要領改訂における趣旨の一つに，「主体的な学び」「対話的な学び」「深い学び」の視点から学習過程の改善を図ることがある。中央教育審議会答申（平成28年12月21日）によると，それぞれの学びを実現するための視点として，次のような物が挙げられている。

「主体的な学び」

・自然の事物・現象から問題を見いだし，見通しをもって課題や仮説の設定や観察・実験の計画を立案したりする学習場面を設けること

・観察・実験の結果を分析・解釈して仮説の妥当性を検討したり，全体を振り返って改善策を考えたりする学習場面を設けること

・得られた知識や技能を基に，次の課題を発見したり，新たな視点で自然の事物・現象を把握したりする学習場面を設けること

「対話的な学び」

・課題の設定や検証計画の立案，観察・実験の結果の処理，考察・推論する場面などでは，あらかじめ個人で考え，その後，意見交換したり，議論したりして，自分の考えをより妥当なものにする学習場面を設けること

「深い学び」

・自然の事物・現象について，「理科の見方・考え方」を働かせて，探究の過程を通して学ぶことにより，資質・能力を獲得するとともに，「見方・考え方」も豊かで確かなものとなること

・次の学習や日常生活などにおける問題発見・解決の場面において，獲得した資質・能力に支えられた「見方・考え方」を働かせることによって「深い学び」につながっていくこと

指導計画の作成や指導法に関する設問では，これらの視点が相互に関連し合うことや，学年の目標との結びつきについてを念頭に解答を作成したい。

また，現行の学習指導要領では第3学年に「音の性質」，第4学年に「雨

水の行方と地面の様子」についての指導事項が新たに加わった他,「第3 指導計画の作成と内容の取扱い」の2 (2) ではプログラミングを体験しながら論理的思考力を身に付けるための学習活動について新たに言及している。主要な改訂に関わる部分は出題されやすい傾向にあるので,自分なりに学習指導要領を熟読し,想定できる観察や実験について整理しておくとよいだろう。

なお,観察・実験などの指導について学習する際は,事故防止や環境整備,使用薬品について配慮すべき事項を確認し,安全面・環境保全面で問題がないように注意する。

## 例題 1〈学習指導法〉

次のア～ウの児童の操作は,事故につながる危険なものである。教師は,その後児童に起こりうるどのような事故を想定すべきか答えよ。

ア　アルミニウムに塩酸を注いだときに発生する気体を調べるために,発生した気体を丸底フラスコに大量に集めている。

イ　加熱器具として,アルコールが少量入っているアルコールランプを準備した。

ウ　水平で直射日光が当たる机の上に,顕微鏡を準備した。

**解答**　ア　丸底フラスコは,体積に比べて口の面積が小さく,火をつけたとき,中の圧力が高まり,破損する恐れがある。　イ　点火するときに容器内のアルコール蒸気に引火して爆発する恐れがある。　ウ　顕微鏡を覗いたときに,強い光で目をいためる。

**解説**　ア　アルミニウムに塩酸を注いだとき,発生する気体は水素である。水素に点火して燃焼させるときは,筒状の容器を用いなければならない。　イ　アルコールランプを使用するとき,アルコールを八分目ほど入れておかないと,ランプ内のアルコール蒸気に引火する恐れがある。　ウ　直射日光下で顕微鏡を使用すると,反射鏡で反射した光が集光されるので,目をいためることがあるため,直射日光下で使用してはならない。

## 例題 2〈学習指導法〉

次の文章を読み，問いに答えよ。

(1) 第3学年の学習では，身の回りの生物について，探したり育てたりする中で，それらの様子や周辺の環境，成長の過程や体のつくりに着目して，それらを比較しながら調べる活動を通して指導する。昆虫と植物の体は，それぞれどんな共通のつくりをもつか書け。

(2) 第4学年の学習では，身近な動物や植物について，探したり育てたりする中で，動物の活動や植物の成長と季節の変化に着目して，それらを関係付けて調べる活動を通して指導する。植物の成長について継続的な観察を行い，記録カードに書き込む学習活動を設定するとき，記録させたい観察の観点（ことがら）を5つ書け。

(3) 第5学年の学習では，植物の育ち方について，発芽，成長及び結実の様子に着目して，それらに関わる条件を制御しながら調べる活動を通して指導する。発芽に関係している環境条件を3つ書け。

(4) 第6学年の学習では，人や他の動物について，体のつくりと呼吸，消化，排出及び循環の働きに着目して，生命を維持する働きを多面的に調べる活動を通して指導する。人が呼吸することで空気中の気体の体積は，変化するものと，変化しないものに分けられる。変化する気体は何か，変化しない気体は何か，それぞれの気体の名称を書け。

**解答** (1) 昆虫…頭・胸・腹　植物…根・茎・葉　(2) 調べるものの名前，調べた場所，月日と時刻，気温と天気，調べて気付いたこと　など　(3) 水，温度，空気　(4) 変化する気体…酸素，二酸化炭素，水蒸気から2つ　変化しない気体…窒素

**解説** 小学校学習指導要領「理科」の各学年の内容に次のように示されている。 (1)〔第3学年〕の2　内容　B　生命・地球 (1) ア（イ）（ウ）による。 (2)〔第4学年〕の2　内容　B　生命・地球 (2) ア（ア）（イ）による。継続的な観察を続ける場合は，日々の状況 (条件) の変化について記録させる。 (3)〔第5学年〕の2　内容　B　生命・地球 (1) ア（イ）による。 (4)〔第6学

年〕の2　内容　B　生命・地球 (1) ア (ア) に関連する出題である。

## 例題 3〈学習指導法〉

次の文は，小学校学習指導要領解説　理科編に示されている第5学年の内容「A　物質・エネルギー　(2)　振り子の運動」の一部である。

> 振り子の運動の規則性について，振り子が1往復する時間に着目して，おもりの重さや振り子の長さなどの条件を制御しながら調べる活動を通して，次の事項を身に付けることができるよう指導する。

おもりの1往復する時間が何によって変わるかを調べる実験を行う。その際，児童が実験結果を適切に処理し，振り子の運動の規則性について考察することができるようにするために，どのようなことを指導するか。具体的に1つ答えよ。

**解答**　・糸の長さや振れ幅を一定にしておもりの重さを変えるなど，変える条件と変えない条件を制御すること。　・適切な振れ幅で実験を行い，振れ幅が極端に大きくならないようにすること。・糸の長さは糸をつるした位置からおもりの重心までであること。　・伸びの少ない糸を用いること。　・実験を複数回行うこと。　から1つ

**解説**　ここでは，児童が，振り子が1往復する時間に着目して，おもりの重さや振り子の長さなどの条件を制御しながら，振り子の運動の規則性を調べる活動を通して，それについての理解を図り，観察，実験などに関する技能を身に付けるとともに，主に予想や仮説を基に，解決の方法を発想する力や主体的に問題解決しようとする態度を育てることがねらいである。

●小学校学習指導要領 ( 平成 29 年告示 ) 解説「理科編」( 平成 29 年 7 月 )

# 第５章

# 音楽科

# 音楽科 学習指導要領

## ポイント

### 平成29年改訂の要点

**1 目標の改善について**

**(1) 教科の目標**

音楽科において育成を目指す資質・能力については，中央教育審議会答申（平成28年12月21日）にて「知識・技能」，「思考力・判断力・表現力等」，「学びに向かう力・人間性等」の3つの柱に沿った整理が行われた。これを受け，教科の目標は次のように示された。

表現及び鑑賞の活動を通して，音楽的な見方・考え方を働かせ，生活や社会の中の音や音楽と豊かに関わる資質・能力を次のとおり育成することを目指す。
(1) 曲想と音楽の構造などとの関わりについて理解するとともに，表したい音楽表現をするために必要な技能を身に付けるようにする。
(2) 音楽表現を工夫することや，音楽を味わって聴くことができるようにする。
(3) 音楽活動の楽しさを体験することを通して，音楽を愛好する心情と音楽に対する感性を育むとともに，音楽に親しむ態度を養い，豊かな情操を培う。

従前より示し方が変更され，先述の3つの柱に対応して (1) ～ (3) の目標が示された。それぞれ (1) が「知識・技能」，(2) が「思考力・判断力・表現力等」，(3) が「学びに向かう力・人間性等」による。

また，「音楽的な見方・考え方」とは，同答申では「音楽に対する感性を働かせ，音や音楽を，音楽を形づくっている要素とその働きの視点で捉え，自己のイメージや感情，生活や文化などと関連付けること。」として示している。

## (2) 各学年の目標

〔第1学年及び第2学年〕

(1) 曲想と音楽の構造などとの関わりについて気付くとともに，音楽表現を楽しむために必要な歌唱，器楽，音楽づくりの技能を身に付けるようにする。

(2) 音楽表現を考えて表現に対する思いをもつことや，曲や演奏の楽しさを見いだしながら音楽を味わって聴くことができるようにする。

(3) 楽しく音楽に関わり，協働して音楽活動をする楽しさを感じながら，身の回りの様々な音楽に親しむとともに，音楽経験を生かして生活を明るく潤いのあるものにしようとする態度を養う。

〔第3学年及び第4学年〕

(1) 曲想と音楽の構造などとの関わりについて気付くとともに，表したい音楽表現をするために必要な歌唱，器楽，音楽づくりの技能を身に付けるようにする。

(2) 音楽表現を考えて表現に対する思いや意図をもつことや，曲や演奏のよさなどを見いだしながら音楽を味わって聴くことができるようにする。

(3) 進んで音楽に関わり，協働して音楽活動をする楽しさを感じながら，様々な音楽に親しむとともに，音楽経験を生かして生活を明るく潤いのあるものにしようとする態度を養う。

〔第5学年及び第6学年〕

(1) 曲想と音楽の構造などとの関わりについて理解するとともに，表したい音楽表現をするために必要な歌唱，器楽，音楽づくりの技能を身に付けるようにする。

(2) 音楽表現を考えて表現に対する思いや意図をもつことや，曲や演奏のよさなどを見いだしながら音楽を味わって聴くことができるようにする。

(3) 主体的に音楽に関わり，協働して音楽活動をする楽しさを味わいながら，様々な音楽に親しむとともに，音楽経験を生かして生活を明るく潤いのあるものにしようとする態度を養う。

(1) は全学年共通で，答申で示された「知識・技能」の内容を反映している。同様に，各学年の (2) は「思考力・判断力・表現力等」の，(3) は「学びに向かう力・人間性等」の内容を反映している。

### 2 内容の改善について

内容の構成については，従前のものと同様「A 表現」(1) 歌唱 (2) 器楽 (3) 音楽づくり，「B 鑑賞」(1) 鑑賞の活動の2領域4項目及び〔共通事項〕が設けられている。詳細な指導事項については，答申で示された「知識・技能」「思考力・判断力・表現力等」「学びに向かう力・人間性等」の柱に沿って整理されているので確認すること。なお，歌唱共通教材については，従前のものと曲目・指導する学年ともに変更はない。

## 例題 1〈学習指導要領〉

小学校学習指導要領 (平成29年3月告示)「音楽」について，次の (1) ～ (3) に答えよ。

(1) 次の文は「2 内容」の「B 鑑賞」における〔共通事項〕の一部である。( ア )，( イ ) に当てはまる言葉を書け。

・( ア ) を聴き取り，それらの ( イ ) が生み出すよさや面白さ，美しさを感じ取りながら，聴き取ったことと感じ取ったこととの関わりについて考えること。

(2) 表現領域において指導する分野は3分野ある。歌唱以外の2分野を記せ。

(3) 歌唱共通教材について，第1学年から第4学年においては，各学年で示された4曲をすべて扱う。第1学年の歌唱共通教材から1曲を選んで，曲名で記せ。

**解答** (1) ア 音楽を形づくっている要素 イ 働き (2) 器楽，音楽づくり (3)「うみ」「かたつむり」「日のまる」「ひらいたひらいた」 から1つ

**解説** (1)「音楽を形づくっている要素」については，児童の発達の段

階や指導のねらいに応じて，音色やリズムなどの音楽を特徴づけている要素，反復や変化など音楽の仕組みに関する要素から適切に選択し関連づけて指導することが，「第3　指導計画の作成と内容の取扱い」に示されている。　(2)「A　表現」は「(1) 歌唱の活動を通して，次の事項を指導する。」「(2) 器楽の活動を通して，次の事項を指導する。」「(3) 音楽づくりの活動を通して，次の事項を指導する。」からなっている。　(3) 共通教材6学年分24曲は，曲名といっしょに作曲者，作詞者，歌詞，楽譜を覚える。歌詞・人名は漢字についても正確に把握されたい。「うみ」は，林柳波作詞　井上武士作曲，「日のまる」は高野辰之作詞　岡野貞一作曲である。

## 例題 2〈学習指導要領〉

次の文は，小学校学習指導要領（平成29年3月告示）「音楽」の「第3　指導計画の作成と内容の取扱い」について述べたものである。文中の（　①　）～（　⑤　）にあてはまる語句を下のア～シから1つずつ選び，記号で答えよ。

・第5学年及び第6学年で取り上げる（　①　）は，既習の楽器を含めて，電子楽器，（　②　），諸外国に伝わる楽器などの中から児童や学校の実態を考慮して選択すること。

・表現したり鑑賞したりする多くの曲について，それらを創作した（　③　）がいることに気付き，学習した曲や自分たちのつくった曲を大切にする態度を養うようにするとともに，それらの（　③　）の（　④　）を尊重する意識をもてるようにすること。また，このことが，（　⑤　）の継承，発展，創造を支えていることについて理解する素地となるよう配慮すること。

| | | |
|---|---|---|
| ア．音楽文化 | イ．鍵盤楽器 | ウ．著作者 |
| エ．和楽器 | オ．旋律楽器 | カ．作曲者 |
| キ．楽曲 | ク．著作権 | ケ．独創性 |
| コ．創造性 | サ．リコーダー | シ．知的財産権 |

**解答** ① オ　② エ　③ ウ　④ コ　⑤ ア

**解説** ①の旋律楽器は，第1学年及び第2学年ではオルガンや鍵盤ハーモニカ，第3学年及び第4学年では既習の楽器を含めたリコーダーや鍵盤楽器を取り上げることとしている。③～⑤は中学校以降で指導する，知的財産権に関する内容の下地になる内容である。

## 例題 3〈学習指導要領〉

次の文は，小学校学習指導要領（平成29年3月告示）における「音楽」の「各学年の目標及び内容」のうち，「表現」に関して身に付けさせる指導事項の一部である。①～⑤にあてはまる語句を下のa ～ jから1つずつ選び，記号で答えよ。

〔第1学年及び第2学年〕

・（　①　）を通して，音楽づくりの発想を得ること。

・どのように音を音楽にしていくかについて（　②　）をもつこと。

〔第3学年及び第4学年〕

・範唱を聴いたり，（　③　）の楽譜を見たりして歌う技能を身に付けること。

・呼吸及び発音の仕方に気を付けて，自然で（　④　）歌い方で歌う技能を身に付けること。

〔第5学年及び第6学年〕

・各声部の楽器の音や（　⑤　），伴奏を聴いて，音を合わせて演奏する技能を身に付けること。

a　リズム遊び　　b　音遊び　　c　ハ長調
d　副次的な旋律　　e　全体の響き　　f　イ短調
g　思い　　h　無理のない　　i　考え
j　曲に合った

**解答** ① b　② g　③ c　④ h　⑤ e

**解説** 音楽の学習内容は「表現」「鑑賞」の2つに分かれており，学年の目標や内容については3つ（低学年，中学年，高学年）に分かれている。発達段階ごとの文言を整理し，文言が共通している箇所・異なる箇所について正確に把握したい。

## 例題 4〈学習指導要領〉

次の文は，小学校新学習指導要領「音楽」に示された「第1学年及び第2学年」の内容の一部である。文中の各空欄に適する語句を答えよ。

A　表現

(1)　歌唱の活動を通して，次の事項を身に付けることができるよう指導する。

ア　歌唱表現についての知識や技能を得たり生かしたりしながら，（　①　）を感じ取って表現を工夫し，どのように歌うかについて思いをもつこと。

イ　（　①　）と音楽の構造との関わり，（　①　）と歌詞の表す情景や（　②　）との関わりについて気付くこと。

ウ　（　③　）に合った表現をするために必要な次の(ア)から(ウ)までの技能を身に付けること。

(ア)（　④　）を聴いて歌ったり，（　⑤　）で模唱したり暗唱したりする技能

(イ) 自分の歌声及び（　⑥　）に気を付けて歌う技能

(ウ) 互いの歌声や伴奏を聴いて，声を合わせて歌う技能

**解答**　①　曲想　②　気持ち　③　思い　④　範唱　⑤　階名　⑥　発音

**解説**　歌唱の活動の中で，歌う喜びを味わい，歌うことを通して音楽の楽しさに触れるとともに，遊びながら歌う活動や自然な体の動きを伴った活動などを効果的に取り入れるなどして，歌うことが更に好きになるように指導することが大切である。

●小学校学習指導要領 ( 平成 29 年 3 月告示 )

# 第 6 章

# 体育科

# 体育科 学習指導要領

## ポイント

### 平成29年改訂の要点

1 目標の改善について

(1) 教科の目標

体育科において育成を目指す資質・能力については，中央教育審議会答申（平成28年12月21日）にて，心と体を一体としてとらえ，生涯にわたって健康を保持増進し，豊かなスポーツライフを実現する資質・能力を育成することを重視する観点から，「知識・技能」，「思考力・判断力・表現力等」，「学びに向かう力・人間性等」の3つの柱に沿って整理した。これを受け，教科の目標は次のように示された。

体育や保健の見方・考え方を働かせ，課題を見付け，その解決に向けた学習過程を通して，心と体を一体として捉え，生涯にわたって心身の健康を保持増進し豊かなスポーツライフを実現するための資質・能力を次のとおり育成することを目指す。

(1) その特性に応じた各種の運動の行い方及び身近な生活における健康・安全について理解するとともに，基本的な動きや技能を身に付けるようにする。

(2) 運動や健康についての自己の課題を見付け，その解決に向けて思考し判断するとともに，他者に伝える力を養う。

(3) 運動に親しむとともに健康の保持増進と体力の向上を目指し，楽しく明るい生活を営む態度を養う。

従前より示し方が変更され，先述の3つの柱に対応して（1）～（3）の目標が示された。それぞれ（1）が「知識・技能」，(2) が「思考力・判断力・表現力等」，(3) が「学びに向かう力・人間性等」による。

また，「体育や保健の見方・考え方」とは，同答申では「体育の見方・考え方」を「運動やスポーツを，その価値や特性に着目して，楽しさや喜びとともに体力の向上に果たす役割の視点から捉え，自己の適性等に応じた『する・みる・支える・知る』の多様な関わり方と関連付けること」，「保健の見方・考え方」を「個人及び社会生活における課題や情報を，健康や安全に関する原則や概念に着目して捉え，疾病等のリスクの軽減や生活の質の向上，健康を支える環境づくりと関連付けること」として示している。

**(2) 各学年の目標**

〔第1学年及び第2学年〕

(1) 各種の運動遊びの楽しさに触れ，その行い方を知るとともに，基本的な動きを身に付けるようにする。

(2) 各種の運動遊びの行い方を工夫するとともに，考えたことを他者に伝える力を養う。

(3) 各種の運動遊びに進んで取り組み，きまりを守り誰とでも仲よく運動をしたり，健康・安全に留意したりし，意欲的に運動をする態度を養う。

〔第3学年及び第4学年〕

(1) 各種の運動の楽しさや喜びに触れ，その行い方及び健康で安全な生活や体の発育・発達について理解するとともに，基本的な動きや技能を身に付けるようにする。

(2) 自己の運動や身近な生活における健康の課題を見付け，その解決のための方法や活動を工夫するとともに，考えたことを他者に伝える力を養う。

(3) 各種の運動に進んで取り組み，きまりを守り誰とでも仲よく運動をしたり，友達の考えを認めたり，場や用具の安全に留意したりし，最後まで努力して運動をする態度を養う。また，健康の大切さに気付き，自己の健康の保持増進に進んで取り組む態度を養う。

〔第5学年及び第6学年〕

(1) 各種の運動の楽しさや喜びを味わい，その行い方及び心の健康やけがの防止，病気の予防について理解するとともに，各種の運動の特性に応じた基本的な技能及び健康で安全な生活を営むための技能を身に付けるようにする。
(2) 自己やグループの運動の課題や身近な健康に関わる課題を見付け，その解決のための方法や活動を工夫するとともに，自己や仲間の考えたことを他者に伝える力を養う。
(3) 各種の運動に積極的に取り組み，約束を守り助け合って運動をしたり，仲間の考えや取組を認めたり，場や用具の安全に留意したりし，自己の最善を尽くして運動をする態度を養う。また，健康・安全の大切さに気付き，自己の健康の保持増進や回復に進んで取り組む態度を養う。

各学年の (1) は答申で示された「知識・技能」の内容を，(2) は「思考力・判断力・表現力等」の内容を，(3) は「学びに向かう力・人間性等」の内容を反映している。

### 2 内容の改善について

内容の構成については，以下の通りである。

第1学年及び第2学年は「体つくりの運動遊び」「器械・器具を使っての運動遊び」「走・跳の運動遊び」「水遊び」「ゲーム」「表現リズム遊び」で構成されている。主な変更は領域名が「体つくり運動」→「体つくりの運動遊び」に変更されたことと，「水遊び」の指導事項が「水に慣れる遊び」→「水の中を移動する運動遊び」，「浮く・もぐる遊び」→「もぐる・浮く運動遊び」に変更されたことなどである。

第3学年及び第4学年は，体育分野が「体つくり運動」「器械運動」「走・跳の運動」「水泳運動」「ゲーム」「表現運動」，保健分野が「健康な生活」「体の発育・発達」で構成されている。主な変更は「水遊び」の指導事項が「浮く運動」→「浮いて進む運動」，「泳ぐ運動」→「もぐる・浮く運動」に変更されたことなどである。

第5学年及び第6学年は，体育分野が「体つくり運動」「器械運動」「陸上運動」「水泳運動」「ボール運動」「表現運動」，保健分野が「心の健康」「けがの防止」「病気の予防」で構成されている。主な変更は「体つくり運動」の指導事項が「体力を高める運動」→「体の動きを高める運動」に変更され，「水泳運動」の指導事項に「安全確保につながる運動」が新たに加わったことなどである。

詳細な指導事項については，答申で示された「知識・技能」「思考力・判断力・表現力等」「学びに向かう力・人間性等」の柱に沿って整理されているので，確認する。

## 例題 1〈学習指導要領〉

次の文は，小学校学習指導要領（平成29年3月告示）「体育」の目標である。文中の（　①　）～（　③　）に入るものを下のア～カからそれぞれ1つ選び，記号で答えよ。

体育や保健の見方・考え方を働かせ，課題を見付け，その解決に向けた学習過程を通して，（　①　）捉え，生涯にわたって（　②　）し（　③　）を実現するための資質・能力を次のとおり育成することを目指す。

ア　体力と運動能力を一体として
イ　心身の健康を保持増進
ウ　楽しく明るい生活
エ　心と体を一体として
オ　技術と体力を向上
カ　豊かなスポーツライフ

**解答**　①　エ　　②　イ　　③　カ

**解説**　体育科の目標は，学校教育法第29条「小学校は，心身の発達に応じて，義務教育として行われる普通教育のうち基礎的なものを施すことを目的とする」を踏まえている。

## 例題 2〈学習指導要領〉

小学校学習指導要領（平成29年3月告示）に示された体育科の各運動領域における内容について，次の（1）～（3）に答えよ。

(1) 第1学年及び第2学年で指導する「D　水遊び」の内容として適切なものを①～⑤から1つ選び，番号で答えよ。

① 水に親しむ運動遊び
② 水に慣れる運動遊び
③ 水の中を移動する運動遊び
④ 水の中を歩く運動遊び
⑤ 浮いて進む運動遊び

(2) 第3学年及び第4学年で指導する「E　ゲーム」にて扱うゲームの型は全部で3種類ある。全て答えよ。

(3) 第5学年及び第6学年で指導する「C　陸上運動」では，(　　)・リレー，ハードル走，走り幅跳び，走り高跳びの4項目を扱う。空欄に当てはまるものを①～⑤から1つ選び，番号で答えよ。

① 50m走　② 短距離走　③ 中距離走　④ 持久走
⑤ ジョギング

**解答** (1) ③　(2) ゴール型ゲーム，ネット型ゲーム，ベースボール型ゲーム　(3) ②

**解説** 小学校学習指導要領に示された体育科の目標，各学年の目標及び内容，指導計画の作成と内容の取扱いからの出題頻度がかなり高いので，正しく答えられるように熟読しておくことが大切である。

## 例題 3〈学習指導要領〉

次の文は，小学校学習指導要領（平成29年3月告示）「体育」の「第3 指導計画の作成と内容の取扱い」の一部である。( ① )～( ③ )に当てはまる語句を答えよ。

・学校や地域の実態を考慮するとともに，個々の児童の( ① )や技能の程度などに応じた指導や児童自らが運動の課題の解決を目指す活動を行えるよう工夫すること。特に，運動を苦手と感じている児童や，運動に意欲的に取り組まない児童への指導を工夫するとともに，（　②　）児童などへの指導の際には，周りの児童が様々な特性を尊重するよう指導すること。

・筋道を立てて練習や作戦について話し合うことや，（　③　）について話し合うことなど，コミュニケーション能力や論理的な思考力の育成を促すための言語活動を積極的に行うことに留意すること。

**解答**　①　運動経験　②　障害のある　③　身近な健康の保持増進

**解説**　①，②　運動を苦手と感じている児童，運動に意欲的に取り組まない児童，障害のある児童への指導については現行の学習指導要領から追加された項目である。　③　言語活動に関する留意事項は，体育科の他にも音楽科など一部の教科に関して学習指導要領に示されている

●小学校学習指導要領（平成29年3月告示）

# 第 7 章

# 外国語・
# 外国語活動

# 外国語・外国語活動 英文法・対話文

## ポイント

### 1 英文法

| | |
|---|---|
| □ A is to B what C is to D | 〈AとBの関係はCとDの関係と同じ〉 |
| □ all but ～ | 〈ほとんど～，ただ～だけが～でない〉 |
| □ all the＋比較級（～）＋for ～ | 〈～のためにかえっていっそう（～)〉 |
| □ anything but ～ | 〈～のほかなら何でも，決して～でない〉 |
| □ as ～ as ～ | 〈～と同じくらい～〉 |
| □ as ～ as possible | 〈できるだけ～，できるかぎり～〉 |
| □ as if ～＝as though ～ | 〈まるで～であるかのように〉 |
| □ as ～，so ～ | 〈～のように，そのように～〉 |
| □ be about to ～ | 〈まさに～しようとしている〉 |
| □ be accustomed to ～ ing | 〈～することに慣れている〉 |
| □ be going to ～ | 〈～しようとしている〉 |
| □ be on the point of ～ ing | 〈まさに～しようとしている〉 |
| □ be used to ～ ing | 〈～することに慣れている〉 |
| □ be worth ～ ing | 〈～する価値がある〉 |
| □ but for ～ | 〈～がなければ〉 |
| □ cannot help ～ ing (cannot but ～) | 〈～しないではいられない，～せざるをえない〉 |
| □ cannot ～ too ～ | 〈いくら～しても～しすぎることはない〉 |
| □ compare A to B | 〈AをBにたとえる〉 |
| □ compare A with B | 〈AとBを比べる〉 |
| □ consist in ～ | 〈～に存する，～にある〉 |
| □ consist of ～ | 〈～から成り立つ〉 |
| □ consist with ～ | 〈～と一致する，～と両立する〉 |
| □ demand that A be ～ | 〈Aが～するように要求する〉 |
| □ deprive A of B | 〈AからBを奪う〉 |
| □ enough to ～ | 〈～するほど～に，あまりに～なので |

(so … as to ～)　　～である〉

☐ either A or B　〈AかBかどちらか〉

☐ far from ～ ing　〈少しも～でない，～どころではない〉

☐ feel like ～ ing　〈～したいような気がする〉

☐ had better ～　〈～したほうがよい〉

☐ happen to ～　〈たまたま～する〉

☐ hardly ～ when …　〈～するやいなや～〉

☐ it is no use ～ ing　〈～しても無駄である〉

☐ keep A from ～ ing　〈Aに～させない，～することを妨げる〉
(prevent A from ～ ing)

☐ look to A for B　〈AにBを期待する，AにBを当てにする〉

☐ make a point of ～ ing　〈決まって～をする〉

☐ not only A but (also) B　〈AばかりでなくBも〉
(B as well as A)

## 2 対話文

☐ A：You look tired. What's wrong with you?
B：I didn't sleep last night.

☐ A：Thank you very much.
B：It's my pleasure.（どういたしまして）

☐ A：Will you be able to come to help us?
B：No, I'm afraid not.（すみませんができません）

☐ A：Will you pass me the soy sauce?
B：Here you are.（どうぞ）

☐ A：Will it rain next Sunday?
B：I hope not.（そうならないといいね）

☐ A：I've had a bad headache.
B：That's too bad.（お気の毒に）

☐ A：How many chairs do you need?
B：Ten will do.（～で充分だ）

☐ A：Why don't you ask him to help us?

B：That's a good idea.

□ A：Thank you very much for your kindness.
B：You're welcome. = Don't mention it. = Not at all.

□ A：How would you like to come to our party next Friday?
B：That sounds exciting!

□ A：I'd like to talk with Mr. Brown.（電話での会話）
B：This is Brown speaking.
B：I'm sorry, but he is out now.
A：Can I leave a message for him?

□ A：Here comes your friend!
B：I'm coming.（今行くよ）

□ A：Will you come with me?
B：Why not?（もちろん）

□ A：Would you mind my smoking?
B：Go ahead.（どうぞ）

□ A：I missed the bus.
B：You should have left home earlier.（～すべきだった）

□ A：Could you pass me the salt, please?
B：I beg your pardon?（何と言いましたか）

□ A：Do you know where Ken is?
B：I'm not sure. He may be in his room.

□ A：I don't like spiders.
B：Neither（Nor）do I.（= I don't like, either）

## 例題１〈英文法〉

次の（1）～（4）の英文の（　　）内に入れるのに最も適当な語句を，①～⑤から1つずつ選べ。

（1）The man decided to wait at the station until his wife（　　）.
① has come　② will come　③ came　④ come
⑤ comes

(2) I remember (　　) home on a pickup truck last Sunday.
① to have ridden　② riding　③ to ride　④ ride
⑤ having ridden

(3) We left at once, (　　) we would have missed him.
① if　② in case　③ unless　④ as if
⑤ otherwise

(4) They have two daughters. One is still single, and (　　) is married.
① the other　② other　③ another　④ the another
⑤ either

**解答**　(1) ③　(2) ②　(3) ⑤　(4) ①

**解説**　(1) until以下の節の時制を主節と一致させる。動詞decideが過去形なのでcomeも過去形にする。　(2) remember は動名詞，不定詞どちらも目的語として使えるが意味が異なるため注意する。I remember ridingで「乗ったことを覚えている」。一方，I remember to rideで「忘れずに乗るようにする」。
(3) otherwiseは「さもなければ」。would have ～を用いて「～していたことだろう」と続く。　(4) 2つのうちの片方ともう一方という場合は，「もう一方」が特定されているのでtheをつけてone is … the other is …とする。another「別の」「もうひとつの」との混同に注意。

## 例題 2〈対話文〉

次の対話文の（　　）に入る最も適切なものをア～エから1つずつ選び，記号で答えよ。

(1) A：May I ask who's speaking?
B：(　　)

ア．No, James Robinson.　イ．This is James Robinson.
ウ．James Robinson, please.　エ．You are James Robinson.

(2) A：Do you mind if I open the windows?

B：(　　　)

ア．Sure, never mind.　　　イ．Of course, please open them.

ウ．No, you don't have to.　　　エ．Certainly not.

(3) A：I'd like to check out, please.

B：Sure. Here's the bill.

A：(　　　)

ア．How would you like to pay?

イ．Did you use the mini bar in your room?

ウ．Can I use this credit card?

エ．Check out time is 10 a.m.

(4) A：What's the best way to the airport?

B：By subway, if you want to save time.

A：(　　　)

B：That depends on the traffic.

ア．How many stops are there on the way?

イ．How much does it cost?

ウ．How long will it take to go by taxi?

エ．How often do I have to change the lines?

(5) A：I need a tie to go with this suit.

B：How about this? It's handmade.

A：Oh, that's the difference.

B：It looks good on you. (　　　)

ア．How much is it?　　　イ．How do you like it?

ウ．I know about it.　　　エ．I didn't know that.

**解答**　(1) イ　(2) エ　(3) ウ　(4) ウ　(5) イ

**解説**　(1)This is ～.〈こちらは～です。〉 (2)Do you mind if ～？〈～してもよろしいですか。〉 (4) How long ～？〈どのくらい～ですか。〉

# 外国語・外国語活動　学習指導要領

## ポイント

### 平成29年改訂の要点

●「外国語」について

1 教育課程上の位置付け

・第5学年及び第6学年において，それぞれ年間70単位時間の授業時数を確保した。

・言語活動は従前の「外国語活動」における「聞くこと」「話すこと」の活動に加え，「読むこと」「書くこと」についても扱う。

・中・高等学校の外国語科と同様に「知識・技能」，「思考・判断・表現」，「主体的に学習に取り組む態度」の3観点により数値による評価を行う。

・英語の履修を原則とする。

2 目標について

(1) 教科の目標

「外国語」の目標は以下の通りである。

　外国語によるコミュニケーションにおける見方・考え方を働かせ，外国語による聞くこと，読むこと，話すこと，書くことの言語活動を通して，コミュニケーションを図る基礎となる資質・能力を次のとおり育成することを目指す。

(1) 外国語の音声や文字，語彙，表現，文構造，言語の働きなどについて，日本語と外国語との違いに気付き，これらの知識を理解するとともに，読むこと，書くことに慣れ親しみ，聞くこと，読むこと，話すこと，書くことによる実際のコミュニケーションにおいて活用できる基礎的な技能を身に付けるようにする。

(2) コミュニケーションを行う目的や場面，状況などに応じて，身近で簡単な事柄について，聞いたり話したりするとともに，音声で十分に慣れ親しんだ外国語の語彙や基本的な表現を推測しながら読んだり，語順を意識しながら書いたりして，自分の考えや気持ちなどを伝え合うことができる基礎的な力を養う。

(3) 外国語の背景にある文化に対する理解を深め，他者に配慮しながら，主体的に外国語を用いてコミュニケーションを図ろうとする態度を養う。

中央教育審議会答申（平成28年12月21日）にて示された3つの柱に対応して，(1)～(3)の目標が示された。それぞれ(1)が「知識・技能」，(2)が「思考力・判断力・表現力等」，(3)が「学びに向かう力・人間性等」の観点を反映している。

### (2) 各言語の目標

英語の目標は，英語学習の特質を踏まえ，聞くこと，読むこと，話すこと［やり取り］，話すこと［発表］，書くことの5つの領域別に設定された。

**(1) 聞くこと**

ア　ゆっくりはっきりと話されれば，自分のことや身近で簡単な事柄について，簡単な語句や基本的な表現を聞き取ることができるようにする。

イ　ゆっくりはっきりと話されれば，日常生活に関する身近で簡単な事柄について，具体的な情報を聞き取ることができるようにする。

ウ　ゆっくりはっきりと話されれば，日常生活に関する身近で簡単な事柄について，短い話の概要を捉えることができるようにする。

**(2) 読むこと**

ア　活字体で書かれた文字を識別し，その読み方を発音することができるようにする。

イ　音声で十分に慣れ親しんだ簡単な語句や基本的な表現の意味が分かるようにする。

(3) 話すこと［やり取り］

ア　基本的な表現を用いて指示，依頼をしたり，それらに応じたりすることができるようにする。

イ　日常生活に関する身近で簡単な事柄について，自分の考えや気持ちなどを，簡単な語句や基本的な表現を用いて伝え合うことができるようにする。

ウ　自分や相手のこと及び身の回りの物に関する事柄について，簡単な語句や基本的な表現を用いてその場で質問をしたり質問に答えたりして，伝え合うことができるようにする。

(4) 話すこと［発表］

ア　日常生活に関する身近で簡単な事柄について，簡単な語句や基本的な表現を用いて話すことができるようにする。

イ　自分のことについて，伝えようとする内容を整理した上で，簡単な語句や基本的な表現を用いて話すことができるようにする。

ウ　身近で簡単な事柄について，伝えようとする内容を整理した上で，自分の考えや気持ちなどを，簡単な語句や基本的な表現を用いて話すことができるようにする。

(5) 書くこと

ア　大文字，小文字を活字体で書くことができるようにする。また，語順を意識しながら音声で十分に慣れ親しんだ簡単な語句や基本的な表現を書き写すことができるようにする。

イ　自分のことや身近で簡単な事柄について，例文を参考に，音声で十分に慣れ親しんだ簡単な語句や基本的な表現を用いて書くことができるようにする。

### 3　内容について

〔知識及び技能〕「(1) 英語の特徴や決まり」，〔思考力，判断力，表現力等〕「(2) 情報を整理しながら考えなどを形成し，英語で表現したり，伝え合ったりすること」「(3) 言語活動及び言語の働き」の2領域3事項に大別できる。(1) では音声や文字及び符号などの言語材料について指導する。(2) では具体的な課題等を設定し，コミュニケーションを行う目的や場面，状況などに応じて，情報を整理しながら考えなどを形成し，これらを表現することを通して指導する。(3) では「聞くこと」「読むこと」「話すこと（やり取り）」「話すこと（発表）」「書くこと」の言語活動に関する5領域及び言語の働きについて指導する。

### ●「外国語活動」について

**1 教育課程上の位置付け**

・第3学年及び第4学年において，それぞれ年間35単位時間の授業時数を確保した。
・言語活動については「聞くこと」「話すこと」を扱う。
・数値による評価は行わず，顕著な事項がある場合に，その特徴を記入する等，文章の記述による評価を行う。
・英語の履修を原則とする。

**2 目標について**

**(1) 教科の目標**

「外国語活動」の目標は以下の通りである。

外国語によるコミュニケーションにおける見方・考え方を働かせ，外国語による聞くこと，話すことの言語活動を通して，コミュニケーションを図る素地となる資質・能力を次のとおり育成することを目指す。
(1) 外国語を通して，言語や文化について体験的に理解を深め，日本語と外国語との音声の違い等に気付くとともに，外国語の音声や基本的な表現に慣れ親しむようにする。
(2) 身近で簡単な事柄について，外国語で聞いたり話したりして自分の考えや気持ちなどを伝え合う力の素地を養う。
(3) 外国語を通して，言語やその背景にある文化に対する理解を深め，相手に配慮しながら，主体的に外国語を用いてコミュニケーションを図ろうとする態度を養う。

中央教育審議会答申（平成28年12月21日）にて示された3つの柱に対応

して，(1)～(3)の目標が示された。それぞれ(1)が「知識・技能」，(2)が「思考力・判断力・表現力等」，(3)が「学びに向かう力・人間性等」の観点を反映している。

### (2) 各言語の目標

英語の目標は，英語学習の特質を踏まえ，聞くこと，話すこと［やり取り］，話すこと［発表］の3つの領域別に設定された。

(1) 聞くこと
ア　ゆっくりはっきりと話された際に，自分のことや身の回りの物を表す簡単な語句を聞き取るようにする。
イ　ゆっくりはっきりと話された際に，身近で簡単な事柄に関する基本的な表現の意味が分かるようにする。
ウ　文字の読み方が発音されるのを聞いた際に，どの文字であるかが分かるようにする。
(2) 話すこと［やり取り］
ア　基本的な表現を用いて挨拶，感謝，簡単な指示をしたり，それらに応じたりするようにする。
イ　自分のことや身の回りの物について，動作を交えながら，自分の考えや気持ちなどを，簡単な語句や基本的な表現を用いて伝え合うようにする。
ウ　サポートを受けて，自分や相手のこと及び身の回りの物に関する事柄について，簡単な語句や基本的な表現を用いて質問をしたり質問に答えたりするようにする。
(3) 話すこと［発表］
ア　身の回りの物について，人前で実物などを見せながら，簡単な語句や基本的な表現を用いて話すようにする。
イ　自分のことについて，人前で実物などを見せながら，簡単な語句や基本的な表現を用いて話すようにする。
ウ　日常生活に関する身近で簡単な事柄について，人前で実物などを見せながら，自分の考えや気持ちなどを，簡単な語句や基本的な表現を用いて話すようにする。

### 3 内容について

〔知識及び技能〕「(1) 英語の特徴等」,〔思考力，判断力，表現力等〕「(2) 情報を整理しながら考えなどを形成し，英語で表現したり，伝え合ったりすること」「(3) 言語活動及び言語の働き」の2領域3事項に大別できる。(1) では言語によるコミュニケーションの楽しさや日本と外国の言語・文化について指導する。(2) では具体的な課題等を設定し，コミュニケーションを行う目的や場面，状況などに応じて，情報や考えなどを表現することを通して指導する。(3) では「聞くこと」「話すこと（やり取り)」「話すこと（発表)」の言語活動に関する3領域及び言語の働きについて指導する。

## 例題 1〈学習指導要領〉

次の文は，小学校学習指導要領（平成29年3月告示)「外国語」の「目標」の一部である。文中の（ ① ）～（ ④ ）に適する語句を答えよ。

・外国語の音声や文字，語彙，表現，（ ① ），言語の働きなどについて，日本語と外国語との違いに気付き，これらの知識を理解するとともに，読むこと，書くことに慣れ親しみ，聞くこと，読むこと，話すこと，書くことによる実際の（ ② ）において活用できる基礎的な技能を身に付けるようにする。

・（ ② ）を行う目的や場面，状況などに応じて，身近で簡単な事柄について，聞いたり話したりするとともに，音声で十分に慣れ親しんだ外国語の語彙や基本的な表現を推測しながら読んだり，（ ③ ）を意識しながら書いたりして，自分の考えや（ ④ ）などを伝え合うことができる基礎的な力を養う。

**解答** ① 文構造　② コミュニケーション　③ 語順　④ 気持ち

**解説** 第3学年及び第4学年にて指導する「外国語活動」が主に「聞くこと」及び「話すこと」といった外国語活動を通じて外国語に慣れ親しむことを特徴としているのに対し，第5学年及び第6学年で指導する「外国語」では「読むこと」及び「書くこと」が加わり，総合的・系統的に扱うことを特徴としている。

## 例題 2〈学習指導要領〉

次の文は，小学校学習指導要領（平成29年3月告示）「外国語活動」における「目標」の一部である。文中の（　①　）～（　③　）に適する語句をア～コから選び記号で答えよ。

・外国語を通して，言語や文化について（　①　）に理解を深め，日本語と外国語との違い等に気付くとともに，外国語の音声や基本的な表現に慣れ親しむようにする。

・外国語を通して，言語やその背景にある文化に対する理解を深め，相手に（　②　）しながら，（　③　）に外国語を用いてコミュニケーションを図ろうとする態度を養う。

ア．工夫　イ．主体的　ウ．協力　エ．積極的
オ．体験的　カ．配慮　キ．対処　ク．計画的
ケ．協調　コ．対話的

**解答**　①　オ　②　カ　③　イ

**解説**　言語や文化についての理解は，社会や世界，他者との関わりに着目して捉えさせることが求められる。言語や文化の異なる相手と接する際にはさまざまな配慮が必要になると思われる。

## 例題 3〈学習指導要領〉

次の文は，小学校学習指導要領（平成29年3月告示）「外国語」に示されている「内容」の一部である。（　①　）～（　④　）にあてはまる語句を，それぞれa～dから1つずつ選び，記号で答えよ。

ア　聞くこと

・自分のことや（　①　）など，身近で簡単な事柄について，簡単な語句や基本的な表現を聞いて，それらを表すイラストや写真な

どと結び付ける活動。

イ　読むこと

・活字体で書かれた文字を見て，その読み方を適切に（　②　）する活動。

ウ　話すこと［やり取り］

エ　話すこと［発表］

・簡単な語句や基本的な表現を用いて，自分の（　③　）や得意なことなどを含めた自己紹介をする活動。

オ　書くこと

・相手に伝えるなどの目的をもって，語と語の（　④　）に注意して，身近で簡単な事柄について，音声で十分に慣れ親しんだ基本的な表現を書き写す活動。

①　a　日常生活　　b　学校生活　　c　友達のこと
　　d　家族のこと

②　a　表現　　b　音読　　c　発音
　　d　識別

③　a　趣味　　b　名前　　c　好み
　　d　年齢

④　a　続き方　　b　接続　　c　連結
　　d　区切り

**解答**　①　b　　②　c　　③　a　　④　d

**解説**　「聞くこと」「話すこと」については「外国語活動」においても指導するので，違いについても併せて学習する必要がある。

## 例題 4〈学習指導要領〉

次の文は，小学校学習指導要領（平成29年3月告示）「外国語活動」に示されている「3　指導計画の作成と内容の取扱い」の一部である。（　①　）～（　④　）にあてはまる語句を，それぞれア～エから1つずつ選び，記号で答えよ。

○言語活動で扱う題材は，児童の興味・関心に合ったものとし，国語科や音楽科，図画工作科など，他教科等で児童が学習したことを活用したり，（　①　）で扱う内容と関連付けたりするなどの工夫をすること。

○学級担任の教師又は外国語活動を担当する教師が指導計画を作成し，授業を実施するに当たっては，ネイティブ・スピーカーや英語が堪能な（　②　）などの協力を得る等，指導体制の充実を図るとともに，指導方法の工夫を行うこと。

○言葉によらないコミュニケーションの手段もコミュニケーションを支えるものであることを踏まえ，（　③　）などを取り上げ，その役割を理解させるようにすること。

○各単元や各時間の指導に当たっては，コミュニケーションを行う目的，場面，状況などを明確に設定し，言語活動を通して育成すべき資質・能力を明確に示すことにより，児童が学習の（　④　）を立てたり，振り返ったりすることができるようにすること。

① ア　学校生活　　イ　地域の行事　　ウ　日常生活
　エ　学校行事

② ア　保護者　　イ　専門家　　ウ　地域人材
　エ　外部指導者

③ ア　態度　　イ　ジェスチャー　　ウ　表情
　エ　ボディランゲージ

④ ア　見通し　　イ　課題　　ウ　計画
　エ　筋道

**解答**　①　エ　　②　ウ　　③　イ　　④　ア

**解説**　「指導計画の作成と内容の取扱い」の該当箇所参照。

●小学校学習指導要領 ( 平成 29 年 3 月告示 )

# 外国語・外国語活動 学習指導法

## ポイント

中学年の外国語活動の「英語」における指導計画の作成と内容の取扱いについては，次のように設定した。

・言語活動で扱う題材については，我が国の文化や，外国語の背景にある文化に対する関心を高め，理解を深めようとする態度を養うのに役立つものとすることとした。

・外国語を初めて学習することに配慮し，簡単な語句や基本的な表現を用いて友達との関わりを大切にした体験的な言語活動を行うこととした。

高学年の外国語科の英語における指導計画の作成と内容の取扱いについては，次のように設定した。

・言語材料については，発達の段階に応じて，児童が受容するものと発信するものとがあることに留意して指導することを明記した。

・「推測しながら読む」ことにつながるよう，音声で十分に慣れ親しんだ簡単な語句や基本的な表現について，音声と文字とを関連付けて指導することとした。

・文及び文構造の指導に当たっては，文法の用語や用法の指導を行うのではなく，言語活動の中で基本的な表現として繰り返し触れることを通して指導することとした。

指導計画の作成や指導法に関する設問では，これらの視点が相互に関連し合うことや，学習の目標との結びつきについてを念頭に解答を作成したい。

また，以下に外国語教育における指導のポイントを述べる。参考にされたい。

① 外国語でのコミュニケーションを体験させる際には，児童の発達の段階を考慮して表現を選定するとともに，児童にとって身近なコミュニケーションの場面を設定し，児童が積極的にコミュニケーションを図ることができるように指導することが重要である。

② 音声面の指導については，さまざまな工夫をしながら聞くことの時間を確保し，日本語とは違った外国語の音声やリズムなどに十分慣れさせるとともに，聞き慣れた表現から話すようにさせるなど，児童にとって過度の負担にならないように指導することが大切である。

③〔外国語活動〕外国語を初めて学習する段階であることを踏まえると，外来語など児童が聞いたことのある表現や身近な内容を活用し，中学年の児童の発達の段階や興味・関心にあった身近なコミュニケーションの場面で，外国語でのコミュニケーションを体験させることが大切である。

## 例題 1〈学習指導法〉

小学校「外国語活動」の指導に関して述べた次の問いに答えよ。

“I can ～.” を用いた単元において，学級担任が質問し，それに対してALTが自分のできることやできないことを紹介する場面を設定した。ALTの伝えたいことを児童に理解しやすくするために，ALTと学級担任，それぞれの指導上の留意点を書け。

**解答** [ALT]…ジェスチャーを多く入れたり，canやcannotのところを強く読んだりする。など　[学級担任]…ALTの言ったことを繰り返したり，担任自身のできることをcanを用いて紹介したりする。など

**解説** 小学校学習指導要領第4章外国語活動に書かれている内容を踏まえながら，ALTと学級担任が，それぞれの役割を認識し，協力して授業を進めていくことを押さえて，指導上の留意点を書いていくとよい。

## 例題２〈学習指導法〉

小学校学習指導要領（平成29年3月告示）「外国語」では，「相手に伝えるなどの目的を持って，語と語の区切りに注意して，身近で簡単な事柄について，音声で十分に慣れ親しんだ基本的な表現を書き写す活動」について指導する。この活動で児童に書き写させるためにふさわしい例文を，次の①～③で指示する言語の使用場面に則して一文ずつ書け。

①自己紹介

②買い物

③家庭での生活

**解答** 〈解答例〉① I am eleven years old. ② How much is this book? ③ My brother gets up at seven o'clock.

**解説** 使用場面は，2内容〔思考力，判断力，表現力等〕(3) ②言語の働きに関する事項のアによる。基本的表現の具体例については，2内容〔知識及び技能〕(1) ア～エを参考にする。語順の誤りやスペリングの誤りなどのケアレスミスがないよう十分に注意されたい。

●小学校学習指導要領（平成29年告示）解説「外国語活動・外国語編」（平成29年7月）

## ●書籍内容の訂正等について

弊社では教員採用試験対策シリーズ（参考書，過去問，全国まるごと過去問題集），公務員試験対策シリーズ，公立幼稚園・保育士試験対策シリーズ，会社別就職試験対策シリーズについて，正誤表をホームページ（https://www.kyodo-s.jp）に掲載いたします。内容に訂正等，疑問点がございましたら，まずホームページをご確認ください。もし，正誤表に掲載されていない訂正等，疑問点がございましたら，下記項目をご記入の上，以下の送付先までお送りいただくようお願いいたします。

① **書籍名，都道府県（学校）名，年度**
（例：教員採用試験過去問シリーズ　小学校教諭 過去問　2025 年度版）
② **ページ数**（書籍に記載されているページ数をご記入ください。）
③ **訂正等，疑問点**（内容は具体的にご記入ください。）
（例:問題文では“ア～オの中から選べ”とあるが,選択肢はエまでしかない）

〔ご注意〕
○ 電話での質問や相談等につきましては，受付けておりません。ご注意ください。
○ 正誤表の更新は適宜行います。
○ いただいた疑問点につきましては，当社編集制作部で検討の上，正誤表への反映を決定させていただきます（個別回答は，原則行いませんのであしからずご了承ください）。

## ●情報提供のお願い

協同教育研究会では，これから教員採用試験を受験される方々に，より正確な問題を，より多くご提供できるよう情報の収集を行っております。つきましては，教員採用試験に関する次の項目の情報を，以下の送付先までお送りいただけますと幸いでございます。お送りいただきました方には謝礼を差し上げます。
（情報量があまりに少ない場合は，謝礼をご用意できかねる場合があります）。

◆あなたの受験された面接試験，論作文試験の実施方法や質問内容
◆教員採用試験の受験体験記

送付先
○電子メール：edit@kyodo-s.jp
○FAX：03-3233-1233（協同出版株式会社　編集制作部 行）
○郵送：〒101-0054　東京都千代田区神田錦町2-5
協同出版株式会社　編集制作部 行
○HP:https://kyodo-s.jp/provision（右記のQRコードからもアクセスできます）

※謝礼をお送りする関係から，いずれの方法でお送りいただく際にも，「お名前」「ご住所」は，必ず明記いただきますよう，よろしくお願い申し上げます。

教員採用試験「参考書」シリーズ

# 佐賀県の
# 小学校教諭 参考書

---

編　集　© 協同教育研究会

発　行　令和5年7月25日

発行者　小貫　輝雄

発行所　協同出版株式会社

〒101－0054

東京都千代田区神田錦町2－5

電話　03－3295－1341

振替　東京00190－4－94061

印刷所　協同出版・POD工場

落丁・乱丁はお取り替えいたします

---